mandelbaum *verlag*

Marlen Schachinger
Hertha Firnberg

Eine Biographie

mandelbaum *verlag*

Das Buch wurde gefördert durch
das Bundesministerium für Wissenschaft und Forschung
das Amt der Niederösterreichischen Landesregierung,
Abt. Kultur undWissenschaft

www.mandelbaum.at

ISBN 978-3-85476-308-6
© Mandelbaum Verlag 2009

Lektorat & Satz: Erhard Waldner
Umschlaggestaltung: Julia Kaldori
Umschlagfoto: Walter Henisch / VGA
Druck: Interpress, Budapest

Inhalt

Vorwort von Heinz Fischer 7

1. Hertha Firnbergs Wurzeln 13
   Worüber man/frau nicht spricht I: Jüdische Herkunft 13
   Vom BSM über den VSStÖ zum BSA 24
   Worüber man/frau nicht spricht II: Gescheiterte Ehe 31
   Worüber man/frau nicht spricht III:
       Leben während der NS-Zeit 34
   Kleider machen Frauen – aber erst in zweiter Linie 42
   Faszination Universität 47
   Worüber man/frau nicht spricht IV:
       Zweite Ehe & Lebenspartnerschaft 52
   In der AKNÖ – Faszination Statistik 56

2. Weitere Leidenschaften einer Politikerin 61
   Hertha Firnbergs Schwester Trude 67

3. Beginn der politischen Tätigkeit
   Hertha Firnbergs 71
   Förderer & Fördererinnen – Vorbilder 71
   Erste Jahre in der Bundespolitik 74
   Im Nationalrat (1963–1983) & die »Ära Kreisky« 77

4. Hertha Firnberg & die Frauenpolitik 90
   Frauenpolitische Ansichten & Bestrebungen 90
   Jeder Zeit ihre Arten der Frauenpolitik? 98
   Reformen der 1970er Jahre im Familien- & Strafrecht 102
   Feminismus im Parlament? –
       Zur Frage der »tanzenden Emanzen« 107
   Geschlecht & Sprache 110
   Sexismus im Parlament 111
   Die Quote 113

5. Hertha Firnberg & Bruno Kreisky 116

6. Hertha Firnberg & das Bundesministerium
   für Wissenschaft und Forschung (1970–1983) 121
   Beginn der Reformen – Das Humanprogramm 121
   Ausgangspunkt & erste Schritte 125
   Ministerin für Wissenschaft und Forschung 129

Wissenschaft im Dienst der Gesellschaft 135

Das UOG 1975 139

Die viel diskutierte Drittelparität..149

Freiheit der Wissenschaft! – Freiheit der Kunst? 160

Forschung.. 163

Schon seit der Kindheit das Fernweh 166

Museen, Sammlungen, Bibliotheken & Denkmalschutz 167

Reaktionen auf Firnbergs Arbeit als Ministerin 175

7. DAS ERBE HERTHA FIRNBERGS
ODER DIE HEILIGEN KÜHE 190

Zu Hertha Firnbergs Erinnerung gestiftet/gegründet/benannt....192

8. PENSION OHNE RUHESTAND 197

PREISE UND AUSZEICHNUNGEN 202

QUELLEN 203

DANK.. 210

ANMERKUNGEN 211

PERSONENINDEX 219

Vorwort von Heinz Fischer

Die Zweite Republik wird allgemein als »Erfolgsstory« betrachtet. Österreich hat den Wiederaufbau aus den Trümmern der Kriegsschäden, aber auch den politischen Wiederaufbau als stabile Demokratie eindrucksvoll geschafft. Die Österreicherinnen und Österreicher haben sich einen hohen Lebensstandard erarbeitet und sind heute ein geachtetes Mitglied der europäischen Familie.

Eine Reihe »objektiver Faktoren« hat dazu beigetragen, dass sich die Zweite Republik so positiv und wohltuend von der Ersten Republik unterscheidet. In der Tat sind die Rahmenbedingungen unvergleichlich besser.

Aber man sollte auch den »subjektiven Faktor« nicht gering schätzen: Die Männer und Frauen, die in der Zweiten Republik in politisch wichtigen Funktionen tätig waren, hatten sicher ebenso ihren Anteil an deren positiver Entwicklung. Sie hatten aus Fehlern der Vergangenheit gelernt, sie hatten die Schrecken der Diktatur und den Wert der Demokratie aus eigener Anschauung kennengelernt und sie hatten verstanden, dass die parlamentarische Demokratie auf politische Parteien nicht verzichten kann, aber dass es ein den Interessen der Parteien übergeordnetes Staatswohl gibt.

Ich habe mir daher schon oft gedacht: Verschiedene Persönlichkeiten, die zur positiven Entwicklung der Zweiten Republik wichtige Beiträge geleistet haben, würden es verdienen, dass ihr Lebenswerk und ihr Beitrag zum Gemeinwohl genauer beleuchtet, beschrieben und analysiert werden.

Eine dieser Persönlichkeiten war zweifellos Hertha Firnberg, die am 18. September 1909 geboren wurde, sodass sie alle drei Perioden unserer Republik erlebte, wobei im September 2009 ihr 100. Geburtstag zu feiern sein wird.

Ich begrüße es daher sehr, dass Frau Mag.ᵃ Marlen Schachinger – mehr als zwei Generationen jünger als Hertha Firnberg – nunmehr eine Biographie dieser bemerkenswerten Frau vorlegt.

***

Als ich 1962 im Parlament als Sekretär des damaligen Zweiten Präsidenten des Nationalrates Erich Hillegeist (der ebenfalls eine Würdigung in Form einer Biographie verdienen würde) zu arbeiten begann, lernte ich ein breites Spektrum von Persönlichkeiten aus den Anfangsjahren der Zweiten Republik kennen: Der frühere Bundeskanzler Leopold Figl war damals noch Nationalratspräsident; zu den Mitgliedern des Nationalrates, die ich als junger Parlamentsbeamter kennenlernen und bewundern durfte, gehörten unter anderem der spätere Gewerkschaftspräsident Anton Benya, die ehemalige Widerstandskämpferin Maria Emhart, der liberale Freiheitliche Willfried Gredler, der berühmte Südtirol-Experte und Verfassungsrechtler Franz Gschnitzer, ÖVP-Gründungsmitglied und ÖVP-Generalsekretär Dr. Felix Hurdes, die unvergessliche Rosa Jochmann, der spätere Bundespräsident Franz Jonas, der »Staatsvertragskanzler« Julius Raab, die Sozialpolitikerin Grete Rehor (die später das erste weibliche Regierungsmitglied in Österreich sein sollte), der spätere Außenminister Lujo Tončić-Sorinj sowie der spätere Vizekanzler Hermann Withalm.

Die Bundesregierung stand Anfang 1962 noch unter dem Vorsitz von Alfons Gorbach, Bruno Pittermann war Vizekanzler, Heinrich Drimmel Unterrichtsminister, Fritz Bock Handelsminister, Karl Waldbrunner Verkehrsminister, Bruno Kreisky Außenminister, Christian Broda Justizminister und Anton Proksch Sozialminister.

In diesem Jahr 1962 lernte ich auch Hertha Firnberg kennen, die damals Mitglied des Bundesrates war und erst ein Jahr später in den Nationalrat aufrückte.

Ich habe in meinem Buch »Reflexionen« eine meiner ersten Begegnungen mit Hertha Firnberg in ihrem kleinen Büro in der Niederösterreichischen Arbeiterkammer beschrieben. Sie war eine selbstbewusste, kluge und energische Frau mit weitgespannten Interessen. Besondere Aufmerksamkeit widmete sie der Bildungspolitik, der Umweltpolitik und der Außenpolitik (sie war ja viele Jahre Mitglied des Europarates), aber auch den damals besonders aktuellen Fragen der Justizpolitik (Strafrechtsreform, Familienrechtsreform etc.) und der Rolle der Frau in der Gesellschaft.

Hertha Firnberg, Heinz und Margit Fischer

In der Oppositionszeit der SPÖ (1966-1970) war sie eine der
wichtigsten Stützen von Bruno Kreisky. Aber richtig blühte sie
auf, als sie im Jahr 1970 mit der Leitung des neu gegründeten
Bundesministeriums für Wissenschaft und Forschung betraut
wurde, das sie bis 1983 leitete.

Ich arbeitete in dieser Zeit als Parlamentarier und Klubobmann sehr eng mit Hertha Firnberg zusammen und konnte ihren Arbeitsstil, ihre Interessen und ihre persönlichen Eigenschaften aus großer Nähe beobachten. Im Wissenschaftsministerium
war sie eine Ressortchefin mit starkem Durchsetzungswillen. Es
gab in diesem Bereich nur sehr wenige Personen, die ihr zu widersprechen wagten. Auch ihre Beziehung zu Bruno Kreisky beruhte in der Regel auf dem Prinzip »gleicher Augenhöhe« und es
gab nicht viele Situationen, in denen Kreisky von seinen Präro-
gativen als Regierungschef und Parteichef Gebrauch machte. Er
hatte Respekt vor der energischen Wissenschaftsministerin. Im
Parlament liebte sie es, nach Abschluss eines Tagesordnungspunk-

tes, der ihre Anwesenheit erfordert hatte, in der Milchbar zu sitzen, ein Glas Punt e Mes zu trinken und Hof zu halten. Ihre Reden im Nationalrat waren präzise, sachlich und inhaltsreich. Sie war eine disziplinierte Arbeiterin und immer gut informiert. Tatsache ist, dass Wissenschaft und Forschung in Österreich Hertha Firnberg sehr viel zu verdanken haben. Als sie mir am 24. Mai 1983 die Amtsgeschäfte als Wissenschaftsminister übergab und mir alles Gute wünschte, fügte sie schmunzelnd hinzu: »Die Initialen H.F. bleiben ja ohnehin die gleichen.«

Als ihr Nachfolger an der Spitze des Wissenschaftsministeriums blieb ich auch nach ihrem Ausscheiden aus der Bundesregierung mit Hertha Firnberg bis zu ihrem Ableben im Februar 1994 in gutem und engen Kontakt.

In meiner Rede beim Begräbnis von Hertha Firnberg am 24. Februar 1994 charakterisierte ich die Verstorbene wie folgt:

»Ich glaube, sie hat Schwierigkeiten geliebt und ihre Freude an schwierigen Aufgaben wurde nur übertroffen von der Begeisterung über gelungene Lösungen.

Sie hat großzügig gedacht und konzeptiv gearbeitet.

Sie war eine Intellektuelle im besten Sinn des Wortes, kritisch, selbstkritisch und lernfähig – eine Parlamentarierin, auf die Nationalrat und Bundesrat stolz sein konnten.

Und sie war vor allem ein Mensch mit Eigenschaften: Geistreich und gebildet, konnte sie streng sein und energisch, aber auch charmant und großzügig.

Als Person hatte sie Handschrift und Charakter, freute sich über Anerkennung und hatte Freunde.

Sie war – je nachdem – die Hertha, die Firnberg oder die Frau Bundesminister. Und zwischen diesen Anreden konnten Welten liegen.

Sie hielt Kontakt zu ihren Freunden und war hervorragend informiert.

Und sie nahm in den letzten Wochen ihres Lebens – das ist meine feste Überzeugung – ganz bewusst Abschied.

Als ich sie das allerletzte Mal besuchte, sagte mir eine Ärztin am Krankenbett: ›Sie wird den morgigen Tag nicht überleben.‹

Sie hat die nächste volle Stunde nicht überlebt.

Sie ist friedlich eingeschlafen ...«

***

Ich habe es immer bedauert, dass Hertha Firnberg in den letzten Jahren ihres Lebens nicht die Chance nutzte, ihre Memoiren zu schreiben. Sie hätte viel zu erzählen und viel zu berichten gehabt. Schließlich hatte sie als 18-jährige Maturantin den Brand des Justizpalastes erlebt und von da an 60 Jahre Zeitgeschichte beobachtet. Hertha Firnberg liebte es, zum Thema »Memoiren« einen Satz von Rosa Jochmann zu zitieren: »Das, was ich schreiben kann, will ich nicht schreiben, und das, was ich schreiben will, kann ich nicht schreiben.«

Es ist daher begrüßenswert, dass nunmehr zum 100. Geburtstag von Hertha Firnberg eine umfassende, teilweise auch durchaus kritische Biographie dieser großartigen Persönlichkeit erscheint.

Diese Biographie, in die auch subjektive Auffassungen und Beurteilungen der Autorin einfließen, wird in manchen Passagen und Formulierungen nicht unwidersprochen bleiben. Aber sie wird andererseits das Interesse an Hertha Firnberg und ihren Beiträgen zur Entwicklung der Zweiten Republik neu beleben.

In diesem Sinne wünsche ich dieser Publikation eine interessierte Leserschaft.

Wien, im Juni 2009

»Was wir in der nächsten Zeit machen müssen, das ist keine Politik der kleinen Schritte und der kleinen Wünsche und der kleinen Kompromisse, sondern das ist der weite Horizont einer neuen Gesellschaftsordnung, in der Frauen die ihnen zukommende Rolle spielen müssen.«
(Hertha Firnberg, Frauenkonferenz 1968)

Dr. Dr. h.c. Hertha Margarethe Firnberg
erste sozialistische Ministerin Österreichs
geboren am 18. 9. 1909 in Wien, gestorben am 14. 2. 1994 ebenda

1. Hertha Firnbergs Wurzeln

Eine Biographie gründet sich auf Fakten ebenso wie auf Erfahrungsberichte der Begegnungen mit einer Person und ist der (subjektiven) Wahrheit verpflichtet. Der Biograph bzw. die Biographin, schreibt Daniela Strigl in ihrem Werk über Marlen Haushofer, müsse sich bewusst sein, dass er/sie immer nur das Leben einer Person konstruiere, niemals jedoch es rekonstruieren könne[1]; die Wahrheit, die er bzw. sie darzustellen versuche, könne nie anders als subjektiv sein. Ja, diese Arbeit an sich sei paradox: Man/frau suche »Puzzlesteine zusammen, die niemals ein komplettes Bild ergeben können und die er [bzw. sie] als Einzelteile nicht überbewerten«[2] dürfe.

Wer sich mit Hertha Firnbergs Leben vor 1970 befasst, findet sich bald in einem Geflecht aus Gerüchten, Vermutungen und Halbwahrheiten wieder. Dieses Dickicht zu entwirren wird einerseits durch mangelnde Aktenlage auf Grund zweier Weltkriege, andererseits durch Hertha Firnbergs – auch innerfamiliäre – Verschwiegenheit über viele Teilbereiche ihres Lebens erschwert: »Ach wirklich? Das wusste ich gar nicht …«, lautete oft die Antwort auf Interviewfragen. Oder: »Darüber hat sie nie gesprochen, das wollte sie nicht thematisiert haben …«

Manche Inhalte, die im vergangenen Jahrhundert verschwiegen werden mussten, um sozialem Stigma zu entgehen bzw. um die eigene berufliche Karriere nicht zu boykottieren, sind heutzutage in der Regel kein Thema mehr. Die Haltung »das tut man/frau nicht, sagt man/frau nicht, kann sich man/frau nicht leisten«, die Johanna Dohnal als typisch für Hertha Firnberg beschreibt, zieht sich gleich einem roten Faden ebenso durch die Recherche, wie sie prägend für Hertha Firnbergs Leben war.

Worüber man/frau nicht spricht I: Jüdische Herkunft

Die Familie der Eltern Hertha Firnbergs stammte aus Mähren; Firnberg, diesen Namen habe sich die Urgroßmutter, eine Analphabetin, ausgesucht, so der einzige heute noch lebende Verwandte, der Hertha Firnberg noch näher kannte, ihr Neffe Paul Firnberg.

13

Eine Generation später erfolgte der Umzug nach Wien: Johanna Firnberg, die aus Schaffa/Šafov im politischen Bezirk Znaim stammte, zog laut dem Geburtsbuch, Band »Ottakring«, Reihennr. 1128, der Wiener israelitischen Kultusgemeinde in die Wilhelmsgasse 41 im 17. Wiener Gemeindebezirk, wo sie einen unehelichen Sohn gebar; diesem gab sie den Namen Salomon (1879–1960). Das Fest seiner Beschneidung wurde am 28. September 1879 unter Beisein der Zeugen Wilhelm Bondi und Johann Fassmann gefeiert; Letzterer wohnte übrigens an derselben Adresse wie Johanna Firnberg.

Auf keinem erhaltenen Dokument Salomon Firnbergs findet sich eine Angabe über den Vater; diese Zeile bleibt ein leerer Raum, ein Stigma.

Mutter wie Sohn verfolgten offensichtlich ehrgeizige Ziele: Salomon Firnberg besuchte das k.k. Staatsgymnasium im 17. Bezirk und entschied sich nach bestandener Maturitätsprüfung für ein Medizinstudium. Im »Nationale« der Wiener medizinischen Fakultät ist Salomon Firnberg erstmals im Wintersemester 1900/01 als Student verzeichnet. In diesem Dokument gab er als Vormund den ledigen Schneidergehilfen Josef Brautferger (1843–1908) an, dessen Wohnadresse Paulinengasse 5 im 18. Bezirk lautete; identisch mit Salomon Firnbergs damaliger Adresse. Ab dem 8. Semester verbesserte sich Salomon Firnbergs finanzielle Situation durch den Erhalt von Stipendien. Das Professorenkollegium verlieh ihm zuerst das »W. u. A. Fleischmannsche Stipendium« und danach das »türcksche Stipendium«. Zu jener Zeit, also im Sommersemester 1904, änderte sich auch Salomon Firnbergs Wohnadresse: nunmehr Antonigasse 99 im 17. Bezirk.

Salomon Firnberg promovierte am 15. März 1906 und war dann bis 1907 Aspirant im Karolinen-Kinderspital in der Schubertgasse 2 im 9. Bezirk. Danach war er in Neustadtl an der Donau, Bezirk Amstetten, Niederösterreich, als Arzt tätig. Heute lässt sich nicht mehr exakt belegen, wie lange er dort wirkte, einzig das Datum seines Ordinationsbeginns in Niederrußbach (August 1910) sowie jenes seiner Abmeldung von Neustadtl (4. September 1911) sind dokumentiert.

Die nächsten erhaltenen Urkunden belegen, dass er am 2. Oktober 1907 aus dem Judentum austrat, sich am 11. November

Dr. Josef Firnberg, Anna Firnberg

Das Elternhaus in Nieder Russbach

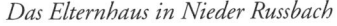

desselben Jahres in der Schottenpfarre taufen ließ und den Namen Josef annahm; im Geburts- und Taufbuch der Schottenpfarre findet sich zusätzlich der Eintrag: »hieße als Israelite Salomon«. Sein Taufpate wurde der Arzt Dr. Arnold Baumgarten aus Annaberg bei Mariazell in Niederösterreich.

Interessant ist, dass er in diesem Verzeichnis als eheliches Kind vermerkt wird; erneut jedoch ohne Angabe eines Vaters. Auch die Geburtsadresse, die mit »Wilhelmsgasse 4« eingetragen ist, deckt sich nicht mit jener im Geburtsbuch der Wiener israelitischen Kultusgemeinde.

Vermutlich liegt die Ursache seiner Konversion in der Person Anna Schamaneks (1885–1952), seiner späteren Ehefrau. Eine die Konfessionen übergreifende Ehe war nach damaligem Recht (ABGB, § 64) für ChristInnen nicht möglich; andere denkbare Varianten des Handelns wären Eheschließung in Form einer sogenannten Notzivilehe (der/die katholische EhepartnerIn konvertiert) bzw. eine Eheschließung im ungarischen Pressburg gewesen. Diese Möglichkeiten scheinen für Josef und Anna Firnberg nicht in Betracht gekommen zu sein.

Etwa ein Jahr nach Josef Firnbergs Taufe, am 24. November 1908, heirateten die beiden im Wiener Bezirk Währing.

Wie Josef Firnberg stammte auch Anna aus kleinen Verhältnissen. Ihr Vater, Johann Schamanek, ein mährischer Schuhmacher, war aus Zborowitz nach Wien gezogen. Seine Frau Maria Josefa, geborene Hanke, stammte aus Locwitz in Preußisch Schlesien.

Ebenso wie ihr späterer Mann legte Anna Schamanek Wert auf Bildung; ab dem Schuljahr 1899/1900, nach der achtstufigen Pflichtschulzeit, besuchte sie die zweijährige »Handels-Lehranstalt« in Wien, die sie überwiegend mit der Zensur »vorzüglich« abschloss. Alsdann war sie in verschiedenen Fabriken als »Comptoristin«, »Maschinschreiberin«, Buchhalterin und Korrespondentin tätig; ihre letzte Stelle vor ihrer Eheschließung 1908 hatte sie im Wiener Bezirk Währing in der Kreuzgasse (laut Firmenstempel: Kreutzgasse) inne, wo sie ab 1905 in einer Produktionsfirma für ätherische Öle, Essenzen und Couleurs tätig war. Mit ihrer Heirat oblag ihr forthin die Organisation des Firnberg'schen Haushalts; dieser wurde um 1910 nach Niederrußbach (damalige Schreibweise Nieder Russbach) im nieder-österreichischen Weinviertel verlegt, eine kleine Gemeinde, rund 15 km von Stockerau entfernt. Zuerst bewohnte die Familie Firnberg für kurze Zeit ein sogenanntes »Ausgedinge-Haus« an der Horner Straße, das der Großmutter väterlicherseits des von 1987 bis 2007 amtierenden Bürgermeisters Anton Pfeifer gehörte und in dem außerdem Josef Firnbergs Ordination untergebracht war. Schon bald zog die Familie nach Nieder Russbach Nr. 91, heutige Horner Straße 44, in das »Doktorhaus«: Im unteren Stockwerk befand sich ein Gasthaus, im oberen waren Arztpraxis und -wohnung untergebracht. Rückwärtig gab es einen großen Obstgarten sowie Stallungen für Pferde, Schweine, Hasen, Hühner, Enten und Gänse.

Etwa zehn Monate nach der Hochzeit, am 18. September 1909, am Geburtstag Josef Firnbergs, kam die erste Tochter, Hertha Firnberg, zur Welt: »Geboren in Wien. So steht's in meinem Geburtsschein. Das stimmt auch, ich wurde in Wien geboren. […] Mein Vater, obwohl selbst Arzt, wollte, daß meine Mutter in einem Krankenhaus entbindet, eine Hausgeburt kam nicht in Frage, und so wurde ich zur Wienerin!«[3]

Wie alle nachfolgenden Geschwister – Gertrud Hilda (* 1912 in Hollabrunn), von allen nur Trude genannt, sowie die beiden Brüder Paul (* 1915 in Wien) und Harald (* 1923 in Hollabrunn) – wurde die Erstgeborene römisch-katholisch getauft. Die jüdische Herkunft des Vaters sollte nie mehr Thema sein.

Hertha Firnberg erinnerte sich zeit ihres Lebens »sehr gerne« an diese Kindheitsjahre, auf die sie in manchen Interviews Bezug nahm: »Ich war ein rundum glückliches Kind, geborgen in einer wunderbaren Familie.«[4]

Als Trude zur Welt kam, erhielt Hertha Firnberg eine in rote Seide gekleidete Puppe, in der Absicht, die normale Eifersucht einer entthronten Erstgeborenen zu mildern: »Diese Erinnerung ist unauslöschlich für mich. Ich hab mein Schwesterlein sehr gerne gehabt, vielleicht auch deshalb, weil sie sooo klein war, denn bei mir hat überhaupt immer alles klein sein müssen. Kleine Tiere, kleine Puppen, die kleinen Dinge haben es mir angetan.«[5]

Was an den Kindheitserzählungen erstaunt, ist die Bereitschaft des Vaters, sich insbesondere auf die Lebenswelt seiner Ältesten einzulassen, die ein äußerst aufgewecktes Kind mit ausgeprägter Vorstellungskraft war. Die Phantasie des Mädchens sowie ihre Begeisterung für die Literatur wurden sicherlich durch das allabendliche Märchenerzählen des Vaters und durch das Vorlesen verschiedenster anderer Geschichten angeregt; Lesen galt in jener Familie als sinnvolle Freizeitbeschäftigung. Josef Firnberg selbst scheint ebenso über kreative Vorstellungskraft verfügt und seine Tochter darin bestärkt zu haben, indem er zur Anreicherung der Märchenstunde »neben dem Rotkäppchen auch ein Blau-, Gelb- und Grünkäppchen«[6] erfand und ihrem kindlichen Glauben, im Wald würden Zwerge wohnen, nicht mit nüchterner Erwachsenen-Realität zu Leibe rückte. Hertha Firnberg erzählte, sie habe es sich zur Aufgabe gemacht, die Zwerge zu versorgen: »In meinem Puppengeschirr habe ich für sie gekocht – Karotten, rote Rüben und Erdäpfel. Diese feinen Sachen stellte ich meinem Vater auf den von einem Pferd gezogenen Wagen, denn er sollte sie meinen Zwergen bringen. ›Die Zwerge lassen sich schön bedanken, es hat ihnen sehr gut geschmeckt‹, hat mir mein Vater dann am Abend ausgerichtet, wenn er von der Visite zurückkam.«[7]

Hertha Firnbergs Neffe erzählte, Josef Firnbergs Schimmel habe den Heimweg alleine gekannt, weshalb sich der Arzt während der Fahrt meist anderweitig beschäftigte, bis er einmal in einen Baum »biss« – die Zeitung noch immer in der Hand …

Altersgemäße Lektüre wurde den Firnberg-Kindern mittels monatlicher Lieferungen aus einer Wiener Leihbibliothek zur Verfügung gestellt. Insbesondere Hertha Firnberg entwickelte sich zur wahren Leseratte: »Es war aber nicht immer leicht, von den Geschwistern und Freunden in Ruhe gelassen zu werden, und daher zog ich mich auf einen Baum zurück, um hoch oben meine Romane zu lesen. Dichte Blätter machten meinen Platz von unten uneinsehbar, und so blieb ich oft stundenlang unentdeckt.«[8]

Dem Vater war Hertha Firnberg außerdem noch in anderen Wesenszügen sehr ähnlich: Beide verfügten über ein auffallend gutes Gedächtnis, beide nahmen die sie umgebende Armut, mit der Josef Firnberg als Armenarzt der Gegend tagtäglich in Berührung kam, offenen Auges wahr. Öfters, so der Neffe, kam es

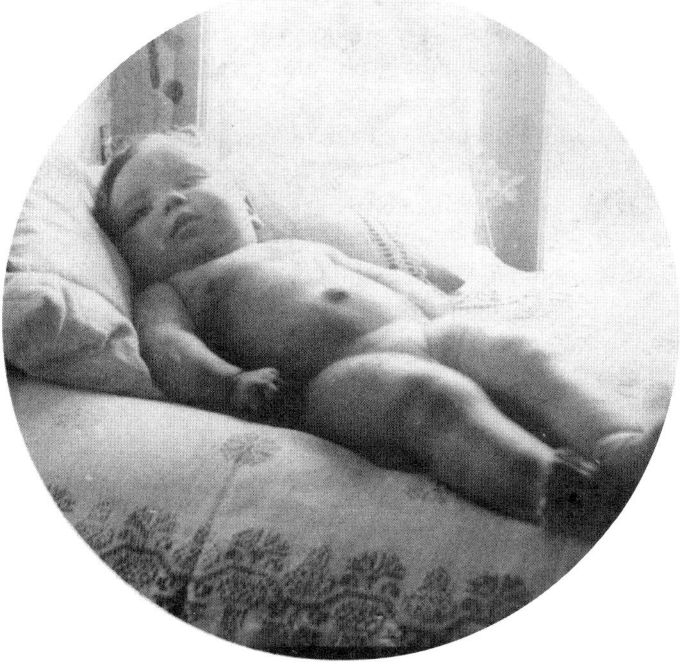

Klein-Hertha, 4 Monate alt

Mit den Eltern, Hertha 1½ Jahre

vor, dass der Vater sein Honorar zu kassieren »vergaß« oder Medikamente verschenkte; Gespräche über gesellschaftspolitische Probleme wurden vor den Kindern geführt: »Beide Eltern«, so Hertha Firnberg, »waren schon damals engagierte Sozialdemokraten und lehrten auch uns Kinder, stets für unsere Überzeugung voll einzutreten.«[9] Maurice Feldmann (1910–1976; USA), der Hertha Firnberg durch den »Bund Sozialistischer Mittelschüler« kennenlernte und mit dem sie bis zu seinem Tod freundschaftlich verbunden blieb, schrieb über jene Jahre der späteren Politikerin: »Schon in der Volksschule konnte sie es nicht verstehen, warum viele ihrer Mitschüler ohne Frühstück zur Schule kamen und hungrig wieder nach Hause gingen. Als Achtjährige fragte sie ihren Vater [...] mehr über soziale Not und wirtschaftliche Ungerechtigkeit, als er beantworten konnte.«[10]

Während des Ersten Weltkrieges bis zum Jahr 1918 war Dr. Josef Firnberg im Korneuburger Krankenhaus als selbstständiger Abteilungschefarzt der chirurgischen und der internen Abteilung tätig und hatte auch die interimistische Leitung des Epidemiespitals über. Im Zeugnis des Spitalskommandanten wurden neben seinen fachlichen Kenntnissen insbesondere sein Talent in der Diagnostik, seine »liebevolle Fürsorge« und sein Organisationstalent hervorgehoben.

Über Anna Firnberg hingegen ist auffallend wenig zu finden; sie sei eine »Handfeste« gewesen, so habe Hertha Firnberg die Mutter stets geschildert, erklärt Dr. Wolf Frühauf, ihr späterer Sekretär, der auf Empfehlung Dr. Heinz Fischers in das Ministerium für Wissenschaft und Forschung kam. Sie sei eine gesellige Frau gewesen, im Wesen ihrer zweiten Tochter Trude ähnlich, welche den familiären Haushalt als »turbulent« bezeichnete. Trotzdem sei es der Mutter stets gelungen, ihn »mit heiterer Gelassenheit«[11] zu führen. Manche ihrer Erziehungsmethoden, die damals im ländlichen Gebiet durchaus üblich waren, wirken heute brachial; so das Anbinden der Kinder an einen Baum, um sie nicht aus den Augen zu verlieren und sie vor Gefahren zu bewahren. Wunsch und Aufgabe der Mutter war es, ihre Kinder zum Lernen zu motivieren, indem sie die Bedeutung von Bildung für das spätere Berufsleben betonte und darauf hinwies, dass es ein Privileg sei, lernen und lesen zu dürfen. Im Gegensatz zu einigen

Dr. Josef Firnberg, Gemeindearzt

Hertha und Trude, 1912

ihrer ZeitgenossInnen vertrat sie nicht die Ansicht, Mädchenbildung sei zweitrangig: »Ich habe keine Frau mehr kennengelernt, die in einem so extremen und dezidierten und energischen
Maß dafür eingetreten ist, daß Mädchen und Buben die gleiche
Ausbildung ihrer Begabung und Neigung entsprechend erhalten
müßten.«[12]

Hertha Firnberg blieb mit ihrer Schwester bis an ihr Lebens-
ende eng verbunden und teilte sich die meisten Jahre über mit
Trude eine Wohnung. Ihre Brüder hingegen verstarben relativ
früh: Der Ältere der beiden, Paul, besuchte ein Gymnasium. In
Dokumenten aus späteren Jahren wird er als »Korrespondent«
bzw. als »Exportkaufmann« bezeichnet, sein Pass zeugt durch
zahlreiche Stempel von häufigen Italien-Reisen. Nach gelei-
stetem Militärdienst war er ab 1936 Reservist. Am 1. November
1944, als Soldat der Wehrmacht, heiratete er seine hochschwan-
gere Freundin, die Buchhalterin Gisela Malinsky, in Iglau/Jihla-
va, heutige Tschechische Republik, wohin sie aus wirtschaftlichen Gründen gezogen war. Im Jänner 1945 gebar sie einen
Sohn. Als die sowjetische Armee in Iglau einmarschierte, machte
sich Gisela Firnberg mit dem Baby auf den Rückweg nach Wien
– 14 Tage mit dem Viehtransport. »Mein Vater«, so der Neffe,
»war bei der Wehrmacht Kradfahrer; das habe ich herausbekom-
men. Meine Mutter hat vermutet, dass er im Geheimdienst bei
den Nazis war und dass er von den Partisanen – nimmt man an
– abgeschossen wurde.« Das letzte Lebenszeichen Paul Firnbergs
kam aus dem Raum Agram/Zagreb, ehemaliges Jugoslawien: im
Mai nach Kriegsende ein Paket mit Schokolade und ein »fettes
Bussi für den armen Buben«. Danach galt Paul Firnberg als ver-
misst. Alle Suchaufträge seiner Frau Gisela blieben erfolglos;
schließlich wurde er am 8. Februar 1952 für tot erklärt.

Der jüngere Bruder, Harald Firnberg, besuchte eine HTL
und war danach als Ingenieur für Elektrotechnik tätig; ein »Er-
finder« sei er gewesen, so der Niederrußbacher Bürgermeister.
Hertha Firnbergs Neffe erzählte, sein Onkel Harald sei, charakterlich konträr zum älteren Bruder, sehr ernst gewesen: »Ich weiß
nur, dass er im Krieg in Holland bei einem Bombenangriff ver-
schüttet worden ist und sich davon nie erholt hat.« Harald Firnberg zog in die Göschlgasse 5 im 3. Wiener Gemeindebezirk. Er

Harald Firnberg

Paul Firnberg

heiratete Olga, die Ehe blieb kinderlos. Harald Firnberg verstarb am 4. Oktober 1969; danach, so der Neffe, habe Olga vermutlich wieder geheiratet, der Kontakt zwischen den beiden Familien brach jedoch nach Haralds Tod ab.

Ab 1946 nahm Josef Firnberg Flüchtlinge als Mieter ins Haus, sogenannte »Staatenlose« bzw. gebürtige Bosnier, zwei Männer, eine Frau und ein zwölfjähriges Mädchen. Im Jahr 1950 zogen die Eltern zu ihrem jüngsten Sohn Harald. Zwei Jahre danach starb Anna Firnberg. 1955 verkaufte Dr. Firnberg das Haus in Niederrußbach an den Fleischhauer Lorenz Helm (* 1914) und dessen Familie, die aus Stranzendorf, Bezirk Hollabrunn, Niederösterreich, zugezogen waren. Von Lorenz Helm mietete Dr. Karl Schobesberger (1910–1996) die Arztpraxis Josef Firnbergs an, um dort weiterhin eine Ordination zu führen.

Josef Firnberg wurde im Alter sehr wortkarg und zunehmend »mürrisch«, so der Neffe, was auch darin seine Ursache hatte, dass er zu jenem Zeitpunkt beinahe taub war: »Er ist unten gesessen, hat kaum gesprochen, hat eigentlich nur gelesen; gelesen, Suppe gegessen, gelesen, Suppe gegessen … das war seines.« Dr. Josef Firnberg starb im Mai 1960.

Vom BSM über den VSStÖ zum BSA

In Niederrußbach besuchte Hertha Firnberg die bereits damals koedukative fünfstufige Volksschule. Mit Theresia Bisegger, ihrer Freundin aus jenen Kindheits- und Jugendjahren, hielt sie – selbst als sie schon in Wien lebte – über viele Jahre Kontakt.

Hertha Firnberg war eine engagierte Schülerin, die dennoch für Streiche zu haben war – ob diese nun daraus bestanden, einen Frosch in die Kathederlade zu mogeln oder Maikäfer auf Kommando fliegen zu lassen. Als »liebenswerte Abwechslung« im Schulalltag schilderte Hertha Firnberg die Anwesenheit jüngerer Geschwister der Bauernkinder während der Erntezeit.[13]

Nicht nur die bäuerlichen Kinder waren für jüngere Familienmitglieder verantwortlich, sondern auch Hertha; als Ältester oblag es ihr, für die Geschwister mitzusorgen und deren Hausübungstätigkeit zu beaufsichtigen – »wenn sie die nicht gar selber geschrieben hat«, räumte der Neffe ein, und Trude äußerte sich anerkennend, Hertha habe das »fabelhaft« gemacht: »[S]ie war ja auch immer die Gescheiteste und die Bravste von uns Vieren. Selbstverständlich stets Vorzugsschülerin.«[14] Trotz ihres schulischen Engagements hatte Hertha Firnbergs Berufswunsch während jener Kindheitsjahre nichts mit dem Lehrbereich zu tun: »Mit sechs Jahren wollte ich Rauchfangkehrer werden, wahrscheinlich, weil ich mir dachte, daß man sich da wenig waschen muß. Mit zehn Jahren wollte ich Bäuerin oder wenigstens Gärtnerin werden. Denn ich bin am Land aufgewachsen und habe Pflanzen und Tiere über alles geliebt.«[15]

1920, nach der Grundschule, bestand Hertha Firnberg die Aufnahmeprüfung für die Deutsche Oberschule der Bundeserziehungsanstalt, eine Internatsschule für Mädchen in der Kalvarienberggasse 28 im 17. Wiener Gemeindebezirk, und wurde dort nach »besondere[r] Befürwortung Genosse Glöck[e]ls«[16] aufgenommen.

Zahlreich sind die Beispiele der Landkinder, die in städtischen Internaten mit Umstellungsproblemen kämpften. Das quälende Heimweh ist nur ein Aspekt davon: »Sehnsüchtig habe ich auf die Briefe von zu Hause gewartet, jedes Packerl mit den guten Strudeln meiner Mutter freudig geöffnet.«[17] Eine Reise bis zur etwa 5 km von zu Hause entfernten Bahnstation, von der sie der Vater mit dem Pferdewagen abholte, war einzig für Feiertage und Ferienzeiten vorgesehen. Im Gegensatz zu vielen anderen InternatsschülerInnen erlebte Hertha Firnberg dennoch diesen Ortswechsel nicht als massiv bedrohliche Entwurzelung; es sei »keine so schlechte Zeit im Internat [gewesen]. Im Winter froren wir zwar, die Gänge und auch die Schlafsäle waren überhaupt nicht geheizt, das Wasser zum Waschen oft eingefroren, doch wir haben diese Strapazen als Selbstverständlichkeit hingenommen, es war halt so!«[18]

Während jener Jahre beschäftigte sich Hertha Firnberg weiterhin mit gesellschaftspolitischen Fragen; im Alter von 15 Jahren kam sie zu dem Schluss: »»Wenn das Joch der Barberei uns bedrückt […][,] dürfen wir nicht schweigen. Lernen, Wissen, Verstehen sind die Grundpfeiler unseres geistigen Ich.««[19] 1926 trat sie dem »Bund Sozialistischer Mittelschüler« (BSM) bei. Dieser bestand von 1925 bis 1934 und war die Vorform des 1953 (wieder) gegründeten »Verbands Sozialistischer Mittelschüler«, der sich 1973 wegen andauernder Konflikte von der SPÖ löste und danach noch einige Jahre als trotzkistische Organisation existierte. 1979 ging daraus die Aktion kritischer SchülerInnen (AKS) hervor.

Die gemeinsamen Diskussionen, Ausflüge und Ferienkolonien des BSM regten Hertha Firnbergs Auseinandersetzung mit politischen Themen weiter an und sie knüpfte Freundschaften, die lange Jahre tragen sollten. So zum Beispiel verband Hertha Firnberg mit Bruno Pittermann (1905–1983) und seiner Familie eine lebenslange Freundschaft. An ihm, so seine Tochter Dr. Elisabeth Pittermann, habe Hertha Firnberg den Widerspruchsgeist geschätzt: »Wie er dann nicht mehr bei Sitzungen war, hat sie gesagt: ›Du fehlst. Es widerspricht überhaupt niemand.‹«

Nicht nur in den freundschaftlichen Beziehungen, sondern auch in der Lektüreauswahl hinterließ der BSM seine Spuren: Victor Adler, Max Adler, Karl Renner, Otto Bauer, Karl Marx, Friedrich Engels und Karl Kautsky wären hier zu nennen. In der Belletristik interessierte sie sich für Romain Rolland, Leo Tolstoi, Fjodor Dostojewski, Upton Sinclair, Sinclair Lewis, Leonhard Frank, Henri Barbusse, Ernst Toller und Kurt Tucholsky.[20]

1928, im Jahr ihrer Reifeprüfung, die sie mit Auszeichnung bestand, übernahm Hertha Firnberg im BSM das Bildungsreferat der Zentrale sowie die Stelle eines zweiten Ob»manns«.

Wie bereits erwähnt werteten die Firnberg'schen Eltern Mädchenbildung als wesentlichen Faktor. Noch in einem weiteren Punkt widersprachen sie dem damaligen Zeitgeist: Sie vertraten die Ansicht, auch Frauen sollten finanziell unabhängig sein. So verdiente Hertha Firnberg ihr erstes Geld in jungen Jahren als Geigerin bei einem niederösterreichischen »Kirtag«[21] und nach bestandener Reifeprüfung fanden die universitären Pläne der Tochter die Unterstützung der Eltern. Die Mutter entschied, dass Hertha Firnberg während des Jura-Studiums »unabhängig sein und ihr eigenes Zuhause haben« sollte[22], weshalb im Frühjahr 1928 ein kleines Einfamilienhaus im Wiener Bezirk Favoriten erworben wurde. Hertha Firnbergs Meldeadresse lautete zuerst Wasserturm 54 bzw. Siedlung am Wasserturm 54; damals war dieser Teil Favoritens ein Stadtrandgebiet, umgeben von Wie-

Max und Moritz (Hertha Firnberg), Fasching Mitte der 1920er Jahre

Haus Wasserturm 54 bzw. Altdorferstraße 5

sen, Feldern und Ziegenherden – eine Aussicht, die sich mittlerweile entscheidend verändert hat. Mit zunehmender Stadtentwicklung wurde jene Straße 1936 in Altdorferstraße umbenannt; das Wohnhaus Hertha Firnbergs, in dem sie zu jenem Zeitpunkt mit ihrer jüngeren Schwester Trude lebte, erhielt die Hausnummer 5.

1928, mit Beginn der Studienzeit – während der Hertha Firnberg Mitglied des Verbandes Sozialistischer Studenten Österreichs (VSStÖ, gegründet 1893) war –, trat sie auch in die Sozialdemokratische Arbeiterpartei (SDAP) ein und blieb Parteimitglied bis zum Verbot der Partei im Jahr 1934. Im VSStÖ hatte sie verschiedene Referate inne, unter anderem war sie – wie schon zuvor im BSM – Bildungsreferentin. Nach zwei Semestern an der juridischen Fakultät, entmutigt durch die öffentliche Absichtserklärung eines Universitätsprofessores, prinzipiell keine Frauen bei der Prüfung durchkommen zu lassen[23], wechselte Hertha Firnberg ihre Studienrichtung. Sie inskribierte Geschichte, mit besonderer Berücksichtigung der Wirtschaftsgeschichte:

»Ausser dem Seminar für Wirtschafts- und Kulturgeschichte an der Universität Wien (Hofrat Dopsch)[,] wo besonders die Problematik des frühen und hohen Mittelalters gepflegt wurde, besuchte ich durch zwei Semester das Wirtschaftsgeschichtliche Seminar an der Universiät Freiburg [im Breisgau, Deutschland; 1930]. Hier absolvierte ich die Vorlesungen und Seminare Professor Heimpels über Stadt-Gewerbe-Industrie- und Handelsgeschichte und erwarb damit die notwendige Ergänzung zur wirtschaftsgeschichtlichen Wiener Schule. Ausserdem befasste ich mich mit rechtsgeschichtlichen, nationalökonomischen und geschichtsphilosophischen Fragen [...] und Studien.«[24]

Der Austrofaschismus prägte auch das Klima an den österreichischen Universitäten. Hertha Firnbergs Freundeskreis beschloss, tätig zu werden; gemeinsam mit dem Rechtsanwalt Dr. Otto Tschadek (1904–1969) und anderen traf man/frau sich im Café Duschek ebenso wie in einem kleinen Café am Schottentor, gegenüber der Universität, um den Kampf gegen den zunehmenden Einfluss nationalsozialistischer Studenten aufzunehmen, welche die Arbeit sozialistischer Professoren behinderten. Lehr- und Lernfreiheit wurde gefordert. Hertha Firnberg war –

Hertha Firnberg als Studentin

Promotion 1936 (Hertha Firnberg sitzend, 2. v.r.)

zumindest Maurice Feldmanns Erinnerungen nach – die einzige Frau jenes Kreises.[25]

Otto Tschadek publizierte seine Beobachtungen des politischen Geschehens in der »Arbeiter-Zeitung« (»AZ«), in der österreichischen Tageszeitung »Der Tag« (1938 verboten) sowie in der »Wiener allgemeinen Zeitung«. Wie die sozialdemokratische Partei wurde auch ihr Zentralorgan, die »Arbeiter-Zeitung«, 1934 verboten und erschien vom 25. Februar 1934 bis zum 15. März 1938 in Form einer wöchentlichen Ausgabe im Exil in Brno/Brünn, von wo aus sie nach Österreich eingeschmuggelt wurde.[26]

1935 legte Hertha Firnberg an der Universität Wien ihre Rigorosen in den Fächern Wirtschaftsgeschichte (bei Hofrat Dopsch), politische Geschichte (bei Prof. Bauer) und Ethnographie (bei Prof. Koppers) ab. Ihre Dissertation, mit der sie 1936 unter dem Namen Hertha Hon-Firnberg zum Dr. phil in Sozial- und Wirtschaftswissenschaften promovierte, verfasste sie zum Thema »Lohnarbeiter und freie Lohnarbeit im Mittelalter und zu Beginn der Neuzeit. Ein Beitrag zur Geschichte der agrarischen Lohnarbeit in Deutschland«. Bereits ein Jahr zuvor war diese Arbeit in überarbeiteter und erweiterter Form als 11. Band der Veröffentlichungen des Seminars für Wirtschafts- und Kulturgeschichte an der Universität Wien erschienen und »[…] fand in wissenschaftlichen Fachkreisen eine wohlwollende Aufnahme als grundlegende Studie über die sozialen Verhältnisse der Arbeiterschaft und die Entwicklung des Arbeitsrechtes«.[27]

In den nächsten Jahren beschäftigte sich Hertha Firnberg hauptsächlich mit »privatwissenschaftlichen Studien auf dem Gebiete der Sozialgeschichte (Geschichte des Arbeitsrechtes) und betätigte [s]ich als unbezahlter Hilfsbibliothekar am Seminar für Wirtschafts- und Kulturgeschichte«.[28] Für verschiedene Schweizer Zeitschriften – wie zum Beispiel die »Schweizer Industriezeitung« – lieferte sie populärwissenschaftliche Beiträge zur Wirtschafts-, Sozial- und Kulturgeschichte. Des Weiteren versuchte sie an der Universität Fuß zu fassen, was vorerst jedoch noch nicht gelang, weshalb sie in die Erwachsenenbildung wechselte: »1937 begann ich im Volksbildungswesen als Vortragende über sozial- und wirtschaftsgeschichtliche Themen zu referieren (Geschichte des Arbeiterstandes). Meine Tätigkeit auf diesem wie auf journalistischen und wissenschaftlichen Gebieten wurde 1938 jedoch durch die nationalsozialistische Besetzung Oesterreichs jäh unterbrochen.«[29]

Nach dem Ende des Zweiten Weltkrieges trat Hertha Firnberg mit 2. Oktober 1947 dem im April 1946 neu gegründeten »Bund Sozialistischer Akademiker« (BSA) bei und brachte sich dort ab Beginn der 1950er Jahre verstärkt ein. In der Frauenarbeitsgemeinschaft war sie zuerst im Ausschuss (1952), dann als Schriftführerin (1953–1958), stellvertretende Vorsitzende (1959–1963) und Vorsitzende (1964–1983) tätig. Im Verein für Gesellschafts- und Wirtschaftswissenschaftler engagierte sie sich im Schiedsgericht (1951), als Vorstandsmitglied (1952, 1961), stellvertretende Vorsitzende (1953, 1965–1969), SchriftführerIn-Stellvertreterin (1954–1960), KassiererIn-Stellvertreterin (1962–1964), Vorsitzende (1970–1984) und danach im Ehrenbeirat (1984–1994). Im Bundesvorstand des BSA war sie von 1970 bis 1983 tätig; ab Dezember 1983 als Ehrenmitglied des BSA.

Worüber man/frau nicht spricht II: Gescheiterte Ehe

Anna Elisabeth Haselbach, Mitglied des Bundesrates bis Jahresende 2007, wischte während des Interviews das Thema vom Tisch: »Die Frau war viel zu interessant, um über solche Dinge zu reden wie Ehemänner. Wenn das […] ein Tschopperl ist, ja – aber bei so einer interessanten Persönlichkeit […].«

Im Gespräch mit den beiden feministischen Sachbuch-Autorinnen Dr. Hilde Schmölzer und Eva Geber, deren Außensicht mir interessant erschien, kam auch dieses Thema zur Sprache. Einstimmig verwiesen sie auf die Orientierung der Frühfeministinnen an männlichen Biographien, »denn« – so Hilde Schmölzer – »es ging um die Sache; die Sache ist immer männlich. Dieser Slogan ›Das Private ist politisch‹ entstand erst später«. Eva Geber fügte dem außerdem hinzu, sie sei der Überzeugung, Hertha Firnberg habe durch dieses Aussparen des Privaten Klugheit bewiesen: »Auch Männer haben nicht darüber geredet und Firnberg hat sich da nicht so anders gesehen; das ist eine männliche Biographie, sie wollte sich durchaus egalitär einbauen. Wir wissen, wie der Boulevard funktioniert, das kann sich sehr gegen sie wenden. – Ich finde, dass sie klug gehandelt hat – für ihre Zeit. Heute kann man offener sein, man kann leichter etwas abschmettern.«

Mehrfach erklärten InterviewpartnerInnen, sie hätten geglaubt, Hertha Firnberg sei niemals verheiratet gewesen; manche gaben wiederum an, es sei ihnen bekannt gewesen, doch zeit ihres Lebens habe niemand über die Tatsache, dass sie geschieden sei, berichten dürfen; Hertha Firnbergs Bestreben ging eindeutig in die Richtung, alle privaten Details zur Herkunft ihres Vaters, zu gescheiterten Beziehungen und nicht-ehelichen Lebenspartnerschaften durch Verschwiegenheit auszugrenzen, selbst wenn ihr Familienstand in diversen Artikeln, sci es im »profil« oder in der »Wochenpresse«, korrekt angeführt wurde und damit längst publik war.

Bedenkt man/frau die moralische Strenge und Sterilität der 1930er bis 1980er Jahre, in der sich gerne der eine oder die andere zum Moralapostel erhob, ist es erstaunlich, dass seitens der Eltern das Scheitern der ersten Ehe der ältesten Tochter nicht als Schande gewertet wurde; solch kleinkariertes Denken habe Firnbergs schlichtweg »nicht interessiert«, so der Neffe.

Sich als geschiedene Frau in der Politik zu profilieren war um 1970 möglich, auch wenn frau offen darüber sprach. Dies zeigt die Biographie Johanna Dohnals deutlich, die 1969 ihre politische Karriere als Bezirksrätin begann und deren Ehe 1976, zur Zeit der Familienrechtsreform, geschieden wurde. Johanna Dohnal im Interview am 27. Jänner 2006: »Wie gesagt, das wusste ich nicht einmal, ich habe nicht gewusst, dass sie verheiratet war, geschieden war. Das war kein Thema. […] Öffentlich – über sie – war das kein Thema.«

Ob dies auf Hertha Firnbergs Wunsch basierte?

»Ja, das kann sein.«

Wurde ihres Erachtens damals die berufliche Situation für Politikerinnen durch eine Scheidung erschwert?

»Ihre Scheidung kann sicherlich nicht in die Zeit, wo sie in der Öffentlichkeit gestanden ist, gefallen sein […].« Denn zu jenem Zeitpunkt, da Dohnal sich scheiden ließ, sei sie die Erste gewesen, welche die Folgen einer gescheiterten Ehe während der politischen Amtszeit erlebt habe, zumindest auf Ebene der Bundespolitik sei dies bis dahin niemals geschehen: »[…] in meinem Bezirk – ist geredet worden: der arme Mann … Noch dazu war mein Mann, mein geschiedener, auch ein Parteifunktionär, aber ein kleiner, der ist halt steckengeblieben, wo wir angefangen haben, vor hundert Jahren, dort ist er bis zum Ende geblieben, als kleiner Sektionskassier … ja der arme Mann und jetzt … Auf diese Art, das ist alles g'rennt … Aber das muss einem eh wurscht sein.«

Die ältere Hertha Firnberg jedoch schien ihr Geschieden-Sein als Makel zu empfinden. Gegenüber ihrer um einige Jahre jüngeren Freundin, Dkfm. Mag. Marianne Bargil, die Hertha Firnberg im SPÖ-Bezirksbildungsausschuss Favoriten kennenlernte, äußerte sie sich dahingehend. »Als mein Mann gestorben ist, hat sie mir gesagt: ›Schau, eine Witwe in der Gesellschaft ist viel angesehener als eine geschiedene Frau.‹ – Quasi: Sei froh, dass du jetzt –.« Auf die Frage Dkfm. Mag. Bargils, was dies denn für eine Art Trost sein solle, antwortete Hertha Firnberg lakonisch: »›Es gibt verschiedene Arten des Trostes.‹«

Eine Form der Bewältigung scheint es ebenfalls gewesen zu sein, sich über die mangelhafte Treue der Männer im Allgemeinen lustig zu machen; doch beginnen wir die Geschichte am Anfang zu erzählen: Am 16. August 1932 heiratete Hertha Firnberg den Wiener Lehrer Walter Karl Maria Hon (1905–1963); laut »Lehmann's Adressbuch« wohnte er von 1933 bis 1941 im Haus der Schwestern. Die kirchliche Trauung fand am 22. Februar 1934 in der Pfarre St. Anton von Padua in Favoriten statt.

Walter Hon war mit Hertha Firnbergs Bruder Paul befreundet, wie dessen Sohn im Interview erzählte: »Hon und mein Vater waren Lebemänner – nennen wir es so. Hertha wollte ihn gar nicht heiraten; so hat es mir Trude geschildert: ›Was? Wir sollen heiraten? – Na dann … Heiraten wir halt.‹« Walter Hon und Paul Firnberg, so der Neffe, seien »Hallodris« gewesen, die gemeinsam »Wien unsicher gemacht und mit den Girls geschäkert« hätten. Für beide Schwestern, so der Neffe, stand von vornherein fest, dass sie keine Kinder bekommen wollten.

Zur Zeit der Hochzeit mit Walter Hon war Hertha Firnberg noch Studentin gewesen und Dkfm. Mag. Marianne Bargil erinnerte sich, dass Hertha Firnberg angemerkt habe, ihr erster Mann habe ihre Jugendlichkeit ausgenützt und ihr Vater Josef

Firnberg habe die Schulden des jungen Gatten beglichen, der ab dem 2. Mai 1929 als Volks- und Hauptschullehrer das Fach Zeichnen unterrichtete. Während der Kriegsjahre war er als Funker in der Trostkaserne in Favoriten tätig; nach dem Krieg wechselte er in eine HBLA im 1. Wiener Gemeindebezirk, wo er vom 20. September 1945 bis zu seinem Tod am 13. Dezember 1963 die Fächer Zeichnen, Handarbeit und Stenographie unterrichtete. Dkfm. Mag. Bargil meinte, in dieser Ehe liege auch die Ursache dafür, dass Hertha Firnberg des Öfteren über eine sogenannte LehrerInnen-Mentalität »gestänkert« habe.

Im Juli 1941 brachte Hertha Firnberg die Scheidungsklage ein, nachdem Walter Hon ihr erklärt hatte, er wolle die eheliche Gemeinschaft aufgeben. Nach den Gründen befragt, wich er ihr aus, weshalb Hertha Firnberg eine Detektei mit Nachforschungen beauftragte. Diese Erkundigungen ergaben, dass Walter Hon jene Nächte, für die er eine »Heimschläferbewilligung« erhielt, bei einer 29-jährigen Musikpädagogin und Konzertpianistin in Baden b. Wien verbrachte. An der Sühneverhandlung, die für Dezember 1941 angesetzt wurde, wollte Walter Hon, laut schriftlicher Erklärung, nicht teilnehmen, denn ein Sühneversuch sei »gänzlich aussichtslos«, eine Versöhnung »vollständig unmöglich«. Zudem bestreite er die Klage nicht. Am 27. Jänner 1942 wurde die Ehe geschieden, noch im selben Jahr heiratete Walter Hon erneut; doch nicht jene Frau, deretwegen die Ehe geschieden worden war …

Worüber man/frau nicht spricht III:
Leben während der NS-Zeit

Auch über die Ereignisse während der NS-Zeit schwieg sich Hertha Firnberg aus, was sich unter anderem durch fortwährend existente antisemitische Tendenzen der Jahre nach 1945 erklären lässt. Exemplarisch für all die verbalen Entgleisungen, die sich u.a. österreichische PolitikerInnen von 1945 bis heute leisteten, seien nur zwei angeführt: 1966 äußerte sich der Nationalratsabgeordnete Alois Scheibengraf, ÖVP, gegenüber Bruno Kreisky: »Sie sind ein Saujud.«[30] »Und ›alles Juden‹ schrien die aus der so genannten Milchbar des Parlaments leicht illuminiert entschlüpf-

Mit Schwester Trude

ten ÖVP-Nationalräte Walter Suppan und Johann Haider, als Kreisky 1972 die Auftragnehmer des UNO-City-Baus verkündete.«[31] Verwiesen sei außerdem auf den »Ortstafelstreit«, der das politische Klima im Land seit den 1970er Jahren mitprägte, ein Beispiel für den stetig virulenten Fremdenhass und Antisemitismus: »Nach Zeitungsmeldungen gab es allein bei der Zusammenrottung von deutschnationalen Demonstranten am 25. September 1972 vor der Klagenfurter Arbeiterkammer, als Bundeskanzler Bruno Kreisky versuchte, vom Ausgang aus sein Auto zu erreichen, sechs verletzte Polizisten. Kreisky erinnert sich zehn Jahre später: ›Die sind mit zerbrochenen Ortstafelschildern auf mich losgegangen. Reine Nazis. Tausende Leute.‹ (profil, 13. Juni 1983). Die antisemitischen Attacken gegen Kreisky – er wurde mit Ausdrücken wie ›Judensau‹ und ›Saujud, ich schneid dir die Gurgel durch‹ beschimpft bzw. bedroht[32] – wurden später von der Kärntner Presse schamhaft verschwiegen. […] Auch Kreiskys Einschätzung dieser Erlebnisse in Klagenfurt als ›größte nazistische Demonstration nach dem Krieg‹ wurde in Kärnten weder geteilt noch mitgeteilt.«[33]

Wie Hertha Firnberg die Jahre rund um die Jahrhundertmitte erlebte, ist kaum dokumentiert. Wie im Kapitel zu ihrem Engagement im BSM und VSStÖ dargelegt, bestimmte bereits zur Zeit des Austrofaschismus ein verändertes politisches Klima das Leben im Land. Nun, unter dem NS-Regime, verschärfte sich die Situation massiv; im Besonderen für jüdische MitbürgerInnen, für deren Nachkommen sowie für alle anderen, welche die Machthaber aus politischen, religiösen, ethnischen oder sexuellen Gründen zum Störfaktor erklärten, ihnen ihren Wert als Mensch absprachen.

Am 9. Februar 1942 stellte das Rassenpolitische Amt Hertha Firnberg dokumentarisch aus, sie sei laut Abstammungsbescheid ein »jüdischer Mischling II. (zweiten) Grades«, also »Vierteljüdin« im Nazi-Jargon.

Dr. Wolf Frühauf im Interview: »Mir hat sie nur erzählt, dass '38 für sie eine große, herbe Enttäuschung war«, da viele aus dem Bekannten- und Freundeskreis unter dem Rockrevers das Nazi-Abzeichen trugen, darunter etliche ehemalige SozialdemokratInnen, die sich von der eigenen Partei verraten fühlten.

Im Gegensatz zu ihren »späteren FördererInnen Otto Probst, Bruno Kreisky und Rosa Jochmann«[34] war Hertha Firnberg weder im Ständestaat noch unter dem NS-Regime illegal tätig. Journalistinnen der »Zeit« gegenüber berichtete sie vom Mut ihrer Mutter: »›In der Nazizeit‹, erinnert sie sich, ›sollte meine Mutter vom [O]rtsgruppenleiter das Mutterkreuz verliehen bekommen, weil sie vier Kinder […] hatte. Und da hat sie gesagt: ,Ich hab' meine Kinder für mich bekommen und nicht für den Führer. Behalten Sie bitte diese Marke.‹«[35]

In einem vom Bundesfrauenkomitee der SPÖ erstellten Porträt Hertha Firnbergs ist zu lesen: »Das Haus der Schwestern wurde zu einem Sammelpunkt fortschrittlich Gesinnter, eine Stätte täglicher und nächtlicher Diskussionen, wo mancher Gedanke Form annahm, der später einen festen Platz im Programm der Politikerin einnehmen sollte. Sie und ihre Freunde waren durchwegs Gegner des politischen Regimes. Des Regimes vor 1938 und des anderen, des Tausendjährigen, nach 1938. In den Mauern des Siedlungshauses in Favoriten trafen einander die Männer und die Frauen, deren Zeit nach 1945 kommen sollte. In stiller Heimlichkeit auch politisch und rassisch Verfolgte.«[36]

Um Zeugnis ihrer Haltung während des NS-Regimes abzulegen, vermerkte Hertha Firnberg in ihren Bewerbungsunterlagen an die AKNÖ aus dem Jahr 1948, sie habe Genossen »positive Hilfe gewährt […]: Otto Tomschik [1893–1965], 19., Weimarerstrasse 91 und Marianne Brand, Wien X., Altdorferstrasse 3. Für meine antinationalsozialistische Gesinnung zeugt: Nationalrat Dr. Tschadek, Dr. Ernst Glaser, Stadtschulrat. Bereits im März 1938 wegen antinationalsozialistischer und judenfreundlicher Gesinnung einige Male bei der Ortsgruppe angezeigt, wurde ich bis 1945 mehrfach vorgeladen, bedroht, von der Gestapo überwacht und mit Haussuchungen belästigt. Mitglied der sozialistischen Partei Oesterreichs, des Verbandes sozialistischer Akademiker bin ich wieder seit 1945«.[37]

Diese Angaben – seien es das Haus als Treffpunkt, die »positive Hilfe« oder die Anzeigen bei der Ortsgruppe, Vorladungen der Gestapo – lassen sich heute nicht mehr durch Akten belegen. Weder im Dokumentationsarchiv des österreichischen Widerstandes noch im Österreichischen Staatsarchiv finden sich zu

Hertha Firnberg oder zu jener Nachbarin Marianne Brand Unterlagen. Laut Hertha Firnbergs Neffe bewohnte Marianne Brand das Haus Altdorferstraße 3 gemeinsam mit einer gewissen Milena Papirnik; von dieser habe einst Hertha Firnbergs Vater das Wohnhaus der Schwestern erstanden.

Hingegen finden sich in den Archiven mehrere Schreiben der Gestapo mit der Bitte um Bericht zur Gesinnung und zum Verhalten des Wiener Kaufmanns Otto Tomschik, Sohn eines sozialdemokratisch gesinnten Arbeiters, der nach dem Ersten Weltkrieg bis etwa 1922 als Referent für Sagen und Märchen sowie als Bibliothekar in der Volksbildung tätig war. Ab 1925 hörte er an der Universität Vorträge im Fachbereich Geschichte (Hertha Firnberg war in etwa ab 1929 am Institut); die Einstellung seines Vaters sowie sein ehemaliges Engagement in der Volksbildung wurden Otto Tomschik seitens der nationalsozialistischen Machthaber nachteilig ausgelegt. Bei einer dieser Überprüfungen, denen er sich zu unterziehen hatte, gab Tomschik an, sein Beruf lasse ihm keine Zeit für eine Tätigkeit im Bildungsbereich; danach wurden die Untersuchungen eingestellt.

Sich den Lebensunterhalt zu verdienen, damit kämpfte Hertha Firnberg während der NS-Zeit. Auf Grund der Trennung und nachfolgenden Scheidung von ihrem ersten Mann reichten die Einkünfte, die sie durch das Erteilen von Nachhilfestunden zur Verfügung hatte, nicht mehr aus; »wegen politischer und rassischer Belastung« waren ihr »sowohl wissenschaftliche als journalistische Tätigkeit« untersagt und so entschied sie sich für einen kaufmännischen Beruf: »Am 21.X.1941 trat ich als Buchhaltungshilfskraft im Wiener Weltmode Verlag GmbH. ein, rückte aber, da ich sehr intensive Ausbildungsstudien im kaufmännischen und steuerlichen Rechnungswesen betrieb, rasch zur Abteilungsleiterin vor, wurde 1942 nach Einrückung des Chefbuchhalters selbst Buchhaltungsleiter des Verlages.«[38]

Ihr berufliches Vorankommen lag folglich nicht nur am selbstständigen Engagement, sondern war ebenso durch die Umstände jener Kriegsjahre bedingt: »Zur gleichen Zeit wurde mir die Leitung des Lohnbüros der Zentrale der Frontbuchhandlungen übertragen. Nach abgelegter Bilanz- und Betriebsbuchhalterprüfung an der Handelskammer besuchte ich 1942/43

durch ein Jahr die an der Universität abgehaltenen Vorberei-
tungskurse der Kammer der Steuerhelfer und Steuerberater als
Vorbereitung auf die Prüfung als Steuerberater.«[39]

In Hertha Firnbergs Aufgabenkreis im »Wiener Weltmode
Verlag« fielen Bilanzierung, Nachkalkulation, Leitung der Be-
triebsbuchhaltung, des Lohnbüros und der Registratur. Der
»Wiener Weltmode Verlag« spürte in den 1940er Jahren auch
weiterhin die Kriegswirren und Hertha Firnberg stieg in der
Hierarchie auf: »Nach Verkleinerung des Verlagspersonalstandes
übernahm ich ferner Teile der Herstellungsleitung, war Vertreter
des Verlagsdirektors und als Zweitzeichner berechtigt, für die
Firma zu firmieren.«[40]

Die zahlreichen Gerüchte, sie habe selbst entworfen oder Artikel für die Mode-Zeitschrift verfasst, ließen sich nicht bestäti-
gen. Hingegen berichtete der Neffe, sie habe ab und an Modelle
vorgeführt, dessen sei er sich sicher: »Die war fesch! – Ja, ja, die
war nicht so unhübsch, wie man sie karikiert hat, das stimmt gar
nicht, sie war eigentlich eine hübsche Frau. Dann ist sie – durch
den sitzenden Beruf – an den markanten Stellen ein bisschen in
die Breite gegangen, aber sonst … Das war eine fesche Frau!«

Der renommierte »Wiener Weltmode Verlag«, der bereits seit
dem Jahr 1896 bestand und sich auf Damenmode spezialisiert
hatte, gab vor den 1930er Jahren verschiedenste Zeitschriften heraus, die international im Handel erhältlich waren – so zum Beispiel die »Edition Chic Parisien«. Vor dem »Anschluss«, unter
der Leitung von Rosine Bachwitz, die bis 1938 (gemeinsam mit
Egon Byk, Willy Lebach, Adolf Strel und Alice Strel) im Ver-
waltungsrat tätig war, hatte die Zeitschrift ihren Sitz in der Lö-
wengasse 47 im 3. Bezirk und trug als »Arnold Bachwitz AG« im
Titel den Namen des Direktors der Wiener Modeausstellung,
welche um die Jahrhundertwende in den Sälen der Wiener Gar-
tenbaugesellschaft abgehalten worden war.[41] 1938 wurde die
Zeitschrift »arisiert«: »Im April 1938 wurden durch die ›Verordnung gegen die Tarnung jüdischer Gewerbebetriebe‹ und die
›Verordnung über die Anmeldung jüdischen Vermögens‹ die
rechtlichen Grundlagen für die ›Arisierung‹ jüdischen Besitzes
gelegt. Vermögen über RM 5.000,– (Wertpapiere, Betriebe,
Haus- und Grundbesitz) musste bis Ende Juni 1939 gemeldet

werden. Die im Mai unter der Leitung des ›Staatskommissars‹ Walther Raffelsberger eingerichtete Vermögensverkehrsstelle überwachte die ›Arisierungen‹ und führte sie durch. Die Höhe des Kaufpreises setzte die Behörde fest. Selbst diese Summe, die in keinem Verhältnis zum tatsächlichen Wert stand, wurde nicht voll ausgezahlt, sondern für angebliche Steuerrückstände, Reichsfluchtsteuer, ›Judenabgabe‹ u.ä. zurückbehalten.«[42]

Unter den neuen Verwaltungsräten des »Wiener Weltmode Verlags« fanden sich 1939 Dr. Friedrich Buchmayer, Rudolf Frey, Erich Leithe-Jasper, Friedrich Jasper, Alfred Leithe-Jasper sowie Franz Patzelt:[43] »Die Aktien der Firma sollten ursprünglich an die Buchdruckerei Friedrich Jasper bzw. Alfred Leithe-Jasper (Wien 3, Thongasse 12) gehen. Im Mai 1939 genehmigte die Vermögensverkehrsstelle allerdings die Übertragung der Firma an Adolf Luser (Wien 5, Spengergasse 43), wodurch der erstgenannte Vertrag aufgehoben wurde.«[44]

Als Devisenbringer konnte der »Wiener Weltmode Verlag« die Kriegsjahre überdauern; zwölf Mal jährlich erschienen die Mode-Hefte: zwei bis drei Frauen pro Seite, gezeichnet und koloriert, in ihren Roben und Accessoires, ab und an ein Hund, zu dem sich das Modell hinabbeugt. Auf der ersten Seite eine Erklärung, welche Robe zu welcher Gelegenheit passe – ob Promenaden- oder Nachmittagskleid –, und nachstehend eine kurze Einführung zur Saison: Neuheiten, Stoffe, Farben, Schnitte; dies auf Französisch, Englisch und Deutsch – ab 1940 wechselte die Rangordnung der Sprachen: zuerst wurde der deutschsprachige Text abgedruckt, danach folgten die fremdsprachigen Übersetzungen. Was zuvor internationales Flair bedeutet hatte, erschien nun »unpassend«.

Auf anderen Ebenen hinterließ das Zeitgeschehen ebenso nach und nach seine Spuren: das Papier wurde deutlich dünner, das kräftige Dunkelrot des Covers mit Goldschrift wurde zugunsten eines grau-bläulichen Kartons aufgegeben; die Roben erschienen weniger extravagant, dafür ländlicher; Accessoires wie Pelz, Hut, Handtäschchen, Handschuhe, Schirmchen und hochhackige Schuhe kamen nach 1940 seltener vor. Im Hinblick auf die Textbeiträge sind inhaltliche Veränderungen auffallend. In der Wintersaison 1940 wurde auf den »Ernst« der Zeit verwiesen, praktische Modelle seien angesagt, denn »früher einmal war eine Frau stolz, wenn sie für eine Saison eine Reihe neuer Kleider besaß, heute ist sie glücklich, wenn sie aus noch guten alten Toiletten etwas ›Neues‹ machen kann«.[45]

Bevor in der Ausgabe Nr. 530 (1942) über »Die Mode im Krieg« zu lesen war, enthielten die Texte der früheren Hefte schon neue Töne. Jugendlichkeit und Adaptation wurden propagandistisch zur Maxime erklärt: »Das Schlagwort von der Anpassung an zeitgemäße Umstände, das fast zum Leitmotiv der Gegenwart geworden ist, bedeutet nicht allein die Einhaltung einer gewissen amtlich vorgeschriebenen Norm, sondern es erhält, im weiteren Sinn gesehen, einen viel tieferen Inhalt, es erfaßt die zähe und unermüdliche Arbeit, womit die schöpferischen Köpfe unserer Zeit bemüht sind, mit den gebotenen Mitteln und auch mit neuen Stoffen und anderen Methoden Neues zu schaffen, neue Werte zu bilden, die den Anforderungen eines riesigen Wirtschaftsgebietes genügen und die weit über die Jetztzeit hinaus Bausteine für die Zukunft darstellen. Das Wort Anpassung, in dieser Art betrachtet, bedeutet Evolution. […] Es ist patriotische Pflicht, den Erfordernissen der Zeit zu gehorchen; außerdem bedeutet die richtige Haltung und Einstellung hier eine Intelligenzprobe, die man gerne mit Ehren bestehen möchte.«[46]

Im Winter 1942 wurde der allgemeine Einführungstext mit »Das Märchenbuch« betitelt und endete mit: »Ein weiser Mann prägte einst den Ausspruch, daß – selbst wenn jeglicher Putz abgeschafft wäre, – man den Frauen wenigstens das Glück der Auswahl lassen müsse, weil die Vorfreude allein sie zu gar schönen und lieblichen Wesen mache. Der kluge Frauen- und Menschenkenner hat Recht, Freude verschönt – und wie im schimmernden Glanz des Märchens liegt das Glück letzten Endes – in der Illusion.«[47]

Kleider machen Frauen – aber erst in zweiter Linie

Weder während ihrer Jahre im Nationalrat noch später als Ministerin für Wissenschaft und Forschung war sie eine Politikerin, die versucht hätte, ihre Weiblichkeit als ein um Sympathie oder Verständnis heischendes Element einzusetzen. Hertha Firnberg, so ihr Neffe, sei überzeugt gewesen, dass Frauen Macht über Männer hätten, dessen seien sich Frauen leider nur selten bewusst; außerdem würden sie sich in Grabenkämpfen mit anderen Frauen verzetteln, was schlichtweg »dumm« sei. Hertha Firnberg selbst inszenierte sich als Dame von Welt, der Mann die Hand küsste, deren Lebenskultur einen zur Gesprächskultur verpflichtete, und sie wies KollegInnen des politischen Banketts ebenso wie WissenschaftlerInnen mit diesen Verhaltensweisen in die Schranken. Ihre Lust am Wortgefecht, ihre blitzenden Augen als Zeichen höchsten Amüsements sind bis zum heutigen Tag bei dokumentierten Fernsehaufnahmen überraschend und bestechend. Dr. Pittermann erzählte, Hertha Firnberg suchte die Konfrontation mit Männern nicht, aber sie nahm diese »in Kauf«, wenn es anders nicht möglich war. Im Grunde genommen versuchte sie ihre Ziele zu erreichen, ohne »den großen Krieg« bewältigen zu müssen.

Beinahe alle InterviewpartnerInnen kehrten Hertha Firnbergs erstklassigen Geschmack hervor und betonten, wie gut sie stets gekleidet gewesen sei. Vom Ästhetizismus zum Modetick ist der Weg kein langer. Die älteste Tochter eines Gemeindearztes musste wohl nicht die Kleidung Verwandter »auftragen«, dennoch waren vermutlich in ihren jüngeren Jahren modische Extravaganzen nicht zu realisieren. In der Festschrift »Wissenschaft und Weltbild« wird das Tätigsein im »Wiener Weltmode Verlag« wie folgt dargestellt: »Trotz aller Schwierigkeiten, der Umstände und der Zeit entsprach dies auch einer persönlichen Komponente: ihrem Interesse für elegante Harmonie der Kleidung – die nicht erst seit jener Zeit herrührte – und einem ästhetischen Bedürfnis, das sich gleichermaßen in der Wahl der Dinge ausdrückt, mit denen sie sich im täglichen Leben umgibt.«[48]

Laut Dkfm. Mag. Marianne Bargil machte Hertha Firnberg die Arbeit im Umfeld der Mode Spaß. Sie erinnerte sich an manche Urlaube, bei denen Hertha Firnberg nie an Wühlkisten vorbeigehen konnte, ohne sich deren Inhalt anzusehen und das eine oder andere Stück schließlich zu erstehen. Kam man/frau zu Besuch, habe sie »einen immer von oben bis unten angeschaut und dann manchmal erklärt: ›Na, weißt du, dieser Schal passt nicht. Du solltest einen anderen nehmen.‹« Oder sie sagte: »›Aha, du hast ein neues Kleid?‹«, woraufhin Dkfm. Mag. Bargils Mann, für den Kleidung völlig nebensächlich war, seine Frau erstaunt ansah: »›Aha? Du hast ein neues Kleid?‹« Hertha Firnberg habe stets gewusst, so Dkfm. Mag. Bargil, »was die Leute anhaben und was gut ist oder nicht gut ist, und sie hat sich manchmal darüber aufgeregt, wie man daherkommt«, denn für Hertha Firnberg musste selbst das Taschentuch passen. Manche in der Partei, so Dkfm. Mag. Bargil, hätten ihre Pelzmäntel nicht angezogen, wenn sie in eine Parteisektion gingen. Hertha Firnberg hingegen habe argumentiert: »›Ich hab's ja nicht gestohlen, ich hab' dafür gearbeitet, warum also nicht?‹«

Kleider machen Leute, das bestätigte gleichfalls Herta Slabina, die entsprechend elegante Kleidung sowie Schmuck als wesentliches Element im Berufsleben einer Frau der 1970er und frühen 1980er Jahre schilderte – ob einem oder einer dies nun behagen mochte oder nicht: »Man hatte oft das Gefühl, einfach übersehen zu werden, sollte man den gängigen Gepflogenheiten des Ministeriums nicht entsprechen.«

Hannes Androsch meinte, Hertha Firnberg habe ein Auftreten gehabt, »das jederzeit zu offiziellen Anlässen im Buckingham Palace gepasst hat. Ohne sich deswegen anzubiedern oder ihre sozialdemokratische Gesinnung – damals hat man ja noch sozialistisch gedacht – auch nur eine Spur zu verleugnen«. Und Dr. Wolf Frühauf betonte, Hertha Firnberg habe es während ihrer Amtszeit als Ministerin »bewusst eingesetzt, eine Dame sein zu wollen und zu sein«. Es sei für sie ein »Lifestyle-Element« gewesen und sie sei dadurch von allen ein »wenig galanter, eleganter« behandelt worden. Alljährlich, so erzählte Dr. Frühauf, wandelte sich an ihrem Geburtstag, dem 18. September, das Arbeitszimmer der Ministerin auf Grund der überreichten Blumensträuße zu einem Blumenmeer.

Persönliches Anliegen, (vermeintliche) Notwendigkeit oder doch auch taktisches Geschick? Dr. Höllinger zum Beispiel interpretierte ihr Auftreten als Grande Dame dahingehend, dass sie Gleichheit unter GesprächspartnerInnen »nicht gepflegt« habe, sondern klar zu erkennen gab, dass sie »eine wichtige – oder mehrere wichtige – Funktionen [einnahm] und daher mächtig war«. Er sah Firnbergs Grande-Dame-Dasein als »klassisch patriarchalisch«, selbst wenn dies für eine Frauenbeschreibung vielleicht »nicht ganz korrekt« klinge: »Das ist ein klassisches Muster; daran hat sie nicht nur nicht gekratzt, sondern sie hat es sehr gepflegt. Das war ein maßgebliches, taktisches Element ihrer Durchsetzungskraft.«

Eva Geber und Dr. Hilde Schmölzer bekundeten Verständnis für Hertha Firnbergs Dasein als Grande Dame, sie sahen darin schlichtweg eine klug gewählte Strategie: »Wenn du in eine gewisse politische Richtung gehst«, führte Eva Geber im Interview aus, »musst du immer mindestens doppelt so gut wie die Männer sein; und das ist ja nicht schwer. – Du kannst gar nichts an Fortschritt verkaufen, wenn du nicht einerseits kompetent, streng auftrittst – gemildert durch Eleganz, durch eine weibliche Note. Das ist geschickt«, und es habe Hertha Firnberg offensichtlich auch gefallen – eine Ansicht, der Hilde Schmölzer zustimmte: »Sicher! Warum soll sich eine Frau nicht elegant kleiden? – Klar, das hat bei den Männern eingeschlagen, und sie musste ja … Sie war ja in vielen Bereichen die einzige Frau. Sie war die erste Ministerin, sie war in einer reinen Männerriege. Also musste sie den Männern gefallen! – Sie hat sich nicht über den Tisch ziehen lassen. Wir haben sie damals bewundert. Das war nicht mehr in meiner Studienzeit, sondern nachher, aber ich weiß, dass wir entzückt waren, dass da eine Frau Ministerin ist«, und das Damenhafte sei eine Strategie, die Frauen anzuwenden hatten, um erfolgreich zu sein – Schmölzer merkte aber auch an: »Im Grunde ist das eine Tragik, weil man sieht, dass sich sämtliche Frauen in Toppositionen so anpassen müssen, dass sie Männerargumente übernehmen. Das ist ein großes Problem bei Politikerinnen! Ich glaube, dass diese Frauen anders wären, wenn sie nicht in einer reinen Männerriege wären – oder sie sind schon so sozialisiert …«

Mag. Kriehebauer betonte die Notwendigkeit der habituellen Anpassung an bürgerliche Weiblichkeitsmuster, die für Hertha

Firnberg so typisch war: »Zur Zeit ihrer politischen Karriere war in der Sozialdemokratie ein durchaus konservatives Bild der Frau vorherrschend, es stellt sich die Frage, ob Firnberg mit einer anderen Art von Weiblichkeit, wie sie in den sechziger Jahren entwickelt wurde, Karriere hätte machen können. Die distanzierte, unangreifbare Dame, die durch Bildung und klaren Verstand auffiel, passte in das Bild einer weiblichen Politikerin, die ein Ministeramt ausüben konnte. Es ist fraglich, ob sie sich verstellt hat, um akzeptiert zu werden, oder ob sie nicht ohnehin durch ihre ursprüngliche Sozialisation so geprägt worden war. Die ersten Frauen aus der Arbeiterbewegung, die in der Zwischenkriegszeit in den Nationalrat kamen, waren dagegen nicht immer ausreichend gebildet, um den Männern wirklich Paroli bieten zu können.

Frau Firnberg strahlte aus, dass sie durchaus auch einen anderen Weg hätte gehen können, aber der Sache der Arbeiterbewegung so verpflichtet war, dass sie eine mögliche bürgerliche Karriere jenseits der Politik ausschlug, um sich der Sozialdemokratie anzuschließen. Ihr bürgerlicher Hintergrund bot ihr die notwendige soziale Intelligenz und Gebildetheit, die notwendig waren, um sich in der männlich dominierten politischen Umgebung durchsetzen zu können. Wir jungen Frauen haben ihren Habitus befremdlich gefunden, haben aber geschätzt, dass sie die Hochschulreform mit großem fachlichen Wissen und Durchsetzungsvermögen, gepaart mit einer hohen sprachlichen Begabung und juristischen Kompetenz, auf Schiene gebracht hat. Sie ließ sich bei diversen Interviews niemals auf die Rolle der Emanze führen, sondern vertrat bei der Änderung des Familienrechts 1975, die den Mann als Oberhaupt der Familie absetzte, die sehr neutrale Position einer Politikerin, die gegen soziale Ungerechtigkeit kämpfte.«

Dr. Ostleitner im Interview: »Eine Feministin war Hertha Firnberg sicher nicht. Sie war so eine resolute, autoritäre ›Dame‹; ›Dame‹, ja – unter Anführungszeichen. Nicht ›Frau‹ im Sinne von Dohnal, sondern ›Dame‹: aus kleinen Verhältnissen kommend, die Symbole und die Wertigkeit des Bürgertums überschätzend, also, diese Überanpassung … Eigentlich war das bei allen ihrer Generation so, oder? Diejenigen, die nicht – viel später – durch die Studentenbewegung sozialisiert worden sind,

sondern die aufgewachsen sind entweder in der Gewerkschafts-
bewegung oder in der Arbeiterkammer in den 1950er, 1960er
Jahren, die hatten eigentlich kein alternatives Rollenmodell. Wie
ein Wahlkampfslogan der SPÖ einmal geheißen hat: ›Aufstieg,
Leistung, Sicherheit‹, so war es! Das waren die Ziele, und das waren eigentlich keine Alternativen zum Bürgertum. Aufstieg – im
Rahmen der bestehenden Rollenverteilung.«

Dass Hertha Firnberg in der Regel auf gehobenen Umgangs-
ton Wert legte, sich in den 1970er Jahren täglich von einer Friseurin frisieren ließ und exquisite Bekleidung bevorzugte, schmälerte dennoch nicht ihren Ruf, *die* Sozialistin" in Kreiskys Kabinett zu sein. Dr. Frühauf dazu: »Sie wollte einerseits zeigen, dass
›Frau-Sein‹ etwas ist, das durchaus eine sehr erfolgreiche Berufs-
komponente haben kann, ihr Anliegen war es zu belegen: Frauen
können es. Andererseits war sie nie eine Frau, die in Sack und
Asche gegangen ist, wie sie immer wieder betont hat, sondern sie
wollte immer zeigen, dass auch eine Frau, die aus der Sozialdemokratie kommt, Kultur haben kann, Geschmack, Chic; das war
ihr ein Anliegen. Damit wollte sie einerseits sozialdemokratische
Frauen ermuntern, sich doch auch in dieser Beziehung zu eman-
zipieren und andererseits den ›bürgerlichen Kreisen‹ – so wie der
Kreisky auf seine Art, Firnberg auf ihre Art – zu zeigen: Schaut's
her, ich bin eine absolut zu respektierende Frau, die sich nicht
verstecken muss, im Vergleich mit ›euren Frauen‹. Sie hat Wert
auf ein gepflegteres Äußeres gelegt, und warum auch nicht? – Sie
hat immer wieder erzählt, dass bis in die 1960er Jahre hinein
Frauen im politischen Alltag (wie etwa im Parlament) mit schwarzen, grauen, blauen Kostümen (und in allen Schattierungen dazwischen) mit irgendwelchen Blusenkrägen ›optimal ausgestattet‹ waren; Kleider waren seinerzeit im politischen Alltag eher
unüblich. Ebenso Pelzmäntel, für sozialdemokratische Frauen
erst recht – man hat den Pelz innen getragen, bestenfalls, wie
Firnberg immer gesagt hat.«

Dr. Trappl meinte, Firnberg habe »die Annehmlichkeiten«,
die ihre Stellung als Ministerin mit sich brachte, »durchaus zu
schätzen gewusst« – eine Eigenschaft, die er als »total positiv«
wertete, denn dies zeigte, Firnberg war eine Frau, »die das Leben
auch genießt«.

Trotz allem Bemühen, die Grande Dame hervorzukehren, konnte Hertha Firnberg auch mit rüderen Tönen umgehen. Diese Facette vermittelt folgende von Herta Slabina geschilderte Episode: »Der damalige Rektor einer Kunsthochschule war schon etwas angeheitert, da bei den jährlichen Diplomfeiern ein reichhaltiges Buffet geboten wurde. Gegen Ende der Feier klopfte er der Frau Bundesminister – wenig respektvoll – auf den verlängerten Rücken und sagte: ›Komm, Madl, jetzt gehen wir noch gemeinsam zum Heurigen.‹ Da hat sie gelacht … – richtig gelacht! Sie hat viele Künstler so genommen, wie sie eben waren, und eventuelle Respektlosigkeiten sind an ihr abgeprallt.«

In jenen Jahren, da Hertha Firnberg an der AKNÖ tätig war, lernte sie Dr. Heinz Fischer – den seit 2004 amtierenden Bundespräsidenten – kennen; er beschrieb dies im Interview wie folgt: »Hertha Firnberg saß in einem Zimmer, das verraucht war, mit vielen Zigarettenstummeln im Aschenbecher, eine energische Frau mit präzisen Meinungen und ebenso exakten, ihre Meinungen unterstreichenden Handbewegungen, eine Frau, die auf den ersten Blick als eine Intellektuelle erkennbar war, eine, die nicht in aller-allererster Linie auf ihr Äußeres geachtet hat […].«

Faszination Universität

Das Kriegsende, so Hertha Firnberg in »Österreich zuliebe«, sei keine »Kapitulation« gewesen, sondern »Befreiung, ein Wiedererstehen unseres Staates, der uns mit Gewalt genommen worden war. […] Und mit dem Wiedererstehen der Republik Österreich ist das Wiedererstehen seiner demokratischen Einrichtungen verbunden […].«[49] »Niemand, der diese Zeit nicht selbst und bewußt erlebt hat, kann sich ein realistisches Bild von diesen Tagen machen, in denen es kein Brot, kein Wasser, kein Obdach, kein Licht, kein Heizmaterial gab. Vielen Menschen drohte buchstäblich der Hungertod, die Eigenversorgung reichte in keiner Weise aus, in Wien und in östlichen Industriegemeinden war nicht einmal Brot in ausreichender Menge vorhanden. […] Trotz aller Nöte und dem täglichen Kampf ums Überleben begann der Aufbau rasch. Österreichs Bevölkerung ging mit Mut und der besonderen Begabung zur Improvisation an die harte Arbeit des Wiederaufbaus der zerstörten, in Trümmern und Schutt liegenden, aller Hilfsmittel entblößten Heimat. Die Frage nach der Lebensfähigkeit Österreichs wurde, anders als in den Tagen der Ersten Republik, nicht gestellt«.[50]

»Instandsetzung« war in jenem Sommersemester das Hauptthema unter den Studierenden an der Universität.

Dies zeigt sich ebenfalls im Erfahrungsbericht Dr. Franz Kunas (* 1933): »Meine Generation hatte es mit Veränderungen zu tun. Als Student in Wien stand ich als Schaufler an Baustellen, als Träger einer Sammelbüchse vor Oper und Burgtheater und als Leiter des Streichquartetts in der Ebendorferstraße im Dienste des Wiederaufbaus. Der ›Wiederaufbau‹ war eine unerschütterliche Praxis und Ideologie, die uns sozusagen bei der Stange hielt, die das Tor zu einer strahlenden, wenn auch kaum greifbaren Zukunft war. Diese Zukunft suchten viele in den späten Fünfzigerjahren im Ausland, schon um der miesen Protektionswirtschaft und dem leidigen Werkstudententum zu entkommen.«[51]

Mit 18. April 1945 wurde die Mensa erneut in Betrieb genommen, um jene zu verköstigen, die sich an den Aufräumarbeiten beteiligten; ein Arbeitseinsatz, der Kriegsheimkehrern, -versehrten, WerkstudentInnen und NS-Opfern erlassen wurde. Für ehemalige NationalsozialistInnen bestand hingegen eine »sechswöchige bis sechsmonatige Arbeitsverpflichtung, an deren Ableistung die Immatrikulation und Inskription gebunden war«.[52] Bereits am 29. Mai 1945 begannen die Vorlesungen. Hertha Firnberg erinnerte sich an die ersten Wintermonate in der noch bombengeschädigten Universität, »als die Kollegen des wissenschaftlichen Personals gemeinsam mit den Studierenden in den ungeheizten Seminarräumen, eingehüllt in Decken, mit Wollfäustlingen, Stiefeln mit Holzsohlen in eisiger Kälte, nur gewärmt von einer Tasse Kräutertee, im strengen Winter am Aufbau der Bibliothek arbeiteten, mit Eifer und Hingebung«.[53]

Als sich die Universitätsprofessorin Dr. Erna Patzelt (1894–1987), die während Hertha Firnbergs Studienzeit Assistentin am Seminar für Wirtschafts- und Kulturgeschichte gewesen war, an Hertha Firnberg wandte, ob sie sich vorstellen könne, die Studi-

enbibliothek am Wiener Institut für Wirtschafts- und Kulturgeschichte, die während der NS-Zeit aufgelöst worden war und
nun einen Bestand von 10.000 Titeln aufwies, neu zu organisieren, zu ergänzen und zu ordnen, stellte dies eine willkommene
Chance für die junge Akademikerin dar, denn nach der Liqui-
dierung des »Wiener Weltmode Verlages« im Jahr 1945 hatte sie
vom 18. September 1945 bis zum 15. Mai des folgenden Jahres
als Bilanzbuchhalterin und Vertreterin des Abteilungsleiters der
»Städtischen Bestattung« der Gemeinde Wien in der Goldegas-
se 19 im 4. Bezirk gearbeitet – eine Tätigkeit, die ihr insbesondere auf Grund der dort herrschenden Bürokratie »gar keinen
Spaß« machte.[54]

Um so reizvoller erschien ihr daher dieses Angebot: »Ich er-
griff mit Freude diese Möglichkeit, zu meinem eigentlichen Stu-
diengebiet zurückzukehren und mich wissenschaftlichen und organisatorischen Aufgaben hauptberuflich zuzuwenden; vor allem
war mir dadurch erstmalig die Gelegenheit geboten, eine grös-
sere wissenschaftliche Bibliothek selbständig zu leiten und auszubauen, da mir auch der Einkauf und die Bestimmung der
nachzuschaffenden Werke verantwortlich überlassen wurde. Meine Bewerbung um diese Stelle wurde vom Unterrichtsministerium positiv aufgenommen und ich habe nunmehr seit 15. Mai
1946 […] dieses Referat inne.«[55]

Um sich die nötigen Kenntnisse im Bibliothekswesen anzu-
eignen, besuchte Hertha Firnberg einschlägige Vorlesungen und
Übungen. Darüber hinaus erhielt sie eine Sonderschulung durch
den Staatsbibliothekar Dr. Hubert Piwonka (1898–1967), Leiter der Aufnahmekanzlei der Universitätsbibliothek Wien.

Die Einladung zur Mitarbeit seitens der Universitätsprofessorin Dr. Erna Patzelt, welche Hertha Firnberg als Mentorin unterstützte, führte dennoch nicht zu einer konfliktfreien Zusammenarbeit. Dr. Erika Weinzierl, eine jener ProfessorInnen, die in
den 1970er Jahren von Hertha Firnberg berufen wurden, erklärte im Interview, sie habe zwar Dr. Patzelt nicht persönlich gekannt, doch habe man/frau ihr nachgesagt, »nicht sehr nett« zu
sein; auch Hertha Firnberg habe deutlich zu erkennen gegeben,
wie schwierig eine Zusammenarbeit mit Dr. Patzelt gewesen
sei.

Mit Mai 1946 vermittelte diese Universitätsprofessorin Hertha Firnberg an Dr. Karl Skowronnek (1902–1976) als wissenschaftliche Assistentin – bzw. als halbtags beschäftigte wissenschaftliche Hilfskraft, wie es zu jener Zeit hieß –, da er für seine wissenschaftlichen Arbeiten eine Wirtschaftshistorikerin suchte. Dr. Skowronnek war gerichtlich beeideter Sachverständiger für Wirtschaftswerbung und damaliger Honorardozent für Werbewissenschaft an der Hochschule für Welthandel sowie von 1966 bis 1968 Rektor ebendieser.

So war Hertha Firnberg nunmehr vormittags im Seminar für Wirtschafts- und Sozialgeschichte und nachmittags bei Dr. Skowronnek. Dort oblag es ihr, die Institutsbibliothek sowie jene des Dozenten aufzustellen, auszubauen und einzurichten. 1945 umfasste der Bestand der Fachbibliothek gerade einmal 15 Titel; dieser konnte bis zum Sommersemester 1947 – überwiegend mittels Buchspenden – auf 134 Werke aufgestockt werden. Eine weitere Aufgabe Hertha Firnbergs bestand darin, eine Werbemittelsammlung in Form eines wirtschaftsgeschichtlichen Betriebsarchivs zu errichten und den Dozenten bei der Materialiensuche sowie beim Redigieren der von ihm herausgegebenen »Werbewissenschaftlichen Schriftenreihe« zu unterstützen. Im Rahmen dieser Reihe erschienen im dritten Heft im November 1947 auch zwei von Hertha Firnberg verfasste bzw. mitverfasste Studien zu »Frühformen der Werbung« und »Werbung und Verbraucher«, Letztere gemeinsam mit Dr. Karl Skowronnek.

In Hertha Firnbergs Domäne fielen außerdem die organisatorischen Vorarbeiten zu einer geplanten »Zentralstelle österreichischer Betriebsarchive« – ein Unterfangen, das in Zusammenarbeit mit dem Bundesdenkmalamt, dem Werbewissenschaftlichen Institut, dem Seminar für Wirtschaftsgeschichte, der österreichischen Archivverwaltung und anderen wissenschaftlichen Institutionen in Angriff genommen wurde.

Im Sommer 1947 – »[g]leichzeitig mit meiner Wiederverheiratung am 15.7.1947«[56] – kündigte Hertha Firnberg ihre Stellung bei Dr. Skowronnek, da geplant war, dass sie ab Herbst jenes Jahres zusätzlich zur Bibliotheksleitung die Stelle einer wissenschaftlichen Assistentin am Seminar für Wirtschaftsgeschichte übertragen bekommen sollte. Diesen versprochenen Posten erhielt sie jedoch erst mit 1. Jänner 1948. Neben den Aufgaben der Assistentin war sie für die Führung des wissenschaftlichen Studienbetriebes und die Abhaltung der Seminarübungen in Sozialgeschichte zuständig, da der Seminarvorstand das Wintersemester 1947/48 in den USA verbrachte.

Erstaunlich ist, dass sich Hertha Firnberg bereits im Mai 1948, also wenige Monate nach Erlangung der angestrebten Position, bei der AK Wien sowie bei der AK Niederösterreich um ein Referat bewarb. Die Begründung, die sie hierfür in ihrem Bewerbungsschreiben angab, bleibt – in Anbetracht des Umstandes, dass sie in späteren Jahren stets anmerkte, wie gerne sie eine Laufbahn als Universitätsprofessorin angestrebt hätte – höchst dürftig: »Abschliessend und erklärend muss ich hinzufügen, dass das massgebliche Moment für meine Bewerbung um das Referat bei der Arbeiterkammer für Nieder-Oesterreich und den geplanten Berufswechsel darin zu suchen ist, dass mein Interessegebiet und – wie ich aus den Erfahrungen meiner beruflichen Tätigkeit erkennen konnte – auch meine spezielle Befähigung in einem Arbeitskreis liegt, der die Möglichkeit gibt, wissenschaftlich[e] und theoretische Kenntnisse dem praktischen Leben zuzuführen und in den Dienst einer sozialen Gemeinschaft zu stellen.«[57]

Diesen Wechsel weg von ihrer eigentlichen Leidenschaft, der Universität, hin zur Arbeiterkammer führte »profil« 1975 auf »äußeren Zwang« zurück: »Denn im Unterschied zu heute, da es eine ganze Reihe außeruniversitärer Forschungsinstitute gibt, war ein Sozialist, der wissenschaftlich arbeiten wollte, ehedem praktisch gezwungen, in die Kammer zu gehen.«[58]

In mangelnder Qualifikation für den wissenschaftlichen Aufgabenbereich lag der Wechsel sicherlich nicht begründet, da Hertha Firnberg als ausgezeichnete Wirtschafts- und Sozialwissenschaftlerin galt, die sich der ArbeiterInnengeschichte und der Frauenforschung widmete, Jahrzehnte bevor andere diese Bereiche thematisierten. Sie verfolgte zudem entgegen dem Zeitgeist einen interdisziplinären Forschungsansatz – mittels Verbindung der Bereiche Geschichte, Soziologie und Statistik. Außerdem war sie eine der Ersten in Österreich, die der Sozialgerontologie – eine Synthese verschiedenster Wissenschaftsdisziplinen, die sich mit dem Altern beschäftigt – Bedeutung beimaß.

Im Rahmen ihrer Bewerbung an der AKNÖ gab Hertha Firnberg ihre MentorInnen Dr. Erna Patzelt und Dr. Karl Skowronnek sowie Dr. Otto Tschadek als Referenz an. Dr. Tschadek, den sie bereits aus ihrer Studienzeit kannte, gehörte seit jenen Treffen in Cafés, die das Ziel hatten, dem zunehmenden Einfluss nationalsozialistischer Studenten entgegenzutreten, zu Hertha Firnbergs Freundeskreis.

Dr. Otto Tschadek, Rechtsanwalt von Beruf, engagierte sich ab 1923 in der damaligen SDAP. Von 1927 bis 1931 war er Obmann der sozialistischen Studentenvereinigung. 1934 wurde er vorübergehend verhaftet. Von 1941 an konnte er als selbstständiger Rechtsanwalt in Bruck an der Leitha tätig sein. Gegen Ende des Zweiten Weltkrieges lebte er in Kiel, wo er kurz nach Kriegsende von der britischen Besatzung zum »Kommissarischen Oberbürgermeister« der Stadt bestellt wurde. Nach seiner Rückkehr aus Deutschland arbeitete Tschadek wieder als Rechtsanwalt und wurde erneut politisch aktiv: Von 1946 bis 1960 war er Abgeordneter zum Nationalrat, von 1949 bis 1952 sowie von 1956 bis 1960 Bundesminister für Justiz. Er setzte erste Initiativen zur rechtlichen Gleichstellung der Geschlechter und betraute eine Kommission mit der Ausarbeitung von Richtlinien für eine gesetzliche Neuorientierung des Familienrechts. Innerhalb der damaligen Großen Koalition konnte jedoch keine Einigung erzielt werden, weshalb erst sein Nachfolger Christian Broda (1916–1987), Justizminister von 1960 bis 1966 sowie von 1970 bis 1983, die angedachten Reformen umsetzen konnte. Von 1960 bis 1969 war Otto Tschadek Landeshauptmannstellvertreter Niederösterreichs.

Da Hertha Firnbergs Bewerbung an der AKNÖ angenommen wurde, verließ sie im August 1948 das Institut für Wirtschafts- und Kulturgeschichte endgültig.

Worüber man/frau nicht spricht IV: Zweite Ehe & Lebenspartnerschaft

Wie bereits erwähnt heiratete Hertha Firnberg am 15. Juli 1947 ein zweites Mal; diese Beziehung war jedoch keinesfalls glücklicher als die erste. Um dies nachzuvollziehen, ist ein Blick auf Kindheit und Jugend des gewählten Gattens unerlässlich: Der Bundesbeamte Josef Hugo Maria Krist (* 1901), ein uneheliches Kind, studierte Jura mit großem Ehrgeiz und Erfolg sowie unter erheblichen Opfern seiner Mutter. Dennoch sah er sich 1921 gezwungen, seine Studienpläne aus finanziellen Gründen aufzugeben, und erhielt eine Anstellung in der Postsparkasse. 1924 trat er – aus nicht zu belegenden Gründen – in das österreichische Bundesheer ein, 1938 wurde er Hauptmann und während des Zweiten Weltkrieges erfolgte seine Beförderung zum Major. 1939, nunmehr Amtsrat im Bundesministerium für Finanzen, erlitt er einen Autounfall, der folgenschwere gesundheitliche Probleme mit sich brachte. Seine Heirat mit Hertha Firnberg 1947 stellte bereits seine dritte Ehe dar, und diese Trauung sollte nicht seine letzte sein. Auffallend ist, dass sich der Grundtenor aller seiner Scheidungsklagen ähnelt: Innerhalb kürzester Zeit verdächtigte er seine jeweilige Frau der Untreue, der Lüge, beschimpfte sie auf das Unflätigste als »Hure« oder »Kanaille«, bedrohte und misshandelte sie. Im Rahmen seiner vierten Scheidungsverhandlung wurde ein psychiatrisches Gutachten erstellt, in dem es wortwörtlich heißt: »Er kann zwar nicht als geisteskrank im klinischen Sinne bezeichnet werden, doch ist er keineswegs in seiner Geistesbeschaffenheit und in seinem Charakter ein ganz dem gewöhnlichen Durchschnitt entsprechender Mann.« Eine »geistige Störung« müsse angenommen werden, eine schwere »psychopathische Abartigkeit mit zwangsneurotischen Hysterieformen« und »querulantischen Zügen«, gekennzeichnet von »Insuffienzgefühlen auch auf sexuellem Gebiet«, weshalb er alle seine Wünsche auf tyrannische Art durchsetze. In seiner Arbeit hingegen zeichne er sich durch seine Genauigkeit, die pedantische Züge habe, sowie durch seine ruhige, beherrschte Art aus.

Hertha Firnberg erreichte, dass er bereits nach wenigen Wochen wieder aus der gemeinsamen Wohnung auszog; im Gegensatz zu seinen anderen ehemaligen Gattinnen konnte sie sich hierin resolut durchsetzen. Ihre Ehe mit Josef Krist wurde nach 21 Monaten am 15. April 1949 wieder geschieden. Danach nahm Hertha Firnberg erneut ihren Mädchennamen an.

Wie mir eine langjährige Firnberg-Kennerin berichtete, sei Hertha Firnberg im Freundeskreis immer wieder damit geneckt worden, sie habe die Hochzeitsnacht nicht mit ihrem eben angetrauten Gatten verbracht, sondern mit ihrem Freund Dr. Otto Tschadek; dieses Gerücht ließ sich nicht verifizieren, und wahrscheinlich wäre es gleichfalls berechtigt, Josef Krists Eifersuchtsszenarien verantwortlich zu machen. Dass Hertha Firnberg Dr. Otto Tschadek sehr gerne mochte und sich die beiden gut miteinander verstanden, lässt sich belegen.

Josef Deutsch, der wie Hertha Firnberg in Favoriten politisch engagiert war, erklärte, er habe nicht gewusst, dass sie jemals verheiratet gewesen sei: »Ich hab' nur einen gekannt, der sie immer begleitet hat, der war ein Beamter, irgendwo in der Statistik – den Namen hat niemand gewusst, das sag' ich Ihnen gleich, das war ein Staatsgeheimnis.« Nun, ein solches war es wohl nicht, obgleich Hertha Firnberg auf Grund der gesellschaftlichen Umstände jener Jahre bemüht war, diese Beziehung nicht an die große Glocke zu hängen. Bei jenem ominösen Begleiter handelte es sich um Ludwig Siegfried Rutschka (1904–1970), den Hertha Firnberg gegen Ende der 1940er Jahre im Rahmen ihrer beruflichen Tätigkeit näher kennenlernte. Beide waren, so Dkfm. Mag. Bargil, Vortragende in der damals noch als »Fürsorgeschule« benannten Ausbildungseinrichtung für SozialarbeiterInnen. Er wurde ihr »Mann des Lebens«, so der Neffe, Ingenieur Paul Firnberg. Gebeten um eine Charakterisierung Ludwig Rutschkas, meinte der Neffe, er sei ein »ausgesprochen netter Mann« gewesen, »hochgradig intelligent« und politisch interessiert.

Von 1950 bis 1957 gaben die beiden – in Zusammenarbeit mit Gustav Otruba (1916–1994) – nicht nur die Serie »Der Niederösterreichische Arbeiter« heraus, es finden sich auch andere Publikationen des Duos Firnberg/Rutschka: »Ausgewählte Dokumente und statistische Materialien zur historischen Entwicklung und gegenwärtigen Struktur« (1957), »Betreuung alter Menschen« (1964) und »Die Frau in Österreich« (1967).

Gegen Ende der 1940er Jahre war Ludwig Siegfried Rutschka noch im Österreichischen Statistischen Zentralamt tätig, doch dort sei »der Rote kaltgestellt worden, 1951«, so Dr. Josef Bucek im Telefoninterview. Deshalb wechselte Rutschka ins Statistische Amt der Stadt Wien, zu dessen Leiter er 1958 ernannt wurde. 1964 wurde Rutschka, nunmehriger Obermagistratsrat, zum Mitglied der Bevölkerungskommission der Vereinten Nationen gewählt.

Hertha Firnbergs Beziehung zu Ludwig Siegfried Rutschka entwickelte sich zu einer Lebenspartnerschaft, die bis zu seinem Tod im Jahr 1970 währte. Wie sie hatte er bereits eine gescheiterte Beziehung hinter sich und lebte von seiner Frau getrennt. Seine Wohnung im 4. Bezirk behielt er dennoch bei und Hertha Firnberg akzeptierte diese Lebensform der getrennten Wohnsitze und des gelegentlichen Begegnens; dem Adjektiv »revolutionär« jedoch widerspricht Dkfm. Mag. Marianne Bargil vehement: »Der wollte die Wohnung nicht aufgeben. Und sie war damals ängstlich bemüht um ihren Ruf […]. Sie wollte nicht, dass man weiß, dass der bei ihr wohnt. […] Sie scheint ihn sehr geliebt zu haben. Das war auch schrecklich, wie er gestorben ist.«

Denn die vorhergehende Geheimhaltung der Beziehung zu Ludwig Rutschka im öffentlichen Leben erschwerte die Zeit nach seinem Tod zusätzlich. Von den GenossInnen war Bruno Pittermann einer der wenigen, der den Hintergrund zu ihrem tränenreichen Zusammenbruch 1970 kannte und ihr tröstend zur Seite stand. Dr. Peter Kostelka (* 1946) meinte, »ein Privatleben« dieser Politikerin sei für ihn »nicht erkennbar« gewesen: »Ich hatte beispielsweise am Ende ihrer ersten Budgetdebatte erfahren, dass in der Nacht davor [!] ihr Lebensgefährte gestorben ist. Ich sag's ganz offen: Ich habe bis zu diesem Zeitpunkt nicht gewusst, dass es diesen Lebensgefährten gibt, geschweige denn, dass er todkrank ist, geschweige denn, dass er gestorben ist. […] Privatleben war Privatleben. Das wurde auch akzeptiert.«

Zu Ludwig Rutschkas Begräbnis sei Hertha Firnberg im Gegensatz zu seiner getrennt von ihm lebenden Ehefrau nicht gegangen, so Hertha Firnbergs Neffe im Interview. Jahre nach Rutschkas Tod bezeichnete sich Hertha Firnberg – obgleich scherzhaft formuliert – des Öfteren als »Witwe«, wie ihr Sekretär und Sektionschef Dr. Wolf Frühauf erzählte. Mit ihrem Lebenspartner Rutschka verlor sie denjenigen Menschen, mit dem sie alles Wesentliche bereden konnte; oder wie Hertha Firnberg 1975 im Rahmen eines Interviews ihre Beziehungsvorstellungen verdeutlichte, indem sie auf die Frage, ob es für sie denkbar sei, einen ÖVP-Wähler zu heiraten, erklärte: »Nein, das könnte ich mir nie vorstellen. Ich bin ein durch und durch politischer Mensch. Nachdem ich zu Hause gerne alles bespreche und auch gerne daheim Frieden habe, könnte ich niemals mit jemandem zusammenleben, der politisch anders denkt.«[59]

In der AKNÖ – Faszination Statistik

Während der Ersten Republik waren die Regionen Burgenland sowie Wien und Niederösterreich, zu jener Zeit noch ein Bundesland, in einer Arbeiterkammer zusammengefasst. Nachdem die AK 1934 eingeschränkt und 1938 verboten bzw. mit der Deutschen Arbeitsfront (DAF) gleichgeschaltet wurde, bedurfte es nach Kriegsende einer neuerlichen Konstituierung: Bereits am 25. August 1945 wurde in Wien wie ehedem eine AK für die Gebiete Wien, Niederösterreich und Burgenland beschlossen. Auf Grund der verschiedenen Zonen und der erschwerten wirtschaftlichen Verhältnisse entschied sich die Vollversammlung am 12. Juni 1948 für eine Aufteilung in drei eigenständige Kammern. Wenige Tage davor, im Mai 1948, bewarb sich Hertha Firnberg vergeblich um die Stelle einer Abteilungsleiterin in der Wiener AK, wo, so Firnberg, »»die Männer««[60] saßen. Hingegen war ihre Bewerbung bei der AKNÖ für ein zu schaffendes Bildungs- und Bibliothekarsreferat erfolgreich. Ihre dortige Tätigkeit begann sie mit 1. September 1948.

Auch in der Institution AK begegnete Hertha Firnberg frauenfeindlichen Einstellungen: Anna Elisabeth Haselbach schilderte die AK-Struktur jener Zeit als »reine Männergesellschaft«; der damalige Präsident, ein Funktionär der Bau- und Holzarbeiter, habe Firnberg bereits zu Beginn ihrer Tätigkeit Folgendes mitgeteilt: »»Das wissen Sie eh, eine Frau wird bei uns nie Abteilungsleiter.«« Obgleich sie die Aussage nach außen hin unwidersprochen hinnahm, ließ sich Hertha Firnberg nicht entmutigen. Sie besuchte die Länderkammern und stellte sich dort als die Statistikerin der AKNÖ vor, um so ihr eigenes Netzwerk aufzubauen. Es sollte nur wenige Monate dauern, bis sie ihre Fähigkeiten bewiesen hatte: Noch im Eintrittsjahr 1948 wurde Hertha Firnberg leitender »Sekretär« der Kammer (bis 1969) und mit dem Aufbau einer sozialwissenschaftlichen Bibliothek betraut.

Ab November 1955 oblag ihr, deren Tätigkeit mit dem Förderungspreis der Stadt Wien ausgezeichnet wurde, die Leitung der Studienbibliothek. Des Weiteren erwarb sie sich einen Namen als Expertin für Sozialstatistik, Sozialgeschichte und -politik und wurde in der Folge vom Österreichischen Arbeiterkammertag als ordentliches Mitglied in die Statistische Zentralkommission delegiert, wo sie in verschiedenen Fachbeiräten mitarbeitete und als Expertin für sozialpolitische Angelegenheiten galt. 1968 wurde Firnbergs Tätigkeit in der Arbeiterkammer mit dem Theodor-Körner-Preis ausgezeichnet.

Die Liste ihrer Publikationen jener Jahre ist lang; auf eine, deren Titel Sinn für Sprachwitz verrät, soll hier kurz eingegangen werden: In »Inventur im Kleiderkasten. Erhebung über Bestand und Bedarf an Bekleidung und Wäsche in Wiener Arbeitnehmerhaushalten« geht es exakt um dieses Thema. Hintergrund hierzu war die Krise, in der die Textilbranche 1952 steckte; die Arbeitslosenrate stieg und die Klagen über mangelnde Kaufkraft hielten an. Hertha Firnberg erhob deshalb mittels 1.400 Fragebögen den Bedarf an Kleidung, Tisch- und Bettwäsche sowie Schuhen in ArbeitnehmerInnenhaushalten verschiedener Größen. Ihr Fazit lässt sich kurz und bündig auf diesen Nenner bringen: Der Bedarf war nach wie vor gegeben, doch die Textilpreise waren zu hoch.

Ab 1948 war Hertha Firnberg in Preiskommissionen tätig; mit Hilfe dieser Kommissionen versuchten die Wirtschafts- und Sozialpartner, nach einem ersten Lohn-Preis-Übereinkommen am 1. August 1946, die Inflation in den Griff zu bekommen und Investitionen zu ermöglichen. Hertha Firnberg war Mitglied der sogenannten »Brotpreiskommission«, die vor jeder geplanten Brotpreiserhöhung in »stundenlangen, zähen Verhandlungen« die Preiskalkulationen prüfte, »eine bedeutungsvolle und verantwortungsvolle Aufgabe«.[61] »Sehr bald stellte sich heraus, dass schon damals die Industrie versuchte, in ihrer Forderung Dinge unterzubringen, die mit dem Brotpreis überhaupt nichts zu tun haben«, schilderte Josef Deutsch im Interview, der als Betriebsratsobmann der »Anker«-Brotfabrik ein Mitglied jener Kommission war. Zur Person Hertha Firnbergs befragt berichtete er, man/frau sei oft erstaunt gewesen, da sie »immer über Statistiken verfügt« habe, die es damals »nicht so gab – wir wussten ja oft gar nicht, wo sie die hergenommen hat«.

Neben ihren privaten Bezügen zum Statistischen Zentralamt bzw. zum Statistischen Amt belegte Hertha Firnberg während ihrer Jahre an der AK Vorlesungen in Statistik und Empirie an der Universität, um sich mit diesen wissenschaftlichen Methoden und deren Anwendung auf das Wirtschafts- und Sozialgeschehen vertraut zu machen. Einen formalen Studienabschluss in Fach Statistik strebte sie jedoch nicht an.

1955 wurde am 15. Mai der Staatsvertrag unterzeichnet – »unter dem stürmischen Jubel der Bevölkerung im Oberen Belvedere [...]. Kaum ein anderes Ereignis in den vier Jahrzehnten des Wiedererstehens Österreichs hat auch nur annähernd ähnliche freudige Anteilnahme der Österreicher – aller Schichten und jeden Alters – erregt wie dieses, und keines hat mehr zum Nationalbewußtsein und Selbstverständnis der Österreicher beigetragen«.[62]

Hertha Firnberg kehrte stets die Bedeutung des neutralen Status hervor, welcher mit dem Bundesverfassungsgesetz für die immerwährende Neutralität Österreichs am 26. Oktober 1955 beschlossen worden war: »Es scheint für Österreichs Selbstverständnis und Identität nicht ohne Bedeutung zu sein, daß seine Bürger den ›Kleinstaat Österreich‹ als positives Faktum aufnehmen. [...] [Die Österreicher] sind [...] heute mit der Größendimension ihres Landes einverstanden: Nicht nur durch äußere faktische Veranlassung – Staatsvertrag –, sondern aus eigener Überzeugung, ihrem Augenmaß entsprechend. Auch diese Tatsache [...], die sich aus dem ›Neutralitätsgesetz‹ selbst ableitet, trägt zur Stärkung des Neutralitätsbewußtseins bei. Umso wichtiger ist für Österreich aber die starke Internationalisierung, um der Gefahr der ›Kleinlichkeit des Kleinstaates‹ entgegenzuwirken. In diesem Sinne aber ist das Selbstverständnis Österreichs und seiner Tradition als ›kulturelle Großmacht‹ für sein Selbstbewußtsein und seine Identität von besonderer Bedeutung.«[63]

Hertha Firnbergs Liebe zur Statistik zeigte auch weitere berufliche Konsequenzen. So wurde sie noch im Jahr 1948 mit dem Aufbau einer statistischen Abteilung der AKNÖ betraut, denn man/frau wollte sich auf eigenes Material berufen können, da sich Statistiken durchaus missbrauchen lassen. Josef Pleyl (1900–1989), der nach Dr. Hans Kropek von 1953 bis 1964 Kammeramtsdirektor der AKNÖ war, schätzte Hertha Firnbergs Bemühungen: »Die Sozialstatistik der Kammer war instruktiv und konnte sich sehen lassen.«[64]

Hertha Firnbergs Abteilung für Statistik war intern als »Strafabteilung« bekannt, so die langjährige Firnberg-Mitarbeiterin und stellvertretende Abteilungsleiterin Anna Bartos: »[B]ei uns wurde eben weniger getratscht und mehr gearbeitet als in den anderen Abteilungen.«[65] Trotzdem galt Hertha Firnberg als beliebte Chefin. Christa Kment (* 1954), die damals Lehrling war, im Telefoninterview: »Eine wahre Lady, durch und durch.«

Ab dem Jahr 1953 publizierte die Kammer regelmäßig ein Jahrbuch, welches mit »Der Alltag in Zahlen« begann, um über den Stand der nichtlandwirtschaftlichen Betriebe zu berichten und die Entwicklung des Arbeitsmarktes, die Quote der Arbeitslosen, die Anzahl der Pflichtversicherten und der Arbeitszweige sowie die Höhe der Löhne, Preise, Lebenshaltungskosten und den Verbrauch der KonsumentInnen darzustellen.

Hertha Firnberg verfasste darüber hinaus von 1952 bis 1966 eine Kolumne mit dem Titel »Die Zahl der Woche« für die Monatsschrift »Die Frau«, eine Zeitschrift mit langer Geschichte: Ab 1892 hatte Viktoria Kovler (Lebensdaten unbekannt) und von 1894 bis 1900 Maria Krasa (Lebensdaten unbekannt) mit dem Ziel, ein Artikulationsorgan für die proletarische Frauenbewegung zu schaffen, die »Arbeiterinnen-Zeitung« herausgegeben. Deren Nachfolgerin wurde »Die Frau«, welche Adelheid Popp (1869–1939) von 1924 bis zur erzwungenen Einstellung 1934 redigierte. Im November 1945 wurde die »Die Frau« durch das Engagement von Ferdinanda Flossmann (1888–1964) und Helene Potetz (1902–1987) wieder gegründet und erschien bis 1984 monatlich. Danach wurde diese Zeitschrift in »Neue Frau« umbenannt und erschien als Wochenmagazin bis 1987.

Hertha Firnberg stellte in ihrer Kolumne »Die Zahl der Woche« im nüchternen Ton Fakten gegenüber, ohne diese wertend zu kommentieren. Sie beschäftigte sich mit unterschiedlichen (doch traditionellen »Frauen«-)Themen wie Säuglingssterblichkeit, Arbeitszeit berufstätiger Mütter, Preisanstiege, Unmoral, dem »Weihnachtsfest in Zahlen« und der Situation unehelicher Kinder. Hier ein Ausschnitt aus »Mädchen in der Berufsausbildung« aus dem Jahr 1960: »Es zählt vielleicht zu den erfreulichsten Entwicklungstendenzen der letzten Jahre, daß von Jahr zu Jahr viel mehr Mädchen eine Berufsausbildung erhalten: Die Zahl der weiblichen Lehrlinge steigt, aber auch die Zahl der Mädchen, die über die Pflichtschule hinaus Schulen besuchen [...]. Die Zahl der weiblichen Lehrlinge ist sogar relativ stärker gewachsen als die der männlichen Lehrlinge und so kommt es, daß der Anteil der Mädchen an den in Lehrausbildung stehenden Jugendlichen sich vergrößert hat [...] Stark ist das Interesse der Mädchen [...] an der kaufmännischen Schule, ein Zeichen, daß der Angestelltenberuf sehr bald zur Domäne der Frauen werden dürfte.«[66]

Anna Elisabeth Haselbach traf Hertha Firnberg erstmals, als sie, ein zehnjähriges Mädchen, ihren Vater, der gemeinsam mit Hertha Firnberg an einer dreimonatigen Studienreise in die Vereinigten Staaten teilgenommen hatte, vom Flughafen abholte. Hertha Firnberg beeindruckte sie so nachhaltig, dass sie sich heute noch an diese erste Begegnung erinnern kann; in etwa zur selben Zeit begann Anna Elisabeth Haselbach außerdem »Die Frau« zu lesen, insbesondere die Firnberg-Rubrik »Die Zahl der Woche«, von der sie meinte, diese Artikel seien so aufbereitet gewesen, dass sie auch als Zehnjährige sie verstehen habe können. Hertha Firnberg sei für sie schon als Kind jemand gewesen, »wo es interessant ist, hinzuhören, hinzuschauen«.

Am 30. September 1969 schied Hertha Firnberg »in Anbetracht der Erreichung des Pensionsalters« – wie es im Zeugnis formuliert wird – aus der Kammer für Arbeiter und Angestellte aus. Man/frau bescheinigte ihr »größte Sachkenntnis und Gewissenhaftigkeit [...], ihr reiches Wissen befähigte sie auch zu bedeutender schöpferischer Tätigkeit, welche die Arbeiten der statistischen Abteilung weit über den Kammerbereich hinaus bekannt machten«.

An einen Ruhestand dachte Hertha Firnberg jedoch keinesfalls.

2. Weitere Leidenschaften einer Politikerin

Wie bereits erwähnt, ist auffallend, dass die meisten Interview-partnerInnen kaum Kenntnisse von Hertha Firnbergs Privatleben hatten; oder wie Dr. Heinz Fischer es im Interview formulierte: Sie habe »nicht zwei Leben quasi nebeneinander gelebt, sie hat auch ihr Privatleben in den Dienst ihrer Funktion oder ihrer Aufgaben gestellt«. Ihre Schwester Trude erklärte bereits 1974, Hertha Firnberg habe »gar kein« Privatleben.[67] Dr. Erika Weinzierl verneinte gleichfalls private Erlebnisse; über diesen Bereich sei nicht gesprochen worden, erst nach Ende der Amtszeit Hertha Firnbergs hätten sie bei Besuchen im Haus der Schwestern in Favoriten ab und an Privates thematisiert: »Mein ›Fleisch‹ [für diese Firnberg-Biographie] ist, dass ich sie gern gehabt hab'. Was vielleicht nicht bei allen der Fall war«, so Dr. Weinzierl. Und Erika Krenn beim Telefoninterview: »Erzählt hat sie nichts und gefragt hat man nicht.«

Das mangelnde Privatleben mochte im 14- bis 16-stündigen Arbeitstag begründet sein – ein Arbeitspensum, das Rosa Jochmann zu folgenden Worten veranlasste: »Nun könnte ich Dir noch eine Mahnung zukommen lassen: Sie würde lauten, daß Du Dich mehr schonen und nicht soviel arbeiten sollst. Aber ich weiß, wer so wie Du seine Aufgabe mit beiden Händen erfaßt hat, der kann sich nicht schonen, diese Aufgabe verlangt den ganzen Menschen!«[68]

Anna Elisabeth Haselbach meinte, Hertha Firnberg habe es trotz ihrer zahlreichen Arbeitsstunden durch »eiserne Disziplin« geschafft, ihren Freundeskreis nicht zu vernachlässigen. Urlaube existierten, so Dr. Margarethe Pompl, als zweiwöchige Unterbrechung der Arbeitszeit, und Anna Elisabeth Haselbach fügte hinzu, Hertha Firnberg habe selbst jene Urlaube zur »Horizonterweiterung« verwendet; insbesondere der Besichtigung archäologischer Ausgrabungen sei sie stets mit großem Interesse nachgegangen: »Es waren doch nie Urlaube: *Man* ist dort und dort«, sondern stets seien diese Wochen zur Weiterbildung genützt worden. 1974 machte die Tageszeitung »Kurier« die Urlaubsplä-

ne diverser PolitikerInnen zum Thema: »Für Regierungsdame [!]
Hertha Firnberg fängt gleichfalls Mitte August wieder der Mini-
steralltag an. Die drei Wochen davor widmet die Forschungsmi-
nisterin – Titel verpflichtet – dem gründlichen Studium rumä-
nischer Kulturstätten. Nur das geplante Bad im Schwarzen Meer
ist herkömmliches Ferienelement in Firnbergs Bildungsreise.«[69]

Ob nun zwei oder drei Wochen: Häufig verbrachte Hertha
Firnberg ihre Ferienzeit im niederösterreichischen Gresten (Gemeinde Scheibbs), wo sie in der Franz-Alt-Siedlung 20/5/6 eine
Ferienwohnung hatte. Diese Landaufenthalte waren von ausge-
dehnten Wanderungen geprägt. Hertha Firnberg sei, erzählte
Dr. Elisabeth Pittermann, eine leidenschaftliche Bergwanderin
gewesen: »Sie kam uns immer im Sommer besuchen, in St. Ja-
kob [Osttirol]. Das hat ihr nichts ausgemacht, an den Wanderungen teilzunehmen. Sie hatte ja auch entsprechendes Schuh-
werk, während der Poldi Gratz [Leopold Gratz; 1929–2006]
und ich der Meinung waren, dass es nichts Blöderes gibt, als in
die Berge zu fahren. Darin haben wir uns ausgezeichnet verstanden [der Poldi Gratz und ich]. Aber sie hat das sehr gerne gemacht, sie hat mein Fluchen auf meinen Vater nicht so ganz goutiert. Was dem Poldi sehr viel Spaß gemacht hat [...].«

Trotz des hohen Arbeitspensums fand Hertha Firnberg Zeit,
ihren Leidenschaften zu frönen: die 150 Rosenstöcke rund um
das Haus zumindest zu betrachten, Vorstellungen in der Oper,
im Theater zu besuchen oder ab und an ein Konzert zu hören.
In späteren Jahren hatte sie in der Wiener Innenstadt, im Savoy-
schen Damenstift in der Johannesgasse 15, eine Stadtwohnung,
um nachts nicht mehr nach Favoriten hinaus zu müssen bzw.
nutzte sie diese als Winterdomizil, wie der Neffe erklärte. Eine
ihrer Passionen war es außerdem, »ziemlich blöde Dinge zu sammeln««:[70] Löffel und Aschenbecher, mit Wappen verziert, Tassen,
Glasobjekte, Reisesouvenirs en masse, Vasen, Gefäße, Statuen, in
nationale Trachten gekleidete Püppchen oder kitschige Figür-
chen. Selbst eine Mopssammlung besaß Hertha Firnberg, deren
Liebe zu Hunden legendär war; zuerst leistete ihr Ivan, der Bo-
xer, Gesellschaft, danach folgten Andreas (Andi), der erste, und
Dani, der zweite Mops. Letzterer wurde von ihrer Schwester Trude sogar zu einer Hundeausstellung geleitet, wo er den Preis als

»Schönster Mops Europas« erhielt.[71] Beide Schwestern, so der Neffe, hätten ebenso religiöse Darstellungen gesammelt: Madonnen, Heiligenbilder und Engel. Seiner Meinung nach waren beide Schwestern »echt bigott« – eine Ansicht, der sich keine/r der anderen InterviewpartnerInnen anschließen mochte. Es war bekannt, dass Hertha Firnberg gerne die Minoritenkirche als Ort der Ruhe und des Sich-Bedenkens aufsuchte, insbesondere, wenn schwierige Entscheidungen anstanden. Drei Jahre nach Beendigung ihrer Amtszeit, im Jahr 1986, trat sie aus der katholischen Kirche aus.

Noch eine Leidenschaft, die Hertha Firnberg mit Trude teilte, war das Rauchen. Aus dem Haus im 10. Bezirk, seien »die Wolkenschwaden herausgekommen, die haben beide geraucht – das war kein Schmarren!«, erinnerte sich der Neffe.

Zu seiner Tante Hertha Firnberg habe er einzig während ihrer letzten zwanzig Lebensjahre näheren Kontakt gehabt; zu einer Zeit also, da er selbst bereits verheiratet war und sie Taufpatin seiner Tochter Nicole wurde. Sie habe »nicht einmal Zeit gehabt für das Familiäre«, sei eher »ablehnend« in ihrer Haltung gewesen. Ein Umstand, den er sich dadurch erklärte, dass sie Sorge gehabt habe, er könne »ihren Namen missbrauchen« oder ihre Protektion anstreben: »Das hat sie nie gemacht. Nie. Ich hab' keine Protektion gehabt. Im Gegenteil. Und eigenartigerweise war der Kontakt meiner Mutter zu Hertha und Trude ziemlich kühl.« Nach dem Tod seines Vaters zog ihn seine berufstätige Mutter mit Hilfe einer weitschichtigen Verwandten namens Emilie Peschka, die bei ihnen lebte, groß. »Da hätte meine Mutter unter Umständen Hilfe gebraucht – und? Nichts. Nichts. Da war Hertha schon politisch tätig, im Bundesrat, Nationalrat. Aber sie hat alles abgeblockt. Familie und Beruf hat sie streng getrennt. Ich habe sie vielleicht einmal im Jahr gesehen. Erst dann, wie sie aus der Regierung ausgeschieden ist, erst da haben wir einander öfter getroffen, in Gresten, in der Wohnung.«

Dass Hertha Firnberg in jungen Jahren schriftstellerische Versuche unternahm, ist kaum bekannt. Dkfm. Mag. Bargil erzählte von einem Streich, den sie und die jüngere Schwester Trude Hertha Firnberg einmal spielten. Sie sandten eines jener von

Hertha Firnberg verfassten Gedichte an »Die Frau«: »Die haben das nicht genommen! [...] – Wir haben nur gesagt, wenn sie den Namen wüssten, würden sie das sofort drucken! Wir haben gefunden, dass es wirklich nicht schlecht war. Aber ich habe es leider nicht mehr. Ich kann mich auch gar nicht mehr erinnern, wie es gelautet hat.«

Da Hertha Firnberg sich beklagte, die Orden, die man/frau bekomme, seien doch alle nur für Sakkos geeignet und es gäbe keine, die frau sich wie eine Kette umhängen könne, erfanden die FreundInnen als originelle Geburtstagsidee »Popp-am-Bande«, einen »Orden« mit dem Bildnis Adelheid Popps (1869–1939), den sie Hertha Firnberg zum Geburtstag »verliehen«. Ein anderes Mal nahmen sie Hertha Firnbergs Wunsch nach einem »besonders hässlichen Gartenzwerg« zum Anlass und erkundigten sich bei einer Bildhauerin, ob sie diesem das Antlitz des damaligen Bezirksobmanns Otto Probst (1911–1978) verpassen könne. Leider, so Dkfm. Mag. Bargil, mussten sie diese Geschenksidee aus Kostengründen ad acta legen; und letztlich hätten sie sich dies außerdem »nicht getraut«.

Dr. Elisabeth Pittermann schätzte Hertha Firnberg als Freundin der Familie, da sie »ein enorm kluger, liebenswerter Mensch« war, »geistreich, spritzig, witzig«, und Dkfm. Mag. Bargil erklärte, dass die öffentliche Meinung einer »strengen« Frau irreführend gewesen sei; im Privaten sei sie »sehr humorvoll« gewesen, »sehr verlässlich«. Ihre spitze Zunge schätzte die Freundin: »Das war nicht ordinär, überhaupt nicht, aber es war sehr spitz. Sie war nie beleidigend. Nur hat sie sich nie ein Blatt vor den Mund genommen [...], und sie war sehr witzig. Auch der Lebensgefährte war sehr witzig, und wenn wir zu viert wohin gefahren sind, [...] da ist wirklich – wie man auf Wienerisch sagt – der Schmäh g'rennt.«

Humor war eines der Stichworte, das in vielen Interviews fiel. Die Firnberg-Parodie Cissy Kraners (* 1918) im »Kabarett Simpl« in der Wollzeile lief unter dem Titel: »Glauben Sie, daß Bauknecht wirklich weiß, was Frauen wünschen?« (in Anlehnung an einen Werbeslogan). Dieses Stück machte Hertha Firnberg »den größten Spaß. Spontan schlüpfte sie hinter die Bühne und gratulierte der Künstlerin«.[72] In jenem Stück wurde der Büh-

1. Mai 1972 in Wien, Kundgebung auf dem Rathausplatz:
Stadträtin Maria Jacobi, Hertha Firnberg mit rotem Tuch winkend

nen-Firnberg z.B. die Frage gestellt, ob in der These, Bauknecht wisse, was Frauen wünschten, nicht eine erotische Seite anklinge, woraufhin die Bühnen-Firnberg empört meinte: »»Das muß ich entschieden ablehnen! Wenn jemand weiß, was Frauen wünschen, dann sind das wir Frauen selber! […] Die eine einen kleinen Teppich, die andere ein kleines Armband, die dritte ein kleines Ministerium! …‹«, was Hertha Firnberg Tränen lachen ließ.[73] Aufschlussreich über Hertha Firnbergs Persönlichkeit ist gleichfalls nachstehendes »Psychogramm«, das 1970 in der »Wochenpresse« abgedruckt wurde:[74]

Größe: 164 cm

Gewicht: 62 kg

Augenfarbe: Grau

Haare: »Na ja, ich weiß nicht – braun«

Wohnung: Altdorferstraße 5

Familie: Verwitwet, geschieden

Fremdsprachen: Englisch

Auto: Nein

Sport: Schwimmen, Wandern

Spiel: Tarock

Lieblingsessen: Spargel

Liebhabereien: Lesen, Sammeln

Charakter: Hart

Was begeistert Sie?: »Alles, was annähernd vollkommen ist«

Was regt sie auf?: »Ungerechtigkeit und Borniertheit«

Morgen- oder Abendmensch: Abendmensch

Aberglaube: Rauchfangkehrer und vierblättriger Klee

Lieblingsdramatiker: Goethe

Lieblingskomponist: Gustav Mahler

Lieblingsmaler: Klimt

Faszinierendste Wissenschaft: Soziologie, Statistik

Interessanteste Geschichtsepoche: das 19. Jahrhundert

Bevorzugte Jahreszeit: Herbst

Lieblingsstunde des Tages: Nachmittag fünf Uhr

Lieblingsfarbe: Blau

Lieblingsstein: Brillanten, was denn sonst?

Bevorzugte Gegend in Österreich: Salzburg

Lieblingsgegend in Wien: Favoriten

Hertha Firnbergs Schwester Trude

Eine Biographie Hertha Firnbergs ohne einen Blick auf ihre Schwester Trude – jene Frau im Hintergrund, die durch ihre Unterstützung wesentlich dazu beitrug, dass es Hertha Firnberg möglich war, ihrer Arbeit mit eben jener Leidenschaft nachzugehen – erscheint unvollständig.

Wie auch die ältere Schwester besuchte Trude Firnberg, geboren am 2. Oktober 1912 in Ober Hollabrunn, von 1923 bis 1926 die Bundeserziehungsanstalt für Mädchen in der Kalvarienberggasse 28 im 17. Wiener Gemeindebezirk. Dann wechselte sie in eine Handelsschule und wohnte im Schuljahr 1926/27 in der »Stiftung für Erzieherinnen« in der Schönborngasse 14/23 im 8. Bezirk. Jene Stiftung ist identisch mit dem sich heute dort befindenden Mädchenwohnheim »St. Genoveva«. Im Schuljahr 1927/28 besuchte Trude Firnberg die »Handelsschule der Töchter der göttlichen Liebe – Marienanstalt« in der Fasangasse 4 im 3. Bezirk. Danach verbrachte sie, um ihre Sprachkenntnisse weiter zu vertiefen, ein Jahr als Au-pair-Mädchen in der französischen Schweiz. Der Neffe erzählte, Trude habe dort ihre große, doch unglückliche Liebe kennengelernt. Als sich diese zerschlug, wollte sie keine weiteren Beziehungen eingehen.

Als Kontoristin und kaufmännische Angestellte tätig, wohnte sie die Kriegsjahre über bei ihrer Schwester in der Altdorferstraße. Nach dem Tod der Mutter zog Trude zu ihrem Bruder Harald in die Göschlgasse 5/11 im 3. Bezirk, wo sie den Vater pflegte, bis sie 1959 wieder zu Hertha Firnberg in das Favoritner Haus zog und den dortigen Haushalt führte. »Für Hertha war sie das ›Mädchen für alles‹, hat sich um alles gekümmert, Haushalt, Rechnungen, Essen und so. Gut, sie haben eine Bedienerin gehabt«, so der Neffe.

Trude sei »immer zurückgezogen« und »bescheiden« gewesen; sie habe sich selbst im Hintergrund gehalten und der Schwester das Rampenlicht überlassen: »Trude war ein Hausmutterl; hat aber darunter gelitten, vom Gefühl her«, meinte der Neffe. Dkfm. Mag. Bargil berichtete, Trude habe ihrer Schwester in der Früh die Kleidungsstücke zum Anziehen bereit gelegt. Auch Johanna Dohnal erzählte im Interview am 27. Jänner 2006, sie kenne Trude Firnberg von ihren Besuchen bei Hertha in den späteren Jahren; Trude war es gewesen, welche die Gastgeberinnenrolle innehatte, den Tee brachte etc. Trude sei ihr stets als »Faktotum im Haus« erschienen.

Abgesehen von der Haushaltsführung, für die Trude Firnberg zuständig war, leitete sie im Siedlungshaus in Favoriten viele Jahre lang eine Leihbücherei. 1949 findet sich im amtlichen Telefonbuch der Eintrag: »Krist-Firnberg, Dr. Hertha, Leihbücherei, X. Altdorferstr. 5«. Trude Firnberg, obgleich sie zu jener Zeit dort gemeldet war, wird hingegen nicht explizit angeführt. Laut den Erinnerungen des Neffen war die Bücherei im Wohnhaus der Schwestern in zwei Zimmern untergebracht. Er selbst lieh sich als junger Mittelschüler einmal die Woche in der Bücherei seiner Tante Literatur aus; so sei nebenher der Kontakt innerhalb der Familie erneut entstanden: »Davor hat es nichts gegeben, keine Geburtstagsfeiern, keine Familienfeiern.« Trude Firnberg, so der Neffe, habe eigentlich keine Bücherei leiten wollen. Doch da zahlreiche Bücher seitens des Vaters und Hertha Firnbergs vorhanden waren, habe die ältere Schwester entschieden, dies sei eine gute Pensionsvorsorge für Trude. Manchmal machten sich Hertha Firnberg und Dkfm. Mag. Bargil einen Spaß daraus, Trudes KundInnen in der Leihbücherei zu belauschen: »›Gem S' ma wås Schens, a Liebsg'schicht, wo a Prinzessin vorkumt, und dånn gem S' ma an Wüden fir mein Oiden‹ – das hat Hertha köstlich amüsiert.« Zu Beginn der 1970er Jahre wurde die bis dahin gut besuchte Bücherei nach und nach aufgelassen.

Laut ihrem Neffen sei Trude Firnberg charakterlich der Großmutter ähnlich gewesen – »ein lustiger Typ, nett, gesellig, sie hat immer gelacht, die hat man nie ernst gesehen oder dass sie geschimpft hätte – die hat das Wesen meiner Großmutter gehabt. Die war auch ein sehr fröhlicher Typ. Außer wenn der Großvater die Medikamente verschenkt hat, dann ist sie einkassieren gegangen. Da war die Trude genauso, ohne Erbarmen«.

Hertha Firnberg habe es verstanden, wie der Neffe betonte, die jüngere Schwester in ihre Welt miteinzubeziehen, sodass Trude nie das »Beiwagerl« gewesen sei. Verhärmt, sagte der Neffe, habe Trude dies daher nicht. Dass die eine nicht ohne die andere denkbar sei, bestätigte der Neffe. Bei jeder Freizeitaktivität, ob

Trude Firnberg

Theater, Oper oder Ferienreisen, traten sie stets gemeinsam auf. »Hätte Hertha das alles im Haushalt selbst machen müssen, hätte sie die Position nie erreicht«, ist er sich sicher. Dr. Wolf Frühauf bezeichnete das Zusammenleben der beiden Schwestern als eine »Lebens-Symbiose«, als »eine Art Familie«. Dr. Elisabeth Pittermann interpretierte die Beziehung der beiden Schwestern gleichfalls als eine »sehr harmonische«; sie wären, so ihr Eindruck, eine Einheit gewesen. »Ich weiß aber nicht, wie das in jungen Jahren war, ob sich das nicht erst später entwickelt hat. Weil, ich glaube, in die Ehe hat Hertha sie wahrscheinlich nicht mitgebracht.«

Während der letzten politisch aktiven Jahre Hertha Firnbergs, als Johanna Dohnal die Diskussion um die Witwer-Pension initiierte und erreichen wollte, dass nach dem Tod einer erwerbstätigen Frau deren Ehepartner Pensionsanspruch haben solle, »da hat Hertha Firnberg ein paar Mal […] problematisiert, dass Menschen, die zusammenleben, selbst wenn sie nicht Mutter-Vater-Kind, tod-blind-verheiratet sind, sich gesetzlich absichern können sollen – die heutige Diskussion läuft in Richtung gleichgeschlechtliche Lebenspartnerschaften, bei ihr wäre es halt die Schwester gewesen […]«.

Trude Firnberg starb 1996, zwei Jahre nach ihrer Schwester, infolge ihrer Diabetes an Herzschwäche.

3. Beginn der politischen Tätigkeit Hertha Firnbergs

»›Ich habe‹, sagt sie, ›keinen politischen Ehrgeiz gehabt,
mein Ehrgeiz war eher wissenschaftlich.‹«[75]

Förderer & Fördererinnen – Vorbilder

Hertha Firnberg erklärte, sie sei »nicht in die Politik gegangen, ich bin gegangen worden. Ich habe mir in der Arbeiterkammer einen Ruf als Statistikerin gemacht. Da sind viele zu mir um Auskünfte gekommen, auch die sozialistischen Frauen. Und die haben mich dem […] dritten Nationalratspräsidenten Otto Probst als Kandidatin vorgeschlagen«.[76]

Otto Probst (1911–1978), Zentralsekretär der SPÖ von 1946 bis 1970, Obmann des Bezirksparteivorstandes Favoriten, erkannte das politische Talent Firnbergs, begeisterte sie für Politik und holte sie 1959 in den Bezirksparteivorstand der SPÖ Favoriten. Die Wertschätzung beruhte auf Gegenseitigkeit: Für Hertha Firnberg war Otto Probst der »best[e] Zentralsekretä[r], den die SPÖ je hatte […]«.[77]

Hertha Firnberg wurde stellvertretende Vorsitzende und später Vorsitzende des Bezirksbildungsausschusses im 10. Wiener Gemeindebezirk. Sie prägte die Parole »Mehr Arbeiterkinder an höhere Schulen«, und um dieses Ziel zu erreichen, gründete sie ein Komitee zur Grundlagenforschung, errichtete Beratungsstellen und arrangierte an den Volkshochschulen Nachhilfekurse für benachteiligte Kinder. Schon damals operierte sie mit Statistiken, wollte Behauptungen bewiesen und belegt haben und vertrat, so Helmut Braun, die Meinung, man/frau müsse mehr machen, als bloß Forderungen zu stellen. Ebenso wesentlich sei es, zu wissen, wohin der Weg gehen solle, und bisherige Hindernisse zu analysieren. Ihr Credo sei gewesen: »Macht etwas aus euch, wartet nicht, dass andere für euch handeln!« 1978 äußerte sich Hertha Firnberg über die schulpolitische Entwicklung in ihrem Gemeindebezirk: »Wenn man das Favoriten der sechziger Jahre mit dem der siebziger Jahre vergleicht, dann wird neben den großartigen Leistungen der sozialistischen Gemeindeverwaltung vor allem auf dem Schulsektor ein enormer Aufschwung offenbar. Heute gibt es sieben Bundesschulen in unserem Bezirk: die Pädagogische Akademie, drei AHS, die Bundeshandelsakademie und Bundeshandelsschule, die HTL und eine Kindergärtnerinnen-Bildungsanstalt. Vor rund zehn Jahren gab es nur zwei Bundesschulen im Bezirk. Das ist ein Ergebnis des Wirkens der Sozialisten auf Bundesebene und in unserer Stadt.«[78]

Bereits 1959 forcierte Otto Probst Hertha Firnbergs Einzug ins Parlament als Mitglied des Bundesrates und er unterstützte sie 1963 bei ihrem Einzug in den Nationalrat.

Unter jenen Frauen, die sie förderten, nannte Hertha Firnberg selbst Wilhelmine Moik (1894–1970), eine Näherin, der es nach dem Krieg – nach ihrem vorhergehenden Engagement im Wiener Gemeinderat und Landtag – gelang, von 1945 bis 1962 als Abgeordnete zum Nationalrat tätig zu sein; ebenso nannte Hertha Firnberg Marianne Pollak (1891–1963), die von 1945 bis 1959 Abgeordnete zum Nationalrat war.[79] Im Interview zu einem anderen Artikel gibt Firnberg an, Vorbilder habe sie nie gehabt, obgleich sie – wie alle Teenager – in ihrer Jugend für Schauspieler geschwärmt habe. »Nur sich selbst hatte sie sich immer ein bißchen anders gewünscht: blauäugig und vor allem sanft.«[80]

Dass Hertha Firnberg Dr. Käthe Leichter nicht als Vorbild nannte, erstaunt – insbesondere auch, da sie sich 1973 in ihrem Vorwort zu deren Biographie, verfasst von Herbert Steiner, mit Dr. Käthe Leichter befasste: Dr. Leichter, die zum Leitbild vor allem der Frauen geworden sei, zählte in Firnbergs Augen nicht zu »den dominierenden Gestalten«[81] der ArbeiterInnenbewegung: »Nicht ganz an der Spitze – zu der sie sich wahrlich nicht drängte –, aber immer Einfluß nehmend mitten im politischen Geschehen der Sozialdemokratischen Partei, der Gewerkschaften, der Arbeiterkammern und nicht zuletzt der Frauenbewegung. Und das in einer so verantwortungsvollen und doch zugleich stets kritischen Art, daß sie zur lebendigen Verkörperung jenes Prinzips wurde, das die österreichische Sozialdemokratie groß gemacht hat: offen in der Diskussion, einig in der Aktion.«[82]

Warmherzig sei Dr. Käthe Leichter gewesen, dennoch aber unerbittlich, wenn es um das ging, was sie als richtig erkannt hatte: »den Aufstieg des arbeitenden Menschen, die Befreiung der arbeitenden Frau«[83], fuhr Hertha Firnberg fort. Dr. Leichters Form der Frauenpolitik sei jene gewesen, die in der Befreiung der arbeitenden Frauen einen entscheidenden Beitrag zur Befreiung aller arbeitenden Menschen sah. Dkfm. Mag. Bargil erinnerte sich, Hertha Firnberg habe ihr gesagt, Dr. Käthe Leichter sei »schlecht angezogen« gewesen, und sie fügte sogleich hinzu: »Doch, Käthe Leichter hat ihr imponiert.«

Johanna Dohnal erklärte im Interview: »Ich glaube nicht, dass sie Mentorinnen gehabt hat. Sie hat sich gerne mit bedeutenden Männern umgeben und dabei immer die nötige Distanz gewahrt. So schien es; aber schon: gleich auf gleich. Oder sogar darüber. – Mentorinnen? – Ja, der Mentor war der Kreisky.«

Auf die Frage nach möglichen Mentorinnen Hertha Firnbergs fiel seitens der befragten ZeitzeugInnen auffallend häufig der Name Rosa Jochmann, die übrigens erst 1981, zwei Jahre nach Hertha Firnberg, zur Ehrenbürgerin der Stadt Wien ernannt wurde. Rosa Jochmann brachte im Bundesfrauenkomitee der SPÖ den Vorschlag ein, Hertha Firnberg solle ihre Nachfolgerin werden, was einstimmig angenommen wurde. Dkfm. Mag. Bargil meinte, Rosa Jochmann sei hierbei »über ihren Schatten gesprungen« und habe eine »sehr weitblickende« Entscheidung getroffen. Weshalb Rosa Jochmann hierbei eine innere Hürde zu überwinden gehabt habe? Das, so Dkfm. Mag. Bargil, beziehe sich auf »das Intellektuelle« Hertha Firnbergs. Rosa Jochmann selbst schrieb Hertha Firnberg zum 65. Geburtstag: »Und Du, liebe Freundin, hast viel mitbekommen und hast viel daraus gemacht, hast dieses Mitbringsel zum Wohle unserer großen Familie im reichsten Sinne angewendet [...].«[84] Rosa Jochmann bezeichnete es als »die Freude meiner alten Tage, daß ich es erleben durfte, daß eine Genossin auf der Regierungsbank sitzt [...]«.[85] Auch in einem Nachruf auf Hertha Firnberg, verfasst von Otto Schulmeister für »Die Presse« vom 16. 2. 1994, wird ihr Rosa Jochmann an die Seite gestellt: »Hertha Firnberg gehörte zum linksbürgerlichen Element der Partei, aber trotz ihres intellektuellen Interesses war sie nicht weniger links, nur eben anders als Rosa Jochmann. Sie lebte nicht im Kollektiv, dem Angriffs- oder Verteidigungskeil der Genossen, sie war Individualistin und ihre spitze

Zunge sollte selbst ein linker Bürgerssohn wie Bruno Kreisky fürchten. Rosa Jochmann hatte die Glaubwürdigkeit des Erlittenen an sich, Hertha Firnberg der Unabhängigkeit im Selbstverständnis.«

Erste Jahre in der Bundespolitik

Hertha Firnberg wurde mit 26. Juni 1959 vom Wiener Landtag in den Bundesrat entsandt, wo sie bis zum 16. Oktober 1963 tätig war. »Wie bei den Männern ist auch für die Frauen der Bundesrat oft Vorstufe für den Nationalrat, z.B. bei Dr. Firnberg, Gertrude Wondrack und Dr. Johanna Bayer«[86], vermerkte Dr. Erika Weinzierl in ihrer Analyse »Emanzipation?«.

Zu jener Zeit galt Hertha Firnberg als eine »unter den damaligen Aspekten überzeugte Europäerin«, wie Dr. Frühauf es formulierte; »eine sehr nachhaltige Parlamentarierin im Europarat« sei sie gewesen. Der Europarat, gegründet am 5. Mai 1949, verfolgt das Ziel, Demokratie zu fördern und Menschenrechte sowie Rechtsstaatlichkeit in Europa zu schützen. Als Basis dienen die Europäische Konvention für Menschenrechte sowie andere Referenztexte zum Schutz des Einzelnen. Österreich wurde am 16. April 1956 das 15. Mitglied des Europarates, der zum heutigen Tag bereits 47 Staaten umfasst.[87]

Hertha Firnberg betonte 1985 in der Publikation »Österreich zuliebe. Der Staat, den alle wollten« die Tatsache, dass Österreich ab 1956 ein sehr aktives Mitglied des Europarates und ab dem 14. Dezember 1955 auch Mitglied der Vereinten Nationen war, als einen wesentlichen Umstand für die Zweite Republik Österreich. Als einer der vier Staaten, in dem – seit dem 23. August 1979 – ein Amtssitz der Vereinten Nationen[88] existiert, nehme Österreich, so Firnberg, hierdurch eine bedeutende Stellung ein: »So etwa fand im Jahre 1979 die größte jemals von der UNO veranstaltete Konferenz mit hundertzweiundvierzig Teilnehmerstaaten in Wien statt, ›Wissenschaft und Technik im Dienste der Entwicklung‹. Als Konferenzpräsidentin hatte ich Gelegenheit zur Aussprache mit Delegationen vieler Staaten. Immer wieder wurde dabei die Wertschätzung für die Bemühungen des neutralen, international aktiven Österreich ausge-

Wahlkampf für die Nationalratswahlen 1971 in Niederösterreich:
Hertha Firnberg, umringt v.a. von Frauen, gibt Autogramme
in Eggenburg

drückt, die Gastfreundschaft gelobt und das ›gute Verhandlungs-
klima‹ hervorgehoben.«[89]

1959 wurde Hertha Firnberg außerdem als beratendes Mitglied der österreichischen Delegation zur Beratenden Versamm-
lung des Europarates in Straßburg entsandt. Georg Kahn-Ackermann, der Hertha Firnberg ebenda kennenlernte, beschrieb sie
als:»Klein, elegant, mit faszinierenden Augen, einer heiseren,
nicht weniger faszinierenden Stimme und Händen, die – längst
bevor man ihre Lebensgeschichte erfuhr – eine Frau verrieten,
die sich beharrlich unter Männern durchgesetzt hatte. Der Stimme nach hätte sie ebenso gut eine erfolgreiche Diseuse sein können. Aber nach fünf Sätzen hörte man, ungeachtet des liebens-
würdigen weiblichen Timbres dieser Stimme, daß Hertha Firnberg zu reden verstand wie ein Mann. Eher besser. Präziser und
sachbezogener als die meisten ihrer österreichischen Kollegen.
Eine Lady aus Wien, die etwas zu sagen hatte, und dazu noch
ungeheuer sympathisch. ›Eine Frau, mit der du Pferde stehlen
kannst‹, erläuterte mein Kollege […].«[90]

Hertha Firnberg wurde Vizepräsidentin des Ausschusses für
Sozial- und Gesundheitsfragen sowie des Ausschusses für Flücht-
lings- und Bevölkerungsfragen. Unter heutigen Verhältnissen gelesen klingt Hertha Firnbergs 1985 rückblickend getätigte Aussage über die österreichische Flüchtlingspolitik regelrecht idyl-
lisch:

»Nicht zuletzt ist für Österreichs politisches Profil seine Rolle als Flüchtlings- und Asylland signifikant. Bereits nach Kriegsende hat es dem Flüchtlingsstrom von Hunderttausenden trotz
der eigenen bedrängten Lage das Überleben ermöglicht. Niemals
ist politischen Flüchtlingen die Aufnahme verwehrt worden; immer wieder hat Österreich seine Bewährungsprobe bestanden:
anläßlich der Ungarnkrise 1956 […], wie bei der Tschechenkri-
se 1968, und der Polenkrise der jüngsten Zeit. […] Viele Dissi-
denten haben in Österreich Zuflucht gesucht und gefunden. Österreich war und ist die Übergangsstation für die Juden aus der
Sowjetunion, die eine neue Heimat suchen. Österreich stand
und steht vielen Heimatlosen offen. […] Bruno Kreisky hat zum
fünfundzwanzigjährigen Staatsvertragsjubiläum zutreffend gesagt: ›Das immerwährend neutrale Österreich wurde ein weithin

sichtbarcs Beispiel der funktionierenden Koexistenz – des möglichen Friedens in unserer Zeit!‹«[91]

Im Gespräch mit Eva Geber stellte diese fest, dass obige Darstellung beinahe idealisierend wirke; sie sei, fügte sie hinzu, sich nicht sicher, ob eine so euphorische Haltung 1985 noch ihre Berechtigung gehabt habe. Darüber hinaus fragte sie sich, was Hertha Firnberg wohl heute dazu sagen würde: »Würde sie sich die Haare raufen oder würde sie sich – wie manch andere Politiker oder Politikerinnen – dem Mehrheitswillen beugen? Sie freut sich, dass Österreich [nach 1945] so eine gute Rolle spielt … Diese Freude wäre ihr sicher vergangen!«

Hertha Firnberg vertrat die Ansicht, WissenschaftlerInnen und PolitikerInnen sollten miteinander Kontakt halten; insbesondere auch im Vorfeld politischer Entscheidungen; Leopold Rosenmayr, damaliger Geschäftsführer der Österreichischen Gesellschaft für Soziologie, definierte Hertha Firnbergs Philosophie als: »Mehr Wissen, um besser entscheiden zu können […].«[92]

Zu Beginn ihrer Arbeitszeit als österreichische Ministerin für Wissenschaft und Forschung brachte Hertha Firnberg bei Versammlungen des Europarates Fragen zur Hochschulpolitik ein, die bis dahin, nach Aussage Georg Kahn-Ackermanns, noch keine/r gestellt hatte: »›Gibt es in Europa generelle Vorstellungen über optimale Relationen zwischen der Gesamtheit der Bevölkerung und den akademisch Ausgebildeten? Gibt es Möglichkeiten und Chancen der Lenkung der Bildungswege nach dem objektiven Bedarf von Staat, Gesellschaft und Wirtschaft, und in welche Beziehung setzt man zugleich damit das subjektive Menschenrecht auf Bildung zum objektiven Bildungsbedarf?‹«[93] – Fragen, die Rückschlüsse auf Hertha Firnbergs eingeschlagenen Weg zulassen.

Im Nationalrat (1963–1983) & die »Ära Kreisky«

Zu der Zeit der Koalition zwischen ÖVP und SPÖ erhielt Hertha Firnberg erstmals ein Nationalratsmandat für den Wahlkreis 5 (Wien-Südost; 16. 10. 1963–24. 6. 1970[94]). Von 1966 bis 1970 war sie Obfraustellvertreterin im Finanz- und Budgetausschuss, Schriftführerin im Hauptausschuss sowie im ständigen gemeinsamen Ausschuss des National- und Bundesrates. Ihre Anträge betrafen die Familienrechtsreform, die Lehrfreiheit an den österreichischen Hochschulen, die Verbesserung der Finanzstatistik sowie den Einsatz elektronischer Datenverarbeitungsanlagen.

Schon 1970 urteilte ein Journalist über ihre Fähigkeiten als Parlamentarierin, sie habe »mehr als einmal« bewiesen, dass »viele ihrer Abgeordnetenkollegen, was den Intelligenzquotienten betrifft, entschieden weniger bemittelt«[95] seien. Über die Jahre hatte sich Hertha Firnberg auf parlamentarischem Boden profiliert, insbesondere in Bildungs-, Wissenschafts- und Forschungsangelegenheiten; ein Bereich, in dem sie ja – wie bereits erwähnt – seit Jahrzehnten immer wieder tätig gewesen war, sei es im Bildungsreferat des BSM oder des VSStÖ, in der AKNÖ oder im Bezirk. Als Abgeordnete zum Nationalrat (19. 10. 1970–18. 5. 1983) war sie im Unterrichtsausschuss tätig, der bis 1971 die Bereiche Wissenschaft und Forschung inkludierte. Darüber hinausgehend war sie Sprecherin für Fragen der Rechtsreform, speziell des Familienrechts, zweite Obfrau im außenpolitischen Ausschuss sowie Mitglied des Justizausschusses und des Asylbeirates im Bundesministerium für Inneres.

Doch zurück zur Mitte der 1960er Jahre: Die Wahlen 1966 bescherten der ÖVP eine absolute Mehrheit. »Die Ära der großen Koalition«, schrieb Hertha Firnberg, »war zu Ende. Diese Regierungsform hatte sich überlebt, aber sie hat in ihrer Zeit einen großen Beitrag zur Formung des neuen Österreich geleistet. – Das Urteil über ihre historischen Verdienste ist je nach Standpunkt sehr unterschiedlich, und es ist fast ›Mode‹ geworden, sie stärker in ihren negativen Auswirkungen herauszustellen, die Immobilität des Proporzdenkens und die fatale Seite der ›Kompromißideologie‹ zu betonen. – Zur Steuer der historischen Wahrheit scheint es daher geboten, noch einmal auf das Positive hinzuweisen, das aus gemeinsamem Wollen und Handeln erreicht wurde: der Aufbau der zerstörten Wirtschaft, die Erhöhung des Lebensstandards der Menschen, ein hervorragender Ausbau der sozialen Sicherheit und des Bildungssystems, die Anfänge der Wissenschaftsförderung und die internationale Mitwirkung, über allem aber: Die Freiheit!«[96]

Die Alleinregierung des von Hertha Firnberg unter Anführungszeichen gesetzten »›Reformer[s]‹ Klaus«[97] begann; mit auf der Regierungsbank: die erste Ministerin Österreichs, Grete Rehor (1910–1987). Rückblickend schrieb Hertha Firnberg über diese Regierungszeit der ÖVP, diese hätte sich ein »anspruchsvolles Programm gestellt, es aber nur teilweise erfüllen können. Die wirtschaftliche Lage – auch im Gefolge der internationalen Rezession – war ungünstig, Arbeitslosigkeit trat ein –, und die Regionalwahlen verliefen negativ für die ÖVP. Eine Regierungsumbildung [...] verhinderte nicht, daß zum erstenmal in der Zweiten Republik eine sozialistische Bundesratsmehrheit [zustande kam]. Von dem umfangreichen Arbeitsprogramm wurde manches erledigt, etwa das Rundfunkgesetz und das ÖIG-Gesetz zur Neuordnung der verstaatlichten Betriebe. Ein verdienstvolles Schulbauprogramm wurde in Angriff genommen. Weitere Vorhaben, wie das Hochschulstudiengesetz, die durch die SPÖ initiierte 40-Stundenwoche wurden erledigt. Aus meiner Sicht besonders wichtig war die Verabschiedung des Forschungsförderungsgesetzes im Jahre 1967; ich hatte viele Jahre daran mitgearbeitet [...]«.[98]

Das Ende der sogenannten großen Koalition bedingte eine Veränderung an der Führungsspitze der SPÖ: Beim Parteitag im Jänner 1967 wurde Bruno Pittermann als Parteivorsitzender von Bruno Kreisky abgelöst; sein Kontrahent, der Arbeiterfunktionär Hans Czettel (1923-1980), von 1964 bis 1966 Nachfolger Franz Olahs als Innenminister, konnte sich nicht durchsetzen. Laut Zeitungsberichten stimmte Hertha Firnberg damals gegen Kreisky[99], doch ließ sie sich in den nachfolgenden Monaten von seinen Fähigkeiten überzeugen; diese veränderte Sichtweise war wohl unter anderem dadurch motiviert, dass die Wiener Parteizentrale weiterhin »mit leisen antisemitischen und lauten antiintellektuellen Argumenten [...] gegen den neuen Bruno Stimmung machte«[100], wie »profil« 1975 anmerkte. Der Wechsel des Parteivorsitzes setzte in weiterer Folge eine Reformdiskussion innerhalb der SPÖ in Gang, die sich vor allem auf das neue Parteiprogramm auswirkte; »ein Alternativprogramm wurde gemeinsam von Politikern, Wissenschaftlern und anderen Experten sowie Praktikern erarbeitet: Wirtschaftsprogramm, Humanprogramm, Sozialprogramm, Schulprogramm und Hochschulprogramm, Justizprogramm, Wohnbauprogramm, Strukturkonzept für die staatliche Verwaltung, für alle Lebensbereiche lagen Konzepte vor; zahlreiche Gespräche, unter anderem mit der Kirche und den Bauern, Betriebsbesuche, große Spezialkonferenzen wie die ökonomischen, die humanpolitischen oder die schulpolitischen, haben Tausende von Menschen zu einem engagierten Mitdenken und Formulieren veranlaßt«.[101]

Die angekündigten Bemühungen um ein Programm zur Modernisierung Österreichs fanden breite Zustimmung: Bei der Wahl 1970 errang die SPÖ zum ersten Mal in der Zweiten Republik die Mehrheit an Stimmen und Mandaten. Koalitionsverhandlungen scheiterten an der Ressortverteilung, weshalb die Bildung einer Minderheitsregierung, mit Duldung der FPÖ unter Friedrich Peter (1921–2005), beschlossen wurde. Die »Ära Kreisky« konnte mit der Angelobung am 21. April 1970 beginnen; Kreisky amtierte bis zum 24. Mai 1983 als Bundeskanzler, sein Nationalratsmandat hatte er bis zum 30. September 1983 inne.

Die Stimmung jener Anfangszeit schilderte Hertha Firnberg rückblickend als gekennzeichnet von »überschäumende[r] Freude [...] [,] [o]ptimistisch, mit großem Schwung, aber sich der Schwierigkeiten der Situation wohl bewußt [...]«.[102]

In der Regierungserklärung Bruno Kreiskys vom 27. April 1970 steht vermerkt – und dies erstmals in der österreichischen Geschichte –, dass die Wissenschaftspolitik ein zentrales Anliegen der Regierungspolitik sein müsse. Auch bei der Bestellung der MinisterInnen wurde der Reformkurs fortgesetzt; es sollte ein Signal der Öffnung werden, dass ebenso parteilose bzw. nicht der sozialistischen Partei angehörende KandidatInnen – wie unter anderem Dr. Rudolf Kirchschläger (Außenminister unter Kreisky) – vorgeschlagen und angelobt wurden. Als »weiterer Trend«, so Hertha Firnberg, zeichnete sich das Bestreben ab, nun, nach Grete Rehor seitens der ÖVP, Frauen der eigenen Partei verstärkt in verantwortliche Positionen zu berufen: »Kreisky war sich der Tatsache voll bewußt, daß das Wählerpotential ›Frauenmehrheit‹ bedeutete, und daß die politische Mobilisierung der Frauen eine unabdingbare Voraussetzung für ein positives Wahlergebnis darstellte. Ich war – gleichzeitig mit dem Wechsel im Parteivorsitz – auf dem Parteitag 1967 zur Vorsitzenden des Bundesfrauenkomitees der SPÖ gewählt worden und löste Rosa Jochmann ab. Die politische Aktivierung der Frauen war Hauptziel der Frauenpolitik; das umfaßte nicht nur eine forcierte Mitarbeit in der Erarbeitung der programmatischen Alternative und im Wahlkampf, eine gezielte Wahlkampagne auf die Zielgruppe ›Frauen‹, sondern auch den Anspruch auf politische Entscheidungspositionen. Kreisky hatte dem Rechnung getragen. Im ersten Regierungsteam waren ein weiblicher Minister und ein weiblicher Staatssekretär vorgesehen.«[103]

Doch dies schien Hertha Firnberg nicht genug, weshalb sie bei den Nationalratswahlen 1971 mit einer überparteilichen Frauenfraktion drohte, um »wenigstens acht Frauen in den Nationalrat zu bringen«[104], gemäß ihrer Forderung: »Mehr politisches Engagement der Frauen, stärkere Vertretung in allen Gremien der Partei, mehr Frauen ins Parlament, an die höheren Schulen, in die Schlüsselstellungen von Verwaltung und Wirtschaft!«[105] Ein Jahr danach, als ein Journalist jener Idee nachging und Hertha Firnberg zu einer eventuell geplanten »Frauenpartei« befragte, antwortete sie: ›Ich glaube, da wurde eine Äußerung, die ich selbst einmal gemacht habe, mißverstanden. Als damals der Kampf um die Verteilung der Nationalratsmandate begonnen hatte – und das ist kein Kampf zwischen Männern und Frauen, sondern ein Kampf, der auf vielen Ebenen ausgefochten wird –, habe ich warnend gesagt: Wenn die Frauen von allen Parteien weiter so schlecht behandelt werden, dann kann es leicht passieren, wie das schon in anderen Ländern geschehen ist, daß sich die Frauen zusammenschließen zu einer gemeinsamen Aktion. Ich war niemals für eine eigene Frauenpartei, das würde ja auch unseren sozialistischen Grundsätzen widersprechen. Ich glaube auch nicht, daß eine solche Partei ernstlich Chancen hätte. Frauenaktion, das ist etwas anderes.«[106]

In einem späteren Interview aus den 1980er Jahren, das sie der »Zeit« gab, klingt dies ein wenig anders. »Zu den Werten, die Hertha Firnberg vertritt, gehört vor allem der Abbau von Diskriminierungen. Sie glaubt nicht daran, daß Frauen spezielle Begabungen, Aufgaben oder Limitierungen haben, sie sollen sich vielmehr in allen Bereichen durchsetzen und bei allen Themen Kompetenzen haben. Hier sieht sie die Hauptschwäche einer

Frauenpartei. ›Sie wissen, daß ich schon einmal damit gedroht habe‹, erinnert sie lächelnd. ›Das war vor vielen Jahren, als die Gefahr bestand, daß den Frauen ein oder zwei Nationalratsmandate verlorengehen. Da hab' ich sehr ernsthaft angekündigt, wenn das wirklich eintritt, werde ich mich bemühen, eine Frauenpartei zu organisieren.‹ Das war damals zwar Taktik, aber ›durchaus nicht unernst gemeint‹. Es kam nicht dazu, es konnte bei der Drohung bleiben – ein Erfolg also. Denn als ›Gegnerin von Segregation jeder Art[‹] meint sie, daß man sich mit einer Frauenpartei nicht nur inhaltlich reduziert, sondern daß man es vor allem den weniger Engagierten zu leichtmacht: ›Die Menschen leben miteinander, also sollen sie ihre Probleme auch gemeinsam bewältigen.‹«[107]

Hertha Firnberg konnte sich anfangs mit ihrem Wunsch nach acht weiblichen Nationalratsabgeordneten nicht durchsetzen, räumte jedoch rückblickend ein: »In späteren Kabinetten erhöhte sich die Zahl der Frauen [...].«[108]

Als Staatssekretärinnen wurden berufen:

- Anneliese Albrecht (* 1921; Nationalratsabgeordnete von 1971 bis 1981, Staatssekretärin im Bundesministerium für Handel, Gewerbe und Industrie von 1979 bis 1983)
- Johanna Dohnal (* 1939; Staatssekretärin im Bundeskanzleramt für allgemeine Frauenfragen von 1979 bis 1990; von 1990 bis 1994 Bundesministerin ohne Portefeuille)
- Dr. Beatrix Eypeltauer (* 1929; Nationalratsabgeordnete von 1975 bis 1983, Staatssekretärin im Bundesministerium für Bauten und Technik von 1979 bis 1987)
- Franziska Fast (1925–2003; Staatssekretärin für Frauenfragen im Bundesministerium für soziale Verwaltung von 1979 bis 1983, Nationalratsabgeordnete vom 1. Juni 1983 bis zum 30. Juni desselben Jahres, Volksanwältin vom 1. Juli 1983 bis 1989)
- Elfriede Karl (* 1933; Abgeordnete zum Nationalrat von 1974 bis 1983 sowie von 1984 bis 1990, Staatssekretärin im Bundeskanzleramt von 1971 bis 1979 und im Bundesministerium für Finanzen von 1979 bis 1983, danach Bundesministerin für Familie, Jugend und Konsumentenschutz von 1983 bis 1984)

Später kamen – über die »Ära Kreisky« hinausreichend – noch Gertrude Fröhlich-Sandner (1926-2008), Dr. Hilde Hawlicek (* 1942) und Mag. Brigitte Ederer (* 1956) dazu. Kreiskys IV. Kabinett verzeichnete somit einen höheren Frauenanteil, als je eine österreichische Regierung davor gehabt hatte. Die medialen Reaktionen auf diese Reform, die als »Paukenschlag« bezeichnet wurde, waren geprägt von Klischees und Aggressionen; oft wurden die Politikerinnen durch Etikettierungen wie »Vier-Mädel-Haus«, »Haremsdamen«, »Gespielinnen« oder »Kaiserinnen« herabgesetzt und ins Lächerliche gezogen.

Das neu geschaffene Bundesministerium für Gesundheit und Umweltschutz hatte – auf Hertha Firnbergs Vorschlag – Dr. Ingrid Leodolter (1919–1986) vom 2. Februar 1972 bis zum 8. Oktober 1979 inne. Dr. Leodolter, unter der das Umweltministerium eher zu einem Schattendasein verdammt war, führte 1974 den sogenannten Mutter-Kind-Pass ein, mit dem es gelang, die Säuglingssterblichkeit auffallend zu senken und kindliche Erkrankungen früher zu erkennen. Dr. Erika Weinzierl schrieb in ihrer Darstellung der österreichischen Verhältnisse mit dem Titel »Emanzipation?« über die Akzeptanz der Frauen in der Politik: »Von der öffentlichen Meinung sind alle bisherigen weiblichen Regierungsmitglieder nach anfänglichem, etwas distanziertem Abwarten akzeptiert worden, lediglich Gesundheitsminister Dr. Leodolter ist gelegentlich etwas stärker in das Schußfeld der publizistischen Kritik geraten.«[109] Hannes Androsch meinte im Interview, Bruno Kreisky habe Dr. Leodolter schließlich »wenig elegant abserviert«, weshalb Hertha Firnberg kurzfristig zusätzlich dieses Ministerium übernahm, bis am 5. November 1979 Dr. Herbert Salcher (* 1929) als Minister eingesetzt wurde.

Hertha Firnberg selbst äußerte sich dazu in ihrer rückblickenden Darstellung der politischen Ereignisse nicht: Auch »[d]ie Regierung Kreisky II konnte als Mehrheits-Alleinregierung die Realisierung ihres Reformprogrammes beschleunigt forcieren. Eine Reihe sehr wichtiger Gesetze konnten in dieser Legislaturperiode beschlossen werden, zu einem großen Teil – etwa 80 Prozent – mit Zustimmung aller Parteien. […] [E]ine moderne liberale Gewerbeordnung wurde geschaffen, das Ar-

beitsverfassungsgesetz, das den Arbeitnehmern in den Aufsichts-
räten mehr Mitbestimmung ermöglichte, und die Reorganisation der verstaatlichten Betriebe fand statt […]. Familienpolitisch
von Bedeutung war die Einführung der staatlichen Heirats- und
Geburtenbeihilfe. Von ganz besonderem politischen Gewicht
aber war die Beschlußfassung über die erste Etappe der lange er-
warteten Familienrechtsreform, die der Frau die volle Gleichberechtigung in der partnerschaftlichen Familie brachte«.[110]

Alles in allem fand das Programm der Alleinregierungsjahre
der SPÖ die Zustimmung der Bevölkerung, weshalb die Partei
mit gleicher Mandatszahl und stärkerem Stimmenzuwachs aus
den nächsten Wahlen hervorging. Dennoch hatten sich die Zeiten geändert; die wirtschaftliche Lage der späten 1970er Jahre
war angespannter, was in Form der Absichtserklärung, das größtmögliche Beschäftigungsniveau zu sichern, seinen Niederschlag
in den Zielsetzungen der Regierungserklärung fand. Die Arbeitslosenrate in Österreich lag zu jener Zeit bei einem Prozent.

1978 kam es zu einer breiten Diskussion um die Inbetriebnahme des Kernkraftwerkes Zwentendorf, »dessen Bauaufwand
mit etwa zehn Milliarden Schilling zu beziffern ist«.[111] Bereits
1976 sprach sich Hertha Firnberg in der Publikation »Kernenergie in Österreich« für eine öffentliche Diskussion mit nüchternen Argumenten aus, fernab der Polemik, denn Informationen
zu einem derart brisanten Thema seien für die breite Öffentlichkeit wesentlich. Hertha Firnberg war es auch, die im September
1977 nach Teheran reiste, um mit dem Schah Mohammad Reza
Pahlavi unter anderem eine eventuelle Lagerung des Zwenten-
dorfer Atommülls im Iran zu bereden. Gespräche einer iranisch-
österreichischen Expertenkommission wurden für Mai 1978
vereinbart. Auf Grund der politischen Entwicklungen im Iran
kam es zu ähnlichen Besprechungen mit dem ägyptischen Präsidenten Sadat[112], bevor der überraschende Ausgang der Volksabstimmung zu Zwentendorf das Thema ein für alle Mal vom
Tisch wischte. Rückblickend schrieb Firnberg: »Die schwerste
Krise erwuchs aus der Frage ›Atomkraft‹. Die Nutzung der Kernkraft, die geplante Inbetriebnahme des Kernkraftwerkes Zwentendorf wurden zu einem politischen Symbol, an dem die Jugend den Aufstand probte. […] Die Stellungnahmen gingen

Sturmzerzaust: Regierung überquert den Ballhausplatz; im Vordergrund Hertha Firnberg, Bruno Kreisky, Rudolf Häuser, dahinter weitere Regierungsmitglieder (1975)

Angelobung der neuen Regierung, 1977

quer durch die Parteien, ein Phänomen, das bisher kaum aufgetreten war. Die festen ›Parteilager‹ hatten sich gelockert, wie die Mobilität der Wähler sich verstärkt hatte. Die in näherer Zukunft bevorstehenden Nationalratswahlen und die Möglichkeit, daß es – wie in anderen Ländern – auch bei uns zu ›Atomwahlen‹ kommen könnte, führten zu dem politischen Entschluß, der Bevölkerung die Entscheidung in einer Volksabstimmung zu übertragen. Das Ergebnis war für viele überraschend: Obwohl Regierung, Gewerkschaftsbund und die Spitzen der Wirtschaft sich für die Öffnung und Inbetriebnahme des Werkes Zwentendorf ausgesprochen hatten, siegten mit einer kleinen Mehrheit die Gegner der Kernkraft.   Im Dezember 1978 beschloß der Nationalrat ein Atomsperrgesetz, das die Nutzung der Atomkraft in Österreich verbietet. Noch wird die Diskussion fortgeführt.«[113]

Hertha Firnberg stand nichtsdestotrotz der Nutzung alternativer Energieformen aufgeschlossen gegenüber. In der 1978 publizierten Untersuchung zur »Thermischen Nutzung der Sonnenenergie« sprach sie sich für dieselbige aus, »da die Sonnenenergie langfristig die bedeutenden Vorteile bietet, einerseits unerschöpflich zu sein und andererseits die Umwelt nicht durch zusätzliche Wärme und Schadstoffe zu belasten. In Österreich entfallen derzeit ca. 40 Prozent des gesamten Energiebedarfs auf die Erzeugung von Niedertemperaturwärme; die solaren Technologien zur Warmwasserbereitung, Raumheizung und Schwimmbaderwärmung sind deshalb für unser Land von besonderer Wichtigkeit«.[114]

Bei der Wahl am 6. Mai 1979 erhielt die SPÖ zum dritten Mal die absolute Mehrheit »und die höchste Stimmenzahl, die je eine politische Partei in Österreich errungen hatte. Zum vierten mal wurde Kreisky Bundeskanzler […], der im Bewußtsein der Menschen zur ›Vaterfigur‹ geworden war«.[115] Obgleich die SPÖ in dieser vierten Regierungserklärung Kreiskys »eine stärkere Demokratisierung weiterer Lebensbereiche«[116] anstrebte, verlor sie 1983 die absolute Mehrheit. Erstmals in der Geschichte der Zweiten Republik wurde nun unter Kanzler Fred Sinowatz, dem Kanzler Franz Vranitzky folgen sollte, eine kleine Koalition aus SPÖ und FPÖ gebildet, die bis 1986, als Jörg Haider den bisherigen Parteiobmann Norbert Steger ablöste, Bestand hatte.

Hertha Firnberg hielt trotz der Stimmenverluste Kreisky die Stange: »Meine persönliche Meinung ist, daß gerade die überhöhte Erwartung der Öffentlichkeit, vor allem der ›Kreisky-Wähler‹, in die Persönlichkeit Kreiskys und sein Problemlösungspotential eine Überforderung darstellte; nicht alles konnte in den schwierigen Zeiten unter dem Trommelfeuer nicht immer fairer Kritik voll erfüllt werden. Ein kleiner Teil – es ging ja nur um 3 Prozent – verweigerte dieses Mal der SPÖ die Stimme. Die Ära Kreisky, ein langer, erfolgreicher Abschnitt österreichischer Geschichte der Zweiten Republik, ging damit zu Ende.«[117]

Doch nicht nur die ›Ära Kreisky‹, sondern auch jene Hertha Firnbergs erreicht somit ihr Finale. 1985 zog Hertha Firnberg Bilanz: »Österreich war und ist so zwar keine ›Insel der Seligen‹, aber es ist – wie uns alle Freunde, Besucher und Kritiker bescheinigen – ein gutes Land für seine Menschen geworden: Es ist aus Not und Trümmern zu einem kleinen Wohlstand, zu Demokratie, Sicherheit und Ansehen gelangt. Der österreichische Weg war ein guter Weg.«[118] Im Rahmen ihrer Bilanz ließ sie die Aufbauarbeit nach dem Zweiten Weltkrieg Revue passieren, wie rasch Oper und Burgtheater in Ausweichquartieren ihren Betrieb wieder aufnahmen: »Österreich wurde wieder zum ›Land der Musik‹ – aber auch der Künste überhaupt.«[119] Ein Land der Künste? Noch 1982 bedauerte sie, die Ministerin für Wissenschaft und Forschung, in einem Interview in der »AZ«, dass es nicht gelungen sei, »[…] die alte österreichische Tradition, daß Kunst und Kultur Vorrang vor Wissenschaft und Forschung haben, zu ändern«.[120] Österreichs kulturelle Entwicklung war ihr zweitrangig; darüber hinaus schien sie den Fokus vor allem auf jene Bereiche der Kultur gelegt zu haben, die ein großes Publikum akzeptieren konnte und kann. An der nachfolgenden Auflistung, die diese doch so begeisterte Leserin in »Österreich zuliebe« als beispielhafte Exempel für den Status Österreichs als Kulturland vornimmt, ist auffallend, dass sich hier die Wiener Schule der Phantastischen Realisten und andere Malergruppen, weltberühmte Architekten [!], österreichische Komponisten [!], Salzburger Festspiele, die Klangwolke, das Brucknerfest und der Carinthische Sommer ein Stelldichein geben – sie alle hätten »zu

Österreichs Ruf beigetragen«.[121] Im Bereich der Literatur hingegen erwähnte Hertha Firnberg einzig den Grazer »steirischen herbst«, der »sein eigenes Profil errungen« habe, »wie die steirische Dichtergruppe«.[122] In den späten 1980er Jahren befragte sie ein Journalist, ob sie sich Thomas Bernhards Theaterstücke im Burgtheater ansehe. Sie erklärte, dass es ihrer Ansicht nach nicht Aufgabe des Theaters sei, zu provozieren. Sie persönlich sei »provoziert genug von anderen Dingen und brauche nicht am Theater auch noch eine spezielle Provokation«.[123]

Der Behauptung, die Spitze der schöpferischen Epoche Österreichs habe im Zeitraum der Wende zum 20. Jahrhundert und der Ersten Republik gelegen und sei nie mehr zu erreichen, mochte sich Hertha Firnberg nicht anschließen: »Den großen Männern und Frauen, Künstlern, Wissenschaftlern und Technikern unserer Vergangenheit ist Respekt und Bewunderung zu zollen. Ihnen ist es zu danken, daß Österreich kulturell – wie außenpolitisch – bedeutender ist, als es seiner Größe zukäme. Aber es ist nicht nur ein traditionelles Kulturland, sondern eines, das in die Zukunft wirkt.«[124]

Dr. Hilde Schmölzer, die sich in ihrem Buch »Das böse Wien« mit der Kunst der 1960er Jahre beschäftigte, erklärte, ihr fehle in Firnbergs Aufzählung jene wesentliche Phase österreichischer Kunst nach 1945 – »diese sogenannten ›bösen Künstler‹ mit ihrem ungeheuer kreativen und revolutionären Potenzial; die erwähnt sie nicht: Qualtinger, Artmann, das Kabarett, Bronner, die Aktionisten – die hat sie wahrscheinlich abgelehnt, nehme ich stark an … Und Bernhard war ihr – wie wir wissen – zu provokant … – Ein Land der Künste? Na ja«.

Eva Geber sah in Firnbergs Aussage zu Kunst und Kultur in Österreich »eine ›subjektive‹ Wahrnehmung«. Nach 1945 sei es als wesentlich erachtet worden, »ganz schnell diese Identifikations-Gebäude wieder aufzubauen – also die Stephanskirche, die Oper, die Bundestheater, ohne die geht es nicht in Österreich, in Wien schon gar nicht –, und daher hat sie das – zu Recht – von den Budgetkosten her als vorrangig empfunden. Die waren aber dann aufgebraucht, und wenn sie sagt, Kunst und Kultur hätten danach nicht mehr diesen Vorrang vor Wissenschaft und Forschung gehabt, würden wahrscheinlich alle Wissenschaftler und

Forscher schreien: Hilfe, wir sehen das nicht so. – Das ist sehr subjektiv. Und auf der anderen Seite werden die Budgets für neuere Kunst und Kultur nicht geflossen sein, das ist ganz klar. – Weltberühmte Architekten, da muss ich ja lachen; in Österreich werden neue Architekten nichts, nur im Ausland! Und Komponisten – ich frage mich, welche sie da mit ›so großartig‹ gemeint hat … Mal abgesehen davon, dass ich diese Politiker-Aussagen nicht weiß Gott wie hochstehend empfinde, auch nicht immer bei Firnberg; es stellen sich da ja immer die Politiker in der Sonntagsrede hin und sagen, wie toll sie alles gemacht haben. Das ist Larifari, da sind irrsinnig viele Leerformeln dabei. Wenn sie dafür zuständig ist, muss sie es hochloben. Erstaunlicherweise wird das von PolitikerInnen aber auch erwartet. – Na, ist doch so!« Es wundere Eva Geber nicht, dass Hertha Firnberg weder mit moderner Kunst noch mit der Literatur der 1970er Jahre etwas anfangen konnte: »Da ist sie wahrscheinlich nicht die einzige Politikerin, der neue Kunst und Kultur oder Literatur vollkommen fremd sind, bei der ihnen jeder Anschluss fehlt – um nicht zu sagen, es ihnen völlig egal ist, weil nicht mehrheitsfähig. Um diese Kunst zu goutieren bräuchte es ein gewisses Format, das über kulturelle Anpassung hinausgeht.«

4. Hertha Firnberg
& die Frauenpolitik

>> *Wir leben in einer Welt von Männern,*
für Männer gemacht. «[125]

Frauenpolitische Ansichten & Bestrebungen

Wenige Tage nach dem 14. April 1945, dem formellen Gründungstag der SPÖ in der Zweiten Republik, schlossen sich Gabriele Proft (1879–1971), Hilde Krones (1910–1948) und Frieda Nödl (1898–1979) zum SPÖ-Frauenkomitee zusammen; bei der ersten Sitzung waren zudem Ferdinanda Flossmann (1888–1964), Wilhelmine Moik (1894–1970) und Rudolfine Muhr (1900–1984) anwesend. Das Frauenkomitee ist – den Statuten nach – ein »Referat« der Partei; dies bedeutet, dass es über keine eigenen finanziellen Mittel verfügt.

In der Nachfolge Rosa Jochmanns (1959–1967) wurde erstmals einer Akademikerin der Vorsitz des Bundesfrauenkomitees übertragen: Hertha Firnberg hatte diese Position, die auch den stellvertretenden SPÖ-Bundesparteivorsitz und die Mitgliedschaft im Parteipräsidium impliziert, von 1967 bis 1981 inne.

Überzeugt davon, dass es keine Befreiung der Menschheit ohne Gleichstellung der Geschlechter geben könne, war Hertha Firnberg gleichzeitig darauf bedacht, stets zu betonen, dass in der Geschichte der sozialistischen Frauenbewegung niemals die Frauen gegen die Männer gekämpft hätten, sondern dass es sich vielmehr um eine gemeinsame, von Frauen und Männern getragene Bewegung handle und handeln müsse, die sich gegen die Unterdrückung und Diskriminierung von Frauen wende. Gleich einem Credo kehrt in Hertha Firnbergs Schriften diese Aussage wieder: »Die Frauenrechtsbewegung wurde von der Sozialdemokratischen Partei, nicht von den Frauen allein getragen. Die Solidarität der Unterprivilegierten und Unterdrückten galt über die Grenze der Geschlechter hinaus.«[126]

Dies entspricht nicht nur einer Ansicht Firnbergs; die SPÖ-Frauen beschworen im Jahr 1978 kollektiv ihr »vertrauensvolles

Bekenntnis zum Willen ihrer männlichen Kollegen, für die Rechte der Frauen zu kämpfen«[127] – wider alle alltäglichen Erfahrungen, möchte man hinzufügen.

Dabei merkte Rosa Jochmann bereits 1958 an: »Ich bin überzeugt, dass auf der Konferenz [...] für die Frauenfrage nicht mehr als eine halbe Stunde Zeit bleiben wird. Ebenso bin ich überzeugt, dass bei Themen, die über unsere Frauentage und Muttertage hinausgehen, die männlichen Delegierten das Gefühl haben, dass wir Frauen eigentlich unberechtigt mitreden. [...] Es wird noch viel Wasser in die verschiedenen Flüsse fließen, ehe sich diese Dinge ändern werden.«[128]

In einem Referat bei der Bundesfrauenkonferenz in Villach am 16. April 1972 bezeichnete Hertha Firnberg die Frauenemanzipation als »nur eine von zahlreichen Emanzipationsbewegungen, allerdings eine sehr spezifische.«[129] Die »Frauenfrage«, so Hertha Firnberg, dürfe nicht als ein »Spezialproblem«[130] gelten.

Dr. Hilde Schmölzer bezeichnet das Denken, die Frauenfrage auf später zu verschieben, als den »Sündenfall der marxistischen und sozialdemokratischen Partei«: »Wir wollen doch sagen, wie es ist: Das ist der große Irrtum der marxistischen Lehre, dass die Frauensache ein Nebenwiderspruch ist. Das hat der Frauenbewegung sehr geschadet. Die feministische Bewegung ist die radikalste Gesellschaftskritik überhaupt, sie geht über den Marxismus hinaus; und Marx war ja selber zu Hause, wie wir wissen, ein Patriarch.« Ohne eine Veränderung der Mann-Frau-Beziehung führe es unweigerlich zu einer permanenten Überforderung der Frauen, Arbeit, Haushalt, Familie und womöglich auch noch politisches oder soziales Engagement in einer Person zu vereinen. Dabei wäre dies – zumindest theoretisch – Marx und Engels bewusst gewesen, wie Mag. Kriehebauer, auf Frigga Haugs Buch »Die Vier-in-einem-Perspektive« verweisend, ausführte: »Wie naiv Marx und Engels zur Frauenfrage gestanden sind! Sie haben gesehen, die Frauen werden in die Fabriken geholt, weil sie billiger waren, und die Männer zu Hause müssen jetzt diese Hausarbeit machen, die sie nicht können, und Marx und Engels bemitleiden die Männer [...], ohne zu erkennen, dass sie hier eigentlich das normale Frauenschicksal beschreiben. – Das ist ein tiefes, tiefes Defizit in der Arbeiterbewegung, die Frauenfrage.«

Dass auch Hertha Firnberg zumindest ob des Mittragens der Genossen manchmal ihre Zweifel hatte, klingt in Richard Berczellers Erinnerung (1902–1994) an, die er in »Wissenschaft und Weltbild«, dem Geburtstagsband für Hertha Firnberg, schilderte und wo sich Firnberg indirekt für eine Quoten-Reglung ausspricht. »War sie eine Nachfolgerin der Suffragetten, die lange Haarnadeln als Waffen benützten, um für das Recht des Frauenwahlrechts zu demonstrieren? […] Sie sah nicht wie eine Suffragette aus. Ich blickte in warme Augen, ein Lächeln huschte um ihre Lippen. Wir sprachen über viele Dinge, die alte Partei, ›Die Unzufriedene‹, die Vorgängerin der ›Frau‹ mit Nostalgie. Ich lobte die neue Frauenzeitung, ich hielt sie für inhaltsreich und gut redigiert. Sie hörte, sichtlich zufrieden, meine Meinung. Aber dann wurde sie ernst. ›Wie steht es mit der Position der Frau heute?‹ fragte sie. ›Wir sind immer noch das ‚schwache Geschlecht‘. Wie ich mich darum raufen muß, daß eine Frau auf eine Kandidatenliste für den Landtag oder den Nationalrat gesetzt wird! Schauen Sie sich den ‚Proporz‘ zwischen Männern und Frauen in den parlamentarischen Körperschaften, den akademischen Berufen, unter den Managern der großen Unternehmungen an. Wie vielen Vorurteilen – auch in der Partei – begegnet man. Wir leben noch immer in einem ‚Männerstaat‘. Es ist ein Jammer.‹«[131]

Doch Jammern gehörte nicht zu Hertha Firnbergs Eigenschaften, sie war lösungsorientierte Realpolitikerin. Dass sie an alle Fragen zur Verbesserung der gesellschaftlichen Stellung der Frau, sei es in der Lohn-, Sozial- oder Gesundheitspolitik, pragmatisch heranging, machte es ihren ZeitgenossInnen offensichtlich auch einfacher, auf ihre Vorschläge und Überlegungen einzugehen. Eva Geber hierzu: »Sie hat ohnedies einiges bewirken können, aber zur Weltrevolution hat sie weder aufgerufen noch hat sie die gewollt. Selbst wenn sie gedacht hat, dass man mehr machen muss, hat sie wahrscheinlich nicht das Gefühl gehabt, dass es realistisch ist. Auf der anderen Seite glaube ich auch, dass sie ganz vieles verdrängt hat, nicht wahrgenommen hat als etwas, das zu ändern wäre.«

Um die Position der Frauen zu stärken, wollte Firnberg im Bewusstsein verankert wissen, dass Gleichbehandlung ein ganz simples Menschenrecht sei – ein kaum zu entkräftendes Argument.

Die Lösung für die Probleme der Frauen sah Hertha Firnberg in der »volle[n] Integration der Frauen in Wirtschaft und Gesellschaft als gleichgestellte Partner. […] Ganz gewiß haben sich aber auch bei uns die Erkenntnisse durchgesetzt, daß die Frauenfrage in ihren vielen Aspekten nicht für sich allein gehört werden kann, sondern im Rahmen der gesamten Gesellschaftspolitik gelöst werden muß, ist sie doch eine Funktion des Komplexes der Rollen- und Arbeitsteilung, die Erziehung, öffentliche Meinung, Tradition und Lebenspraxis Männern und Frauen zugeteilt hat. Mehr und mehr gewinnt die Überzeugung auch bei uns an Boden, neben und teilweise statt der ›Frauenmaßnahmen‹ allgemeine Maßnahmen zu setzen, welche die Gleichheitschancen aller Bürger fördern (wie es etwa das allgemeine Wahlrecht zuerst war), die für Gleichstellung der Frauen am stärksten wirksam sind. Ähnliches gilt natürlich auch für die allgemeine Arbeitszeitverkürzung und die Verbesserung des Schulwesens«.[132]

Eine Demokratisierung aller Lebensbereiche sei anzustreben, die partnerschaftliche Ehe ein Muss; die Benachteiligung der Frauen beginne bereits in der Kindheit in den Familien und in der Schule: »[…] wenn wir von ›Mehr Kinder an höhere Schulen‹ sprechen, schließen wir die Mädchen ein! Erziehung und Ausbildung sind Elemente von größter strategischer Bedeutung – von diesem Ansatz aus wird sich jenes Ziel der Partnerschaft in Wirtschaft, Familie, Politik verwirklichen. Aber wir müssen das Unsere dazu tun!«[133] Einzig über den Beruf, über die Integration in die Arbeitswelt sei »echte Emanzipation«[134] zu vollziehen und der Teufelskreis aus geringerer Bildung, minderer Bezahlung, geringeren Aufstiegsmöglichkeiten und mangelndem Selbstvertrauen, das wiederum eine niedrigere Verantwortungsbereitschaft bewirke, zu durchbrechen. Frauen müssten in alle Bereiche der Arbeitswelt vordringen, dürften nicht »›Fußvolk der Arbeitswelt‹, nicht ›Randschichten am Arbeitsmarkt‹ [sein], die man holt, wenn Verknappungen vorliegen, und zurück zum Herd schickt, wenn Arbeitsmarktreserve anderer Art sich anbietet!«[135]

Ein über die Generationen wiederkehrendes Thema ist die Mehrfachbelastung der Frauen durch die in einer Person vereinten Rollen der Berufstätigen, der Mutter, der Hausfrau.

Schon Therese Schlesinger (1863–1940) hatte 1926 in einer Parlamentsdebatte betont: »Da gibt es immer noch sehr viele Männer und Frauen, die meinen, das ist ja etwas Naturgegebenes, daß die Frau alle Hausarbeiten zu verrichten hat. Aber es ist gar nicht naturgegeben, davon können Sie sich sehr leicht überzeugen. […] Es gibt männliche Köche, es gibt männliche Stiefelputzer, Fensterputzer, Wohnungsaufräumer, Friseure und so weiter. Jede dieser Arbeiten, von denen man sagt, sie seien der Frau natürlich, die machen Männer sehr gut, wenn sie dafür bezahlt werden. Sie machen sie allerdings nicht ohne Bezahlung.«[136]

Frauen jedoch seit Jahrhunderten; sie lernten, sie schlossen eventuell sogar eine Berufsausbildung ab, heirateten und wurden (werden?) – unbeachtete, ungedankte und unhonorierte – Haushälterin, Putzfrau und Bedienerin, zur Lebensbequemlichkeit der restlichen Familienmitglieder. Gingen sie zudem einer außerhäuslichen Arbeit nach, so wurde diese im patriarchalen Versorgungsmodell einzig als Zuverdienst zum Einkommen des Gatten auf Grund der wirtschaftlichen Verhältnisse gesehen; wurde – und »wird« oft immer noch, obgleich die Zahl der Frauen und Männer steigt, die darin auch eine Frage der Lebensgestaltung sahen und sehen.

Interessant ist Hertha Firnbergs Positionierung dazu, die wie so oft ambivalent ist – besonders wenn man/frau sich ihre Rede zur »echten Emanzipation« in Erinnerung ruft. In ihrem Referat »Die Frau in der Zeit von heute«, gehalten bei der Bundesfrauenkonferenz 1972 in Villach, stellte Hertha Firnberg Biologismen nicht in Frage. Die Rolle der Hausfrau, heißt es dort, sei Frauen »von der Natur gegeben«[137]; eine regelrecht konservative Aussage im Vergleich mit Therese Schlesinger 46 Jahre zuvor!

Logisch denkend wie stets, schlussfolgerte auch Hertha Firnberg, dass die Doppelrolle Mutter/Berufstätige unausweichlich zu einer Doppelbürde werden müsse, solange Erziehung, Gewohnheit und Tradition einzig der Frau Haushalt und Kindererziehung auflasten: »Dies ist eine sehr unerwünschte Situation. Denn die Erziehung der Kinder soll und darf nicht allein Sache der Mutter sein! […] Die Kinder brauchen die Eltern – auch den Vater! Denn die ›vaterlose Gesellschaft‹ ist eine kranke Gesell-

94

schaft. Vor allem aus diesem Grund sollen Haushalt und Kinder nicht nur Sache der Frauen allein sein. Es gibt aber auch noch einen zweiten Grund: Auch die Frauen haben Anspruch auf die Entfaltung ihrer Persönlichkeit; das ist ein Menschenrechtsanspruch, der in unserem sozialistischen Programm verankert ist. Menschsein heißt ja Zeit haben. Doch die Frauen haben keine Zeit!«[138]

Ihr Lösungsansatz ist »Mithilfe des Gatten«[139] – dass Mithilfe keine partnerschaftliche Handlungsweise sei, fügte Eva Geber kritisch an: »Er trägt die Kohlen herauf, das Mineralwasser – und das ist alles?« Eine explizite Forderung »Ganze Männer machen halbe-halbe« wagte erst Helga Konrad im Jahr 1996.

Dass es nicht wünschenswert sei, Frauen lediglich in die bestehenden Arbeitsstrukturen zu integrieren, merkte Hertha Firnberg kritisch an, da diese durch »Entfremdung, Inhumanität und Konkurrenzdruck«[140] gekennzeichnet seien. Jenem »Selbst schuld!«, das häufig Frauen geantwortet wird, wenn sie ihre Unterrepräsentiertheit in Beruf und Politik artikulieren, setzte Hertha Firnberg entgegen: »Das Unterliegen der Frauen im herrschenden Gesellschaftssystem spricht nicht gegen die Frauen, sondern gegen das System.«[141]

Sie erkannte, dass die erschwerte berufliche Durchsetzungskraft eine Folge von Zeitmangel sei, entstanden aus der Doppel- und Dreifachbelastung in einer für Frauen typischen 60- bis 80-Stunden-Woche.

Bei der Bundesfrauenkonferenz im Jahr 1974 fand Hertha Firnberg scharfe Worte: »Es drängt sich nur zu oft der Verdacht auf, daß dieser moralische Druck auf die Mütter der wirklich billige Ausweg ist, mit dem die Gesellschaft sich der Verpflichtung entzieht, den Familien und den Müttern echte Hilfe zu leisten.« Entgegen der rigiden »Heimchen am Herd«-Ideologie der 1960er Jahre interpretierte Hertha Firnberg das Recht auf Arbeit als Menschenrecht, das »man überhaupt niemandem verweigern kann – auch nicht einer Frau, die Mutter ist«.[142]

Insbesondere Müttern legte sie Berufstätigkeit nahe, da sie Unabhängigkeit als äußerst wichtig erachtete, weshalb es unumgänglich sei, entsprechende Rahmenbedingungen zu schaffen. Die mit dem eher unglücklichen Begriff »Karenzurlaub« bezeichnete Möglichkeit für berufstätige Mütter, abgesichert durch Kündigungsschutz die ersten Monate mit dem Kind zu verbringen, war ein Konzept, das Hertha Firnberg unterstützte. Darüber hinaus erzielte sie eine Reihe weiterer frauen- und familienpolitischer Fortschritte: die Erhöhung des Karenzgeldes, die Geburtenbeihilfe, das Unterhaltsvorschussgesetz und die Einführung der Pflegefreistellung, um nur die wichtigsten zu nennen. Viele jener Maßnahmen, die sie später als Ministerin für Wissenschaft und Forschung setzte, bewirkten eine Öffnung der Universität für Frauen, weshalb die auffallend hohe Zahl an Studienanfängerinnen in den 1970er Jahren keinesfalls als Zufall gewertet werden kann.

Deutlich wird Hertha Firnbergs Haltung anhand einer Begebenheit, die Anna Elisabeth Haselbach schilderte: »Später, sie war schon Abgeordnete im Nationalrat, mein Vater war auch Abgeordneter zum Nationalrat, ich war schon verheiratet und habe Kinder gehabt, und ich bin unten gestanden, im Klubvorraum, mit den Kindern links und rechts, und wir haben auf den Opa gewartet. Sie ist gekommen und sagt: ›Was machst du jetzt?‹ Ich antworte: ›Na ja, das sieht man ja.‹ [Deutet auf imaginierte Kinder rechts und links an der Hand hin.] Da hat sie mir richtig den Kopf gewaschen: ›Das ist ein Skandal, dass so eine junge Frau, die ja nicht dumm ist, ihr Leben verplempert!‹ So war das – und ich hab' gesagt: ›Was soll ich machen, die Eltern in Linz, die Schwiegereltern in Klagenfurt, gelernt habe ich eigentlich auch nichts.‹ – Na ja, Matura … – aber keinerlei Berufserfahrung. Das war, würde ich sagen, der Moment, wo ich angefangen habe, nachzudenken: Ist es wirklich sinnvoll, sich einfach darauf zu verlassen, dass alles glatt geht, Ehe, Einkommen des Gatten usw.? – Wie ich dann das Angebot gekriegt habe, ins Ministerium zu kommen, habe ich das angenommen und Gott sei Dank etwas gelernt dort.« Es sei, stellte Anna Elisabeth Haselbach fest, Hertha Firnbergs Art gewesen, durch ihr Wesen, ihr Auftreten Frauen »zu Bewusstsein zu bringen«.

Johanna Dohnal hingegen, die in ihrer Funktion als Staatssekretärin für allgemeine Frauenfragen Hertha Firnberg gegenüber die Frage anschnitt, weshalb eine Geburt die Habilitationsfrist nicht unterbreche, Auslandsstudien jedoch schon, erhielt folgende Antwort: »Da hat sie mir kategorisch erklärt: ›Die Frauen müssen sich entscheiden: Wollen sie Karriere oder wollen sie ein Kind?‹« Eine Aussage, die in auffallendem Widerspruch zur notwendigen Berufstätigkeit der Mütter steht – außer man sieht Berufstätigkeit in diesem Fall nicht in einem Karriere-Kontext.

Die Lösungsmodelle, die Hertha Firnberg bezüglich der Überlastung durch die Mehrfachrolle vorschlug, umfassten – neben der bereits erwähnten »Mithilfe« im Haushalt durch alle übrigen Familienmitglieder – einen Ausbau der Kindergärten und Horte sowie »vor allem mehr Ganztagsschulen! Nur wenn den Frauen und Müttern diese Hauptsorge genommen ist, werden sie aktiv auch an den Problemen der Gemeinschaft teilnehmen können«[143], denn politisches Desinteresse der Frauen sei auf Grund der permanenten Mehrfachbelastung kein Wunder; ein weiterer Teufelskreis setze ein, der Frauen davon abhalte, sich politisch zu engagieren, weshalb sie wiederum geringeren Einfluss auf die Veränderung ihrer Situation hätten.

Um Haushaltsarbeit und Beruf leichter vereinbar zu machen, forderte Hertha Firnberg bereits 1976, die Ladenschlusszeiten später anzusetzen – eine Idee, die damals auf keinerlei Gegenliebe stieß. In der Presse wurde ihr Vorgriff als regelrechter Tabubruch gegenüber der in jenen Jahren noch unantastbaren 18-Uhr-Markierung geahndet.

Hingegen widersprach Hertha Firnberg vehement einer Bezahlung der Hausarbeit, wie dies von manchen als Modell zur Lösungs der Misere vorgeschlagen worden war: »Wer sollte denn auch dieses Gehalt bezahlen? Die Haushaltsarbeit einer Frau ist in der Familie einer Berufsarbeit gleichzustellen. Aber wenn sie als qualifizierte Berufsarbeit gelten sollte, dann müßte die Haushaltsarbeit erlernt werden. Sie ist aber derzeit eine ungelernte Arbeit – mit sehr viel Mühe und Arbeitsaufwand.«[144]

1993 erklärte sie: Hausfrauen »werten sich selbst ab, sie könnten sich ja organisieren. Damit sie nicht mehr quasi als ungelernte Hilfskräfte gelten, könnte für sie eine eigene Ausbildung geschaffen werden, wo man lernt zu kalkulieren, mit technischen Geräten umzugehen und richtig einzukaufen«.[145]

Dann, so ließe sich spitz schlussfolgern, dürften sie dem »Österreichischen Frauenring« beitreten, den Hertha Firnberg gemeinsam mit Lola Solar (1904–1989; ÖVP) 1969 gründete. Laut Eigendefinition ist dieser heute »die größte Dachorganisation von österreichischen Frauenvereinen«, ein Netzwerk, das nach wie vor besteht, obwohl es ein wenig in einen »Dornröschenschlaf« versunken zu sein scheint.

Dr. Hilde Schmölzer verwies im Interview auf den Kontext zwischen Hausarbeit als Frauensache und kapitalistischem Staat: »Die Hausarbeit gehört zum Nebenwiderspruch und ist im Grunde nicht ganz ernst zu nehmen. Man müsste eine qualifizierte Berufsarbeit daraus machen, doch es ist nicht leistbar, das zu bezahlen; wir wissen, dass dies den Staat ruinieren würde … wir wissen ja, dass dieser ganze Staat und der Kapitalismus auf der unbezahlten Arbeit der Frau beruht, aber Firnberg bringt den Mann nicht als eine partnerschaftliche Hilfe hinein – nur so ist das ja zu lösen. Und da streift sie nicht an; oder nur ganz vorsichtig, aber nicht als wirkliche Alternative.«

Jeder Zeit ihre Arten der Frauenpolitik?

Nach Ansicht Dr. Elisabeth Pittermanns lassen sich Frauenpolitikerinnen unterschiedlicher Generationen nicht gegeneinander stellen und im Vergleich analysieren: »Firnberg war sicher in einer anderen Art eine Frauenpolitikerin, als es danach der Fall war. Jede Zeit hat halt die verschiedensten Arten der Frauenpolitikerin. Man kann nicht sagen, die eine war besser, die andere war schlechter. Es hat jede ein bisschen einen anderen Stil gehabt und ein bisschen mehr das Gewicht auf das eine oder andere gelegt, nicht?« Jeder Zeit ihre Varianten der Frauenpolitik? Und die Ernennung einer Politikerin einer früheren Generation zur Vorsitzenden des Bundesfrauenkomitees, der Konflikt, der unweigerlich entstehen muss?

Betrachtet man die 1970er Jahre, sind die divergierenden Ansichten zwischen Firnberg als Vertreterin ihrer Generation und den jüngeren Frauen, die sich politisch engagierten, auffallend. Johanna Dohnal erklärte dies im Interview »unter anderem« zur »Generationenfrage«: »Auch sozialistische Männer sind Männer und wollen jemanden, der zu Hause den Dreck wegräumt, betrügen ihre Frauen nach Strich und Faden. Außerdem wollen sie die Ordnung bewahren, die wir gerade umkrempeln wollen. – Hertha Firnberg war immer darauf bedacht, vor allem die Umgangsformen zu wahren; ›gemeinsam mit den Männern‹ … – Das hat überhaupt nicht [zu uns jüngeren Frauen] gepasst. Wir waren junge Frauen, wir waren im Aufbruch, wir haben geglaubt, wir reißen der Welt einen Haxen aus; was wir ja auch gemacht haben.«

Auch Mag. Kriehebauer war der Ansicht, manche Konflikte zwischen Firnberg und den jüngeren Frauen seien »in der absoluten Parteidisziplin der damaligen etablierten sozialdemokratischen Funktionärinnen« begründet gewesen. Es war bis dahin undenkbar, mit Frauen außerhalb der Partei zusammenzuarbeiten, wie das in den späten 1970er Jahren üblich wurde. »Es war«, betonte sie, »immer die Stärke der Sozialdemokratie gewesen, die Parteidisziplin über alles zu stellen, damit waren ja auch politische Erfolge verknüpft und diese historische Erfahrung führte zum Beispiel beim Wahlrecht dazu, dass die Frauen zunächst zurückstehen mussten, um nicht das Wahlrecht für alle Männer zu gefährden. Diese Kultur in der Sozialdemokratie war nur schwer aufzubrechen. Wir, heute, tun uns natürlich leichter, weil wir die historische Erfahrung haben, dass es geht, aber der Gegenwind, der rechte, war enorm«.

Dieser Aspekt der unterschiedlichen Ansichten zweier Frauengenerationen, die in den späteren 1970er Jahren aufeinander prallen mussten, wird gleichfalls bei näherer Betrachtung von Hertha Firnbergs frauenpolitischen Ansichten offensichtlich:

Als »einen entscheidenden Wendepunkt«, als »ein[en] Meilenstein im Sein und Bewußtsein der weiblichen Bevölkerung, an dessen Bedeutung keine anderen Impulse im Entwicklungsprozeß auch nur annähernd heranreichen«, bezeichnete Hertha Firnberg die Erkämpfung des Wahlrechts, das Frauen erstmals am 16. Februar 1919 ausüben durften.[146] Diese Entwicklung sei der »endgültige […] Wandel von der entrechteten ›Frauensperson‹ zu der mit allen Rechten ausgestatteten Staatsbürgerin; sie statuierte die volle Gleichstellung von Mann und Frau im politischen Bereich und gab den Frauen die politische Mitbestimmung und Mitsprache. Und da in Österreich seit den ersten allgemeinen geheimen Wahlen eine Frauenmehrheit der Wähler gegeben ist, verleiht dieses Recht den Frauen die politische Entscheidung«.[147]

Das Frauenwahlrecht und der Weg dorthin liest sich in Eva Gebers Erinnerung ein wenig anders und nicht als eine »gemeinsam getragene Bewegung. Die Frauen haben gemeinsam für das Recht der Männer gekämpft, aber die Männer haben nie gemeinsam für die Rechte der Frauen gekämpft. Darum ging es niemals. – 1909 wurde den Frauen gesagt, sie sollen mit ihrem Frauenwahlrecht jetzt einmal einpacken, sonst kriegen es die Männer nicht, und Adelheid Popp und alle diese sozialistischen Frauen haben brav gesagt: Ja, okay«.

Anna Elisabeth Haselbach betonte, viele der Themen, die Johanna Dohnal in späteren Jahren aufs Tapet brachte, habe Hertha Firnberg zur Zeit ihres eigenen Vorsitzes mit dem »Argument«, dies komme doch überhaupt nicht in Frage, abgeblockt: »Weil sie eben genau gespürt hat, dass die Zeit nicht reif ist.«

Wie auch schon in der Kleiderfrage wird hier das Thema »Anpassung« bedeutsam. Hilde Schmölzer konstatierte, Hertha Firnberg wäre nicht Wissenschaftsministerin geworden, wenn sie radikale Forderungen gestellt und sich nicht in gewisser Weise angepasst hätte. Die Anliegen der Frauen bräuchten zum einen Politikerinnen und zum anderen autonome Frauen, die sich außerhalb von Parteien engagieren, schlussfolgerte Schmölzer, denn »ein Problem muss von verschiedenen Seiten her angegangen werden«.

Nicht nur in ihren Stellungnahmen habe sich Hertha Firnberg angepasst, obgleich sie sehr wohl auch kämpferisch sein konnte, wie Johanna Dohnal meinte, »vor allem auf der analytischen Ebene«. Andererseits entsprachen manche ihrer Sichtweisen eher dem in damaliger Zeit üblichen Denken, waren angepasst, ebenso wie gewisse Verhaltensweisen. Sie habe, so Dr. Pittermann, neben dem Auftreten als Grande Dame »durchaus auch männliche Verhaltensmuster angenommen«, insbesondere in der Art ihrer Kommunikation. Dass ihre Stimme durch das jahrelange Rauchen auffallend tief war, sei ihr in puncto Akzeptanz der Aussage gelegen gekommen. Dr. Pittermann charakterisierte Hertha Firnberg als »sehr selbstbewusst, sehr selbstbestimmt«, eine Frau, die sich »nie von Männern unterbuttern« ließ oder sich ihnen untergeordnet habe; sie sei »als gleichwertig anerkannt« worden.

Karl Blecha, Hertha Firnberg und Franz Vranitzky

Anna Elisabeth Haselbach sprach von einem Bewusst-Sein Hertha Firnbergs, ob es an der Zeit sei, ein Thema anzuschneiden; hierin sah sie »Großartigkeit«, und sie stimmte mit Dr. Pittermann überein: »Jede war zu ihrer Zeit die Richtige.«

Eine Situation während einer Sitzung des Frauenkomitees ist Haselbach in lebhafter Erinnerung geblieben. Dabei ging es um die Abrechnung der Zeitung des Frauenkomitees, welche im »Vorwärts«-Verlag erschien und von den Frauen ausgetragen – also kolportiert – wurde. Als Entschädigung dafür gab es den sogenannten »Kolportagegroschen«, d.h., ein Teil der eingenommenen Summe wurde zur Finanzierung diverser Aktivitäten verwendet. Da der Verdacht aufgetaucht war, es ginge bei den Abrechnungen des »Vorwärts«-Verlags nicht mit rechten Dingen zu, hatte frau einen Verantwortlichen des Verlags eingeladen. »Ich glaube«,, so Anna Elisabeth Haselbach, »er war der Vorstandsvorsitzende, ein sehr eleganter Herr.« Er diskutierte über die Finanzen der Zeitung, da eine Million, dort ein paar Hunderttausend, schrieb Zahlen auf und rechnete … Das ging einige Zeit so. Schließlich begann Hertha Firnberg in ihrer Handtasche, die sich wie gewohnt auf ihrem Schoß befand, zu kramen und zu suchen. Dann sah sie hoch und meinte an jenen Herrn gewandt: »›Na, und wo ist jetzt die Million?‹«

Reformen der 1970er Jahre im Familien- & Strafrecht

Wesentliche Teile des bis 1975 gültigen Familienrechts stammten noch aus dem Jahr 1811 und sprachen dem Mann die Rolle als »Haupt der Familie« zu, was ihn unter anderem dazu berechtigte, seiner Gattin jegliche Berufsausübung zu untersagen. Immer wieder wies Hertha Firnberg bereits in den 1960er Jahren darauf hin, wie beschämend es sei, dass die Stellung der Frau in der Ehe von einem Gesetz bestimmt werde, das 150 Jahre alt sei, und forderte daher, dieses »Gesetz aus der Postkutschenzeit«[148], wie sie es mehrfach nannte, solle endlich an zeitgemäße Gegebenheiten angepasst werden: »Es geht um ganz konkrete Dinge, die spürt die Frau. Eine Frau, eine Mutter, die heute nicht einmal einen Lehrvertrag unterschreiben darf, die keinen Paß ausgestellt bekommt für ihr Kind – das kann bisher nur der Mann unterschreiben –, eine Frau, die jetzt nicht entscheiden kann, selbst wenn die Ehe auseinander ist, ob das Kind weiterstudieren darf oder nicht – das ist nicht Theorie, sondern die sehr konkrete Praxis des Alltags, und das verstehen unsere Frauen.«[149]

Eine weitere Forderung der Frauen machte im Rahmen des »Aktionskomitees gegen den Paragraphen 144« zu Beginn der 1970er Jahre Schlagzeilen; »Mein Bauch gehört mir« war einer der Slogans jener Abtreibungsbefürworterinnen. In einem Interview erklärte Hertha Firnberg, sie würde dies nicht so formulieren, »[d]er Standpunkt der sozialistischen Frauen war immer, daß Mutterschaft eine soziale Leistung ist. Und dabei soll man bleiben«.[150] Ebenso machte sie aus ihren Ansichten zur Zweiten Frauenbewegung und zu den jungen Emanzen kein Hehl: »Die jungen Gruppen sind uns entglitten, wir können miteinander kaum mehr reden. Die werden nichts weiterbringen«[151] – und so sprach sie ihnen in aller Öffentlichkeit politische Kraft ab, anstatt jene Frauen zu unterstützen, die sich trotz Doppel- und Mehrfachbelastung politisch engagierten. Im Hintergrund stand die Sorge, dass das Durchsetzen einer Fristenlösung »Bröseln« mit den katholischen wie mit den konservativen Kreisen der Bevölkerung bedeute, weshalb Hertha Firnberg sich lange Zeit zurückhielt und die offizielle Parteilinie einer Indikationslösung vertrat. Sie verwehrte sich außerdem gegen die Auffassung, der § 144 sei ein »spezifisches Frauenproblem«, es gehe »Mann und Frau gleichermaßen« an: »Man soll so wichtige Probleme niemals nur als Frauenprobleme ansehen. Ob man Frauen zu Verbrecherinnen stempelt, weil sie nicht noch ein Kind wollen, ist eine Sache der Gesellschaft. Noch dazu, wenn das in einer sozial höchst ungerechten Art geschieht, denn die Begüterten konnten es sich immer leisten, unerwünschte Kinder nicht zur Welt zu bringen. Wegen dieser sozialen Ungerechtigkeit bekämpfen wir den Paragraph 144. Und der Kampf gegen soziale Ungerechtigkeit ist keine Sache der Frauen allein.«[152]

Die Indikationslösung lehnte jedoch die jüngere Generation in der SPÖ vehement ab, denen es ein Dorn im Auge war, dass – gemäß dem vorliegenden Entwurf – erneut andere (und zumeist Männer) wie ÄrztInnen und RichterInnen über den weiblichen Körper entscheiden sollten, nicht aber die betroffene Frau selbst. In Zusammenarbeit mit autonomen Frauengruppen entwickelten die jüngeren Frauen der SPÖ daher das Modell der Fristenlösung und überzeugten Christian Broda (1916–1987). Dieser plädierte alsdann 1972 beim Parteitag in Villach dafür, diesen Antrag anzunehmen. »Das war das erste Mal«, so Johanna Dohnal, »dass die Frauen sich den Vätern nicht gefügt haben, und bei diesen Vätern gab es auch Mütter«, selbst wenn Firnberg letztlich »rechtzeitig die Kurve gekratzt habe«, wie Dohnal es formulierte.

Vor (und nach) Inkrafttreten der Fristenlösung 1975 kam es zu Protesten unterschiedlicher Nuancen, zu Demonstrationen; ein Volksbegehren wurde initiiert. Um diesen Angriffen zu begegnen, gründeten Johanna Dohnal, Dr. Irmtraut Karlsson (* 1944) und Maria Jonas (* 1940) das Komitee »Helfen statt Strafen«. Obgleich die Partei offiziell hinter ihnen stand, glich dies mehr einem »Gewähren-Lassen«, so Johanna Dohnal, unter der fortwährenden Mahnung: »›Vorsichtig sein, aufpassen, vorsichtig sein, keine Konfrontationen.‹ Nur: Die Konfrontationen kamen ja von der anderen Seite, nicht?«

Schließlich wurde mit 93 SPÖ-Stimmen gegen 88 ÖVP/ FPÖ-Stimmen die Ersetzung des § 144 durch die §§ 96 und 97 beschlossen, die besagen, dass ein Schwangerschaftsabbruch innerhalb der ersten 3 Monate nach vorhergehender ärztlicher Beratung nicht strafbar ist, wenn er von einem Arzt bzw. einer Ärztin durchgeführt wird. Eine Gesetzesänderung, die für die einen als einer der größten Erfolge der Frauenpolitik in der »Ära Kreisky« gilt, anderen jedoch – gerade heute – Stein des Anstoßes war und ist.

Anna Elisabeth Haselbach fand im Interview deutliche Worte: »Man hat einfach von dieser römisch-katholischen Verlogenheit genug gehabt. Da waren auf der einen Seite Frauen, die unehelich Kinder zur Welt gebracht haben, die waren ›verdammt‹, die waren wirklich ›das Letzte‹, mit denen wollte man nichts zu tun haben. Und andererseits war eben ›das Leben‹ … ›das Leben‹ – nicht? Und die Kinder sind trotzdem schlecht behandelt worden.«

Über einen anderen Meilenstein der Rechtsreformen der 1970er Jahre breitet sich hingegen Schweigen. In ihrer rückbli-

ckenden Darstellung der »Ära Kreisky« sparte Hertha Firnberg die Streichung des sogenannten »Homosexuellenparagraphen« § 129 Ib aus. Danach war – laut Gesetzestext – homosexuelles Begehren keine kriminelle Straftat mehr. Johanna Dohnal betonte, es habe zu diesem Thema »gar keine große Diskussion« gegeben: »Das wurde im Gesetz eliminiert, eher ohne großes Trara«, fügte jedoch hinzu: »Über so etwas spricht man ja nicht. Na? – Aber es ist geschehen, ich weiß eigentlich selber nicht wieso.« Diese Tabuisierung dauert bis heute an. Dkfm. Mag. Bargil äußerte sich im Interview dahingehend, dass Homosexualität Hertha Firnberg »irgendwie fremd« gewesen sei. »Aber sie hat gesagt: ›Soll jeder tun, was er will.‹ Einmal bei einer Sitzung, da war eine. Ich sagte zu Hertha: ›Du, die war mir aber unsympathisch, ist das deswegen?‹ Und sie antwortete: ›Aber geh! Das ist genau so, wie wenn man kein Rossfleisch isst.‹ – Sie hat sich schon für alle Minderheiten stark gemacht, doch als Kämpferin ›dafür‹ ist sie nicht aufgetreten.« Dr. Frühauf äußerte sich im Interview zur Position Hertha Firnbergs in der Frage der Streichung jenes Paragraphen wie folgt: »Firnberg war – nach alldem, was ich so gesehen und gehört habe – nie eine homosexuelle Frau. Aber sie war liberal – durchaus – anderen Haltungen gegenüber, bei Frauen wie bei Männern […], wenngleich die Situation damals in der Öffentlichkeit eine ganz andere war, als es heute zum Beispiel ist, da liegen ja bis zu 30 [Jahre] dazwischen.«

Dr. Heinz Fischer erstaunte es aus jetziger Sicht, dass nach der erfolgten Reform in der sogenannten kleinen Strafrechtsreform (1971) dieser Weg 1974 nicht weitergegangen worden sei, hin zu einer »zeitgemäße[n] Reform«:[153] »Natürlich liegt ein Teil der Erklärung darin, daß das Durchsetzen der Fristenlösung ein so mühevolles Unterfangen war, daß man in diesen Rucksack nicht auch noch moderne Lösungen zum Thema Homosexualität hineinpacken konnte, mit dem Risiko, daß die Last zu schwer wurde und das ganze Projekt scheiterte […]. Ich muß zugeben, daß ich das Problem damals noch gar nicht in seinem vollem Umfange erfaßt habe. Homosexualität war für mich damals ein Problem ›aus einer anderen Welt‹ und wurde noch wesentlich mehr zugedeckt und verdrängt als das Problem des Schwangerschaftsabbruches, mit dem man ja doch relativ häufig und in einzelnen Fällen sogar in sehr dramatischer Weise konfrontiert war.«[154]

Es sei angefügt, dass im Grunde genommen nicht das »Thema Homosexualität« einer »Lösung« bedürfte, sondern die Haltung der Gesellschaft sowie deren juristisches Abbild.

Feminismus im Parlament? – Zur Frage der »tanzenden Emanzen«

Während es für Dr. Elisabeth Pittermann »völlig klar«[155] ist, dass sie sich als Feministin bezeichnet, schrecken andere bis heute vor diesem Begriff zurück und winden sich. Auf die Frage, ob ihrer Ansicht nach die Formulierung, Hertha Firnberg sei dem Feminismus skeptisch gegenübergestanden, zutreffend sei, antwortete Johanna Dohnal, »skeptisch« sei in diesem Zusammenhang »eigentlich ein Hilfszeitwort«. Hertha Firnberg habe sie, Johanna Dohnal, »sehr gefördert«; auf der anderen Seite sei ihr Dohnal gleichfalls »sehr hilfreich« bei der Durchsetzung konfliktbeladener Reformthemen gewesen, weshalb die Jüngere einige Zeit lang als potenzielle Nachfolgerin Hertha Firnbergs im Bundesfrauenkomitee gesehen wurde. In der Zwischenzeit war sie jedoch Staatssekretärin für Frauenfragen geworden, ohne Portefeuille, ohne Kompetenzen, was, wie sie einräumt, den großen Vorteil hatte, dass sie keine überschreiten konnte. In dieser Funktion habe sie »eine Form der Politik entwickelt, die halt nicht so gepasst« habe, weder dem Bundesfrauenkomitee noch manchen anderen Parteimitgliedern, weshalb an ihrer Stelle Dr. Jolanda Offenbeck als neue Vorsitzende des Bundesfrauenkomitees ernannt wurde. Ihr Politikverständnis bezeichnete Johanna Dohnal als »Prinzip der Einmischung«, mittels ministeriale Grenzen übergreifenden Arbeitsgruppen, was genauso wenig goutiert wurde wie Dohnals Zusammenarbeit mit der autonomen Frauenbewegung. Den Begriff »Feminismus« hingegen hätte selbst Johanna Dohnal in jenen Jahren nicht in den Mund genommen: »Ich hab' ja nicht einmal gewusst, was das ist, aber es hat sich halt entwickelt ... – Das war damals nicht ladylike.«

Im Interview erzählte Johanna Dohnal als für Hertha Firnberg besonders zutreffende Anekdote folgende: »Da gab es den

›Grünen Anker‹, das ist ein Lokal im ersten Bezirk, wo ich also öfters – eine Zeitlang sehr oft – war, [zum] Abendessen mit Freundinnen, und da kriegt man immer das Gästebüchel. Das ist mir ja sowieso ein Gräuel, und da schrieb ich eines Tages hinein: ›Hier können auch Emanzen tanzen.‹ Einige Zeit später speiste dort Hertha Firnberg, bekam natürlich das Buch vorgelegt und hat das gelesen –. Na! Das habe ich gehört, über 17.000 Ecken, wie sie da schockiert war. Wie kann man denn so etwas machen, das tut man doch nicht. – Sie hat mir immer empfohlen, ich solle keine Umhängtaschen tragen, sondern diese Handtascherl. – Oder: ›Alles kannst du dir nicht leisten.‹ Solche Aussagen. – Sie hat sehr gern eingeladen, sehr fein immer, alles sehr proper, sie hat immer sehr auf ihr äußeres Erscheinungsbild Wert gelegt, auf Umgangsformen, das alles war halt genau das Gegenteil von mir, ich war da ganz anders, nicht? Ich habe sehr viel Respekt gehabt, zu der Zeit und in der Folge immer, obwohl ich in vielen Fragen nicht ihrer Meinung war, und ich glaube, dass ich auch – so im Laufe der Jahre bis zu ihrem Tod – mir ihren Respekt errungen habe. Aber das hat gedauert.«

Einen Konfliktpunkt zwischen den beiden Politikerinnen stellte zum Beispiel bereits die Frage dar, ob es sinnvoll sei, für Frauen ein eigenes Ministerium zu schaffen. Hertha Firnberg – gemäß ihrem Grundsatz, Frauenemanzipation sei »nur eine von zahlreichen Emanzipationsbewegungen«[156] und die »Frauenfrage« kein »Spezialproblem«[157] – sprach sich explizit gegen ein eigenes Frauenministerium aus: »›Ich war nie für ein eigenes Ministerium, weil es die Trennung der Geschlechter und die Frauenanliegen als Minderheitenthema betont.‹«[158] Dies entspricht ihrem Grundsatz »›Sag’ nicht, dass du diskriminiert bist – wenn du das sagst, dann bist du auch diskriminiert; du musst dich so benehmen, dass man dich nicht diskriminiert‹«, den Dkfm. Mag. Bargil als typisch für Hertha Firnberg zitierte. »Super«, lautete Eva Gebers zynischer Kommentar: »Tellerwäscher wird Millionär. – Im Prinzip stimme ich vollkommen überein. Der heutige Diskurs lehnt diese Viktimisierung ab. Auf der anderen Seite ist dieses Im-Opferstatus-Verharren, Auf-dieser-Rollenzuschreibung-Beharren, dieses Da-kann-man-nichts-Machen und Jammern … – das ist eine gewisse Mittäterinnenschaft, weil du es dadurch weitertradierst. Insofern hat Firnberg da recht. Aber mein spontaner Ausspruch, ›Tellerwäscher wird Millionär‹, das bezog sich auf den Schluss, Frauen sollten sich nicht als Opfer darstellen, sonst wären sie auch solche. Es muss noch sehr viel getan werden, es muss von der Gesellschaft eingefordert werden, und daran sollten sich die Frauen beteiligen. Wer anderer wird sie nicht befreien. Aber man kann nicht sagen: ›Super, es geht mir super‹, und dann ist es schon erledigt.«

Im Hinblick auf die Frage »Frauenministerium – ja oder nein« empfahl Hertha Firnberg Kreisky 1979, anstelle eines Ministeriums ein Staatssekretariat für allgemeine Frauenfragen zu schaffen. Johanna Dohnal wollte sich im Interview zu dieser Anregung Firnbergs nicht näher äußern: »Ich habe das nur so mitgeteilt bekommen, ich war ja nicht dabei, aber ich kommentiere das nicht.«

Hertha Firnbergs angepasste äußere Form, frauenpolitische Anliegen zu vertreten, war trotz der Ambivalenz mancher ihrer Aussagen, die durch die innere Entsprechung dieser Angepasstheit entstehen musste, für viele Männer und manche Frauen akzeptabler als die Art und Weise der jüngeren PolitikerInnen oder der Frauen der autonomen Frauenbewegung. Josef Deutsch im Interview: »Hertha Firnberg war immer sehr engagiert, sie hat sich sehr frühzeitig mit der Frauenbewegung beschäftigt, aber, bitte: Sie war keine Emanzin [sic!] – das war sie nicht, im Gegenteil, sie hat da ihren eigenen Standpunkt bezogen, in der Frauenpolitik, und man konnte mit ihr über alles reden, sie war sehr aufgeschlossen.«

Hertha Firnberg hielt nach eigener Aussage »›überhaupt nix‹ von der militanten Frauenbewegung«[159], obgleich die Einschätzungen, was denn nun »militant« sei, zum einen eine Frage des Zeitbezugs darstellt, zum anderen definierte Firnberg selbst nicht, wofür ihr dieser Terminus stehe: »[…] der Kampf der Geschlechter, das kommt mir so nach Strindberg vor«[160], erläuterte sie einzig. Trotzdem war sie es, die harsche Worte fand, als Bruno Kreisky zum Jahr der Frau die US-amerikanische Frauenrechtlerin Gloria Steinem (* 1934) einfliegen ließ, deren Ratschläge sie als »altertümlich, aber ganz hübsch formuliert«[161] wertete. Aus dieser Erfahrung schloss sie: »Wenn die Steinem in der Stadthalle spricht, liegen die Männer auf dem Bauch. Aber wenn wir das-selbe schon seit 20 Jahren sagen, schert sich keiner drum.«[162]

Nach eigener Aussage habe sie es »immer abgelehnt, diplo-matisch zu sein, weil es zeitsparender ist, gleich das zu sagen, was man wirklich meint, man muß es ja nicht grob sagen«.[163] Auch bei dieser Stellungnahme wird Firnbergs Ambivalenz deutlich. Zum einen zwar ein selbstbewusstes Auftreten, zum anderen sprechen Johanna Dohnals Erinnerungen an die Zusammenar-beit der späten 1970er und frühen 1980er Jahre eine andere Spra-che. Diese Gespräche seien mit Hertha Firnbergs Mahnungen gespickt gewesen: Dies tue man/frau doch nicht, jenes sage man/frau doch nicht …

Geschlecht & Sprache

»Frau Minister«, »Frau Obmann« oder »Frau Stellvertreter«, all dies klingt in heutigen Ohren absonderlich, doch diese Ver-änderung der Sprache im Sinn eines sprachbewussten Umgangs ist noch keine zwanzig Jahre alt. Die öffentliche Debatte um ei-nen geschlechtersensiblen Umgang mit Sprache begann erst ge-gen Ende der Lebensjahre Hertha Firnbergs. Daher ist es nicht so erstaunlich, dass sie vehement darauf Wert legte, mit den männlichen Termini tituliert zu werden.

Johanna Dohnal verwies darauf, sie habe sich bereits zu Be-ginn der Umdenkprozesse »Staatssekretärin« aufs Briefpapier schreiben lassen: »Hertha Firnberg hätte nie wollen, dass sie ›Frau Ministerin‹ ist, das wäre eine Abwertung gewesen. Aber das hat [uns] nichts gemacht, wir waren trotzdem da, die anderen, nicht? […] Ich denke, sie hat dann in ihren letzten Lebensjahren doch manches auch anders gesehen; sie war nicht unbeweglich. – Aber ich kann mir schon vorstellen, dass gerade diese Frage ihr heute noch wichtig wäre. Was verständlich ist … Man darf nicht übersehen: Frauen waren so wenig beteiligt, und dann, wenn sie es waren, dann wollten sie dasselbe sein.«

Dr. Elisabeth Pittermann erklärte, sie habe am Anfang die Ebene der Sprache »auch nicht so wichtig gefunden, aber allein durch die Sprache drücken wir aus, dass die Normalität der Mann ist, und daher finde ich es richtig, dass wir darauf eingehen. Ich liebe das dann besonders, wenn voransteht: ›Der Einfachheit halber wird die männliche Form gewählt. Sie gilt für beide Geschlechter.‹ Das war schon immer so. Das brauchen wir nicht hinschreiben. Ich habe dann manchmal nur die weibliche Form geschrieben und erklärt: Das ist für mich die normale Form«.

Sexismus im Parlament

Im Rahmen einer wissenschaftlichen Studie thematisierte die sozialistische Abgeordnete Mag. Waltraud Schütz (1957–2005), der Anonymität und vertrauliche Behandlung des Gesprächs zugesagt worden war, dass der Gewerkschaftsfunktionär, Abgeordnete der SPÖ und damalige Sozialminister Josef Hesoun (1930–2003) ihr ins Rückendekolleté gegriffen und nach ihrer Brust gegrapscht habe. Daraus entwickelte sich in der Folge eine wahre Medienschlacht, bei der Waltraud Schütz unterlag. Im »profil«-Artikel »Hasenjagd im Hohen Haus« vom 6. September 1993 schilderte Waltraud Schütz die Vorkommnisse wie folgt: »Der Hesoun, da war er noch Abgeordneter, fahrt mir aber da so hinein, wissen Sie, daß er da – zeigt auf ihre Brust – gelandet ist … na was tust? Schmieren kannst ihm keine.«[164] Dies sei vor sechs Jahren geschehen; nachdem sie sich bei ihm erkundigt habe, ob er sie in den Sozialausschuss berufen werde, was er mit einem »Wir werden sehen« auf die lange Bank (oder ins Dekolleté?) schob.

Die Reaktionen der politischen KollegInnen auf jenen Artikel sprachen für sich: Der SPÖ-Vorsitzende Franz Vranitzky (* 1937) gab gegenüber der Zeitschrift »profil« zu, er habe seit einiger Zeit darüber Bescheid gewusst und er wolle eine Aussprache aller Beteiligten; Johanna Dohnal und Mag. Barbara Prammer stellten sich hinter Waltraud Schütz. Die restlichen SPÖ-Mitglieder nicht. Und Hertha Firnberg? »Natürlich ist gelegentlich etwas vorgekommen. Aber das hat man sich doch selber ausgemacht. Ich habe denjenigen einfach zur Rede gestellt. Ein einziges Mal habe ich jemandem einen Klaps auf die Hand gegeben. Der Respekt vor der Frau hängt natürlich auch von ihrem eigenen Verhalten ab, wobei ich unter Verhalten auch die Kleidung verstehe. […] Wenn sich eine Frau gegen so eine dumme

Sache von einem Kollegen nicht wehren kann, wie soll sie dann im politischen Kampf bestehen? Es schadet in diesem Fall sogar den Frauen. Da fragt sich doch jeder: Nach sechs Jahren kommt sie damit daher. Man darf doch nicht so wehleidig sein, daß jedes Getatschel am Rücken gleich zur Katastrophe wird. [...] Wir waren sehr diszipliniert. Die Beziehung zwischen männlichen und weiblichen Mitarbeitern und Genossinnen und Genossen war nicht immer erfreulich, und nicht alles war rosig, aber ich kann mich nicht entsinnen, so was jemals erlebt zu haben.«"[165]

Ähnliche Reaktionen der Abwehr und der Herabsetzung zog die Bekanntgabe der Vorgeschichte jenes »profil«-Artikels mit sich: Erst der verbale Übergriff von Paul Burgstaller (* 1945, ÖVP/OK), Träger des Großen Silbernen Ehrenzeichens der Republik und Obmann-Stellvertreter der ÖVP Steiermark, auf Mag. Terezija Stoisits (* 1958, Grüne) hatte Waltraud Schütz' Thematisierung des damaligen Geschehens ins Rollen gebracht. Während einer bereits längeren Debatte im Innenausschuss am 2. Juli 1993 meldete sich Mag. Stoisits – die einzige anwesende Frau – erneut zu Wort, doch niemand hörte zu, es war viel zu laut im Saal. »Und die Mikrophonanlage ist in diesem Sitzungssaal so schwach eingestellt, daß man selbst, wenn man sehr laut redet, kaum verstanden wird. Ich habe mich immer näher zum Mikrophon gebeugt, weil ich gehofft habe, daß ich dann gehört werde. Und da hat sich dann der Herr Burgstaller, der sich offenbar besonders durch die lange Dauer des Ausschusses gekränkt gefühlt hat, hinreißen lassen zu seiner Bemerkung: ›In den Mund nehmen und fest daran lutschen!‹ Ja ... vielleicht wird so etwas leiser, so daß man es nicht hört, eh immer wieder gesagt. Die anderen haben das jedenfalls sehr lustig gefunden und haben auch darüber gelacht. Ich habe weitergeredet.«[166]

Was Mag. Stoisits laut eigener Aussage mehr ärgerte als jener impertinente Ausspruch, war, dass der Vorsitzende Robert Elmecker (1942–1997; SPÖ) nicht für Ruhe sorgte.

Hertha Firnberg dazu: »»Geh', was ist ihr denn schon passiert? Ich seh' den Fall Stoisits auch ganz anders. Was da im Moment gleich als Verletzung der Frau gilt! Da können wir's ja gleich aufgeben und in ein Kloster gehen. Der arme Kerl, der da gehen hat müssen. Der Respekt vor den politischen Kolleginnen nimmt gerade wegen solcher Dinge ab. Früher hat's auch nicht immer liebenswürdige Zwischenrufe gegeben.‹«[167]

Burgstaller, auf seinen Ausspruch hingewiesen, verteidigte sich in der Tageszeitung »Der Standard« damit, »daß solche Zwischenrufe durchaus ›belebend‹ sein können«[168]; und: »›Egal, wie ich es gesagt habe, ich dachte bei der Aufforderung, das Ding in den Mund zu nehmen, an einen Eislutscher. Ein Schwein, wer dabei an einen Penis denkt.‹ An diesem Punkt gesteht Frau Stoisits resignierend, laut Burgstaller ein Schwein zu sein.«[169]

Den Verhaltenskodex für männliche Abgeordnete, den Frauenministerin Dohnal in der Folge als Lösungsmodell vorschlug, kommentierte Hertha Firnberg folgendermaßen: »›Also bitte, das ist ja wirklich lächerlich, wo kommen wir denn da hin. Brauchen wir ein spanisches Hofzeremoniell für Frauen? Aber das eigentlich Schlimme an der ganzen Sache ist die Abwertung des Parlaments.‹«[170] Mit dieser Konklusion – statt an eine Abwertung der Frau zu denken – befand sich Hertha Firnberg in ›»bester« Gesellschaft: Die SPÖ schloss sich mehrheitlich dieser Position an; einzig Dr. Heinz Fischer, der erkannte, dass »Sexismus […] etwas sehr Subjektives«[171] ist, entschuldigte sich bei Mag. Stoisits für diesen inakzeptablen Zwischenruf, unabhängig davon, wer ihn von sich gegeben haben möge.

Die Quote

Die Primarärztin Dr. Elisabeth Pittermann äußerte sich Eva Rossmann gegenüber: »›Das ist natürlich schön für eine Frau, die schon in einer Position ist und sagen kann: Ah, ich bin ja keine Quotenfrau … mit der Solidarität ist es eben nicht immer weit her. Aber solange Frauen noch unterdrückt werden, wird die Quote die einzige Möglichkeit sein, damit sie in Positionen kommen. Die Frauen können die Plätze besetzen, die ihnen zustehen, nur sind sie großteils so erzogen, daß sie weniger darum kämpfen. Und wenn eine kämpft, dann gibt es auch Probleme. Ich habe so oft gehört, wenn schon eine Frau, dann soll es aber eine friedliche und liebe und nette sein.‹«[172]

Im Gegensatz zu Dr. Elisabeth Pittermann hielt Hertha Firnberg nichts von einer Quotenregelung in der SPÖ: »Nein, ich war nicht dafür. Ich halte sie für eine ganz gute Übergangslösung, um Frauen in höhere politische Funktionen zu bringen. Aber ich war nie für eine Quotenregelung, weil sie so eine erzwungene Sache ist. Man steht ja schon jetzt gelegentlich vor der Frage: ›Ja, wen nehme ich denn, damit ich die Quote erfülle?‹ Die Gleichstellung der Frau muß schon durch die Entwicklung selbst kommen.«[173]

Johanna Dohnals Antwort im Interview: »Ja natürlich, und morgen, liebe Kinder, erzähle ich euch eine andere Geschichte. – Das ist ein klassisches Beispiel!« Dohnal betonte, dass sich Hertha Firnberg, solange die Möglichkeit der Einführung bzw. die Form der Durchsetzung einer Quote öffentlich debattiert wurde, zu diesem Thema zurückgehalten habe. Auseinandersetzungen habe es diesbezüglich mit anderen gegeben; »auch in der Frauenorganisation, vor allem mit der Vorsitzenden«, Dr. Jolanda Offenbeck; und Dohnal zieht den Schluss: »Wir hätten ohne Quotenregelung heute noch 12% Frauen im Parlament.«

Hertha Firnberg und Johanna Dohnal

Vertrauenspersonenkonferenz (1982):
Herbert Salcher, Leopold Gratz und Hertha Firnberg

5. Hertha Firnberg
& Bruno Kreisky

Hertha Firnberg gab 1970 gegenüber der »Wochenpresse« an, sie gehöre »ihrem politischen Standpunkt nach eigentlich links von Kreisky, obwohl sie auf der Regierungsbank rechts von ihm«[174] sitze – ein Ausspruch, den sie selbst fünf Jahre später im »profil« derart kommentierte: »›Schauen Sie, das mit links und rechts ist doch überhaupt so ein Problem [...]. Was waß i, wo er sich jetzt gerade hingestellt hat. Da bin ich net ganz sicher.‹«[175] Sie sei eben eher eine Linksintellektuelle, für die »vor der Ideologie noch allemal die Pragmatik«[176] komme.

Da Bruno Kreisky erkannte, dass die Gunst der Wählerinnen nötig sei, um eine Mehrheit zu erreichen, rückte er Anliegen der Frauen weiter ins Zentrum. Einer seiner Aussprüche macht den allgemeinen Konflikt deutlich: »Kämpfen die Frauen zu heftig, irritieren sie die männliche Umwelt. Kämpfen sie zu wenig, fühlen sich die Männer bestätigt in ihrer Selbstgefälligkeit.«[177] Eine Haltung, die Hertha Firnbergs Zustimmung gefunden haben dürfte: Frauenpolitik? Ja, bitte. – Aber als Dame.

In der Festschrift »Wissenschaft und Weltbild« bezeichnete Bruno Kreisky sie als »sehr starke Persönlichkeit« und schrieb über ihre Art, politisch tätig zu sein: »Hertha Firnberg hat das Zeug dazu, in vielen Bereichen einen Reformprozeß nicht nur in Gang zu setzen, sondern auch zu gestalten. [...] Wahrscheinlich ist Hertha Firnberg genausowenig frei von Ressentiments wie wir alle, aber das, was den wahrhaft intellektuellen Menschen ausmacht, scheint mir zu sein, daß er sich mit ihnen dauernd auseinandersetzt.«[178]

In der Frage der Nachfolge des Vizekanzlers Rudolf Häuser (1909–2000; Vizekanzler von 1970 bis 1976 und Bundesminister für Soziales) kam es zu einer gravierenderen Verstimmung zwischen Hertha Firnberg und dem um zwei Jahre jüngeren Bruno Kreisky. Johanna Dohnal erzählte, dass ParteikollegInnen Firnbergs Name als Kandidatin ins Spiel brachten; eine Idee, die Kreisky mit dem Ausspruch »Alt bin ich selber« recht uncharmant zurückwies. Das Bundesfrauenkomitee verfasste als Reaktion darauf einen Protestbrief an den Parteivorsitzenden und Hannes Androsch erwähnte, Hertha Firnberg habe sogleich Kreisky aufgesucht und »ihm offenbar die Leviten gelesen. – Und recht hatte sie!« Hannes Androsch wurde nun zum Nachfolger Häusers ernannt – ein Amt, das er bis 1981 ausübte. Sein Verhältnis zu Hertha Firnberg habe darunter jedoch nicht gelitten, betonte Androsch, im Gegenteil: Es wurde enger. »Das«, so Hannes Androsch, »hing auch damit zusammen, dass das Verhältnis zu Kreisky, der kränker geworden war, zu verschiedenen [Personen] schlechter wurde.« Kreisky habe sich von seinen langjährigen ParteigenossInnen zunehmend entfremdet. Die Ursache dafür sah Hannes Androsch darin, dass Kreisky »durch seine Krankheit immer misstrauischer« wurde. Da sich zur selben Zeit außerdem die Zusammensetzung der Ministerratskonferenzen auf Grund von Neunominierungen seitens der SPÖ änderte, benutzte Kreisky dies – laut Hannes Androsch – »als Ausrede« und setzte die früheren ausführlichen Ministerratsvorbesprechungen nun eine Stunde vor den Ministerratssitzungen an, was eine Aussprache unmöglich machte oder zumindest erschwerte. Dies führte bei einigen zu »Unverständnis und Irritation«, wie Hannes Androsch es formulierte, und sie beschlossen daher, Hertha Firnberg solle als Sprecherin aller diese Beschwerde vorbringen, was Kreisky jedoch »erst recht wütend gemacht« habe, da er es als »Palastrevolution, Verschwörung und Intrige« wertete. »Bei den schon damals ausgebrochenen und zunehmend sich verschärfenden Kontroversen zwischen Kreisky und mir war Hertha Firnberg immer wieder auf meiner Seite […]. Irgendwann einmal sagte Hertha Firnberg über Bruno Kreisky: ›Das Problem mit dem Bruno ist, er wollte reich sein, adelig – und nicht jüdisch.‹«

Einen weiteren Konfliktpunkt stellte der sogenannte »Fall Androsch« dar, ein jahrelang schwelender Konflikt zwischen Kreisky und seinem »Kronprinzen«[179], wie ihn die Zeitschrift »profil« nannte, um Budgetfragen, Wirtschaftspolitik und wechselseitige Anerkennung, über die Vereinbarkeit verschiedener Ämter bis hin zur Steuerhinterziehung. Hertha Firnberg goutierte nicht, wie Bruno Kreisky den Zwist handhabe, und beklagte mehrfach, ihr seien keinerlei Fakten bekannt, die ein ausschließendes Verhalten rechtfertigen würden.[180]

Dr. Peter Kostelka wies darauf hin, dass es zwischen Bruno Kreisky und der jüngeren Generation in der Partei immer wieder zu »ziemlich scharfen Attacke[n]« kam, bei denen Kreisky »ätzend« wurde. Hertha Firnberg sei dann oft die Rolle der Ausgleichenden zugefallen; sie habe, so Dr. Kostelka, die Sprache der Jüngeren gesprochen. Dr. Frühauf minimierte diese Diskrepanzen, indem er anmerkte, Kreisky habe doch bekanntlich öfters und über alles Mögliche »gegrantelt«, Firnberg habe dieses Verhalten zu nehmen gewusst.

Hertha Firnberg selbst kommentierte in ihrem Rückblick 1985 Bruno Kreiskys teilweise saloppe Aussagen nicht. Sie wies vielmehr auf Kreisky als großen und seine Zeit prägenden Politiker hin und ließ alle ernsthaftere Kritik an ihm beiseite: »Der innere Motor, der Kreisky bewegte und alle seine Handlungen bestimmte, war nach meiner Meinung seine Beziehung zu den Menschen. Für ihn, seine Motivation und Aktion war in der Tat immer ›Der Mensch im Mittelpunkt‹ die Leitlinie. Natürlich hat er – als ungemein gebildeter, an Wissenschafts- und Kunstfragen engagierter Intellektueller – einen Freundeskreis, der über die politische Welt weit hinausgeht, aber sein Anliegen sind die ›kleinen Leute‹. Ihre Sorgen und Bedürfnisse, ihre Meinungen und Wünsche sind bestimmende Faktoren seiner Politik. Mehr als jeder andere Politiker hat Kreisky Wissenschaftler und Experten ständig als Berater herangezogen; seine oft vom politischen Gegner bespöttelte Neigung, Kommissionen zu bilden und beraten zu lassen – ›Kommissionitis‹, wie gesagt wurde –, zeigt den hohen Stellenwert, den er Fachgremien beimaß [...] Aber ebenso wichtig war ihm das Gespräch mit den einfachen Menschen. Oft hat er – nicht immer zur Freude seiner Mitarbeiter – in Ministerratsvorbesprechungen oder anderen politischen Beratungskreisen Argumente und Auffassungen seiner engen Mitarbeiter mit den Worten zurückgewiesen: ›Da hat mich ein Metallarbeiter angerufen und eine andere Meinung vertreten ...‹ oder ›Heute hat mich eine alte Pensionistin angerufen und den Wunsch geäußert ...‹. Und diese Meinungen waren unschlagbar.«[181]

Firnbergs Zurückhaltung in ihren Äußerungen über Kreisky erstaunt nicht, auch wenn das Adjektiv »konfliktscheu« wohl kaum bei einem Menschen weniger angebracht wäre denn bei

Hertha Firnberg und Bruno Kreisky: Lokalaugenschein im Museum Moderner Kunst anläßlich der SP-Konferenz »Freiheit der Kunst« (1983)

ihr, doch pflegte sie ihre Debatten direkt mit beteiligten Personen auszutragen und bediente nicht die Medien damit. »Ihr kann man«, sagte Hannes Androsch im Interview, »das bei uns seltene Attribut zuschreiben: Zivilcourage. [...] Also, wenn Kreisky eine blöde Bemerkung gemacht hat, hat er sie schon am Tisch gehabt.«

Auch andere InterviewpartnerInnen wie Dr. Neisser, damals Wissenschaftssprecher der ÖVP, betonten Hertha Firnbergs Widerspruchsgeist: »Sie war – das war mein Eindruck – sie war in der Regierung die Starke, und zwar war sie deshalb stark, weil – Kreisky hat natürlich in dieser Zeit damals, wie er groß war, seine Allüren gehabt, und sie war diejenige, die ihm wirklich widersprochen hat. [...] Sie war [...] schon eine Autorität in der Regierung Kreisky [...].«

Dr. Ostleitner wies im Interview darauf hin, dass Bruno Kreisky generell ein gespaltenes Verhältnis zu seinen Ministern und Ministerinnen gehabt habe: »Er hat ja praktisch über jeden geschimpft. Ich weiß, dass er unter vier Augen immer seine Regierung umbilden wollte, und Hertha Firnberg war immer eine der Kandidatinnen für die Umbildung. Aber das war nur unter vier Augen, in der Öffentlichkeit war das völlig anders. – Er hat von keinem seiner Minister etwas gehalten.«

6. Hertha Firnberg & das Bundes-
ministerium für Wissenschaft
und Forschung (1970–1983)

»›Vier Jahre hör' ich mir jetzt immer dieselbe Platte
vom Untergang des Abendlandes an. Allmählich
hätte ich auch was anderes zu tun‹ [...].«[182]

Beginn der Reformen – Das Humanprogramm

1968/69, während der Alleinregierung Klaus, erarbeitete die
SPÖ ihr Reformprogramm mithilfe der »berühmten 1.400 Experten«, so Dr. Ostleitner, »niemand hat sie gezählt; irgendje-
mand hat die Zahl mal erfunden«. Im Rahmen dieser ExpertIn-
nen-Gremien im sogenannten Humanprogramm betraute Bruno Kreisky Hertha Firnberg mit dem Teilbereich Gesundheitspolitik und Umweltprobleme. Bereits im Humanprogramm findet sich der Hinweis, das Gleichgewicht zwischen Mensch und
Natur sei durch Wasserverschmutzung, Luftverunreinigung und
verfälschte Nahrung im Wanken, Lärm sowie Unfallgefährdung
bedrohten die Gesundheit. In »Gedanken zum Humanprogramm« schrieb Hertha Firnberg Ende der 1960er Jahre: »Das
sind alles Schlachtfelder des heutigen Lebensraumes, mit Heka-
tomben Opfern – eine Provokation der Menschheit, der humanen Gemeinschaft! Wir erkennen die Fragwürdigkeit des
technologisch-wissenschaftlichen Fortschrittes, wenn mensch-
liches Wohlbefinden, Glück, Gesundheit nicht gefördert, sondern gefährdet werden.«[183]
Hertha Firnberg verwehrte sich dagegen, dies als »Zivilisati-
onspessimismus« interpretiert zu sehen, sondern es müssten Lösungen gefunden werden, um den »ungeheuren technisch-wis-
senschaftlichen Fortschritt den Menschen dienstbar zu machen,
Methoden der Unterwerfung der ›zweiten Natur‹, der ›industriellen Areale‹, wie Alfred Weber[184] sagt, zu finden, wie es den Menschen gelungen ist, die ›erste Natur‹ zu unterwerfen. [...] Eine
humane Gesellschaft kann nicht hinnehmen, daß zwar die Inte-

ressen der Wirtschaft, der Produktion, des Verkehrs, der Konkurrenz- und Absatzverhältnisse, der technischen Erwägungen – und wie die ›sachlichen‹ Argumente alle heißen mögen – berücksichtigt werden, der Mensch und sein Leben aber außer Betracht bleiben. Die Philosophie des ›bloßen Verdienens‹, der Kosten, der Rechenhaftigkeit, die Produktion um der Produktion willen, Konsum um des Konsums willen anstrebt, führt zwangsläufig zur Enthumanisierung der menschlichen Beziehungen und der menschlichen Umwelt. Dieser Entwicklung entgegenzutreten ist Auftrag der Politik.«[185]

Es reiche nicht aus, die Symptome zu bekämpfen; Bewusstseinsbildung durch Humankonferenzen sei nötig, um ein Umdenken einzuleiten und dem Menschen eine »›humane Existenz in einer humanisierten Natur‹«[186] zu ermöglichen.

Die Leitung der Ausarbeitung des Reformkonzepts für Hochschulen hatte Dr. Heinz Fischer inne, damaliger Klubsekretär der sozialdemokratischen Parlamentsfraktion. In diese Kommission waren zudem der VSStÖ, verschiedenste fortschrittliche ProfessorInnen und aktive »68er« wie Dr. Peter Kowalski (* 1946), Dr. Norbert Rozsenich (*1943), Silvio Lehmann (* 1945), Dr. Marina Fischer-Kowalski (* 1946) und Dr. Eva Kreisky (* 1944) eingebunden.

Auf Grund der Gremien-Arbeit zum Humanprogramm wäre es naheliegend gewesen, dass Hertha Firnberg nach dem Wahlerfolg 1970 in der SPÖ-Minderheitsregierung ein Umwelt- und Gesundheitsressort übernommen hätte, doch entsprach dieses nicht ihrer Präferenz, wie sie auch alsbald deutlich machte. Dkfm. Mag. Bargil erinnerte sich im Interview: »Als man schon abschätzen konnte, dass sie bei der Regierungsbildung hineinkäme, sind wir einmal zusammengesessen und sie hat gesagt, sie möchte Staatssekretärin für Wissenschaft werden, und ein Bekannter hat zu ihr gesagt: ›Ach geh! Da verlangst einen Ministerposten, das dauert eh nicht so lang, sei nicht so bescheiden, das hast du nicht notwendig.‹«

Ihren Wunsch nach einem eigenen Ministerium für Wissenschaft und Forschung begründete Hertha Firnberg zum einen damit, dass die SPÖ die Dringlichkeit einer Universitäts- und Hochschulreform erkannt habe und sich dies einzig mithilfe eines eigenen Ressorts bewältigen ließe, da der »stetig wachsenden Bedeutung von Wissenschaft und Forschung für alle Lebensbereiche nicht im Rahmen eines ›Schulministeriums‹ Rechnung getragen werden«[187] könne. Zum anderen entsprach dieser Bereich ihren persönlichen Interessen: »Ich hatte den festen Vorsatz, meinem emanzipatorischen Selbstverständnis entsprechend, kein ›Frauenministerium‹ zu übernehmen, weil bei der Übernahme einer Aufgabe – auch politischer Natur – nicht das Geschlecht, sondern die Person mit ihrer Eignung, Leistung und Neigung das entscheidende Moment sein müsse. Dieser Grundsatz entspricht – und entsprach in jeder Funktion – meiner Auffassung der Frauenemanzipation: ›Keine Privilegierung – keine Diskriminierung der Frauen‹; Gleichberechtigung und Gleichwertung, keine Bevorzugung – gleiche Rechte und gleiche Leistungen sind die Säulen, auf welchen die Frauenemanzipation aufzubauen hat. Mein Wunsch nach dem durch und durch ›männlichen‹ Wissenschaftsministerium hat Verständnis beim Kanzler und dem Entscheidungsgremium gefunden und wurde erfüllt.«[188]

1970 titelte die Wochenpresse »Charme mit Krallen. Minister Hertha Firnberg: Superkompetenz ohne Superbudget« und zitierte Hertha Firnberg: »›Wenn's was Kompliziertes gibt, dann hasche ich danach wie nach einem Schmetterling.‹«[189]

»Kompliziert« sollte es in den folgenden Jahren ausreichend werden: Nicht ohne Schwierigkeiten oder Angriffe der politischen Gegner übernahm sie die Aufgabe, dieses Ministerium aufzubauen. Der Vorwurf, »das neue Ministerium sei lediglich eingerichtet [worden], um die sozialistische Frauenvorsitzende ›mit einem Ministerium zu versorgen‹«[190], wurde mehrfach geäußert; eine »Alibifrau«, die doch bei den Frauen-Agenden bleiben solle – diese KritikerInnen verstummten nach und nach. Sie, eine Sozialministerin? Niemals, lautete Hertha Firnbergs Antwort: »Da hätte man sich auf den Kopf stellen können, ich hätte es nicht getan.«[191]

Als Hertha Firnberg, die von sich selbst sagte, »›[b]ei Wissenschaft und Forschung kann man mich verführen!‹«[192], ihr Amt antrat, war sie bereits 61 Jahre alt; sie gehörte zu den ganz wenigen, für die eine Ausnahme von der SPÖ-Altersklausel gemacht worden war.

Hertha Firnberg wurde am 26. 7. 1970 von Kreisky vorgeschlagen und hierdurch von Bundespräsident Franz Jonas zur
ersten sozialistischen Ministerin Österreichs bestellt; vorerst ohne Portefeuille, da ihr Ressort erst durch eine Umstrukturierung
mittels des sogenannten »Kompetenzgesetzes«[193] geschaffen werden musste; die Gründung dieses Ministeriums wurde im Parlament mit den Stimmen der FPÖ gegen jene der ÖVP beschlossen, weshalb Firnberg in der Folge mit dem Vorwurf konfrontiert wurde, »sie verdanke ihr Amt den Freiheitlichen (›die Koalition mit der FPÖ wäre das letzte‹), wo sie doch immer ein An-
hänger der großen Koalition gewesen sei [...]«.[194]

Im Rahmen dieser Umverteilung der Kompetenzen wurde
kritisiert, dass der Bereich der Kunst stiefelterlich behandelt worden sei; ursprünglich war geplant gewesen, das neue Ministerium solle »Wissenschaft und Kunst« umfassen. Gegen eine Ein-
beziehung der Kunst sprachen sich jedoch die Freiheitlichen aus
und machten »Wissenschaft und Forschung« zur Bedingung für
ihr Ja.

Nach der erfolgten Umstrukturierung wurden nunmehr unter »Wissenschaft und Forschung« zusammengefasst: die Universitäten, der Forschungsförderungsfonds der gewerblichen Wirtschaft (bei einem Mitspracherecht des Handelsministeriums),
die Forschungskoordination, die Forschungsvorhaben aller Ministerien, die Akademie der Wissenschaften, die Kunst- und
Musikakademien, alle Bibliotheken des Bundes, sämtliche Bundesmuseen und der Bereich Denkmalschutz. Der Sitz des Ministeriums befand sich im Palais Starhemberg am Minoritenplatz.

Das Ministerium für Unterricht und Kunst, mit dem von
1970 bis 1971 Leopold Gratz betraut wurde, übernahm nach
ihm, der als Klubobmann der SPÖ in den Nationalrat zurück-
kehrte, von 1971 bis 1983 Fred Sinowatz. Die Zusammenarbeit
zwischen dem Wissenschafts- und dem Unterrichtsministerium
bezeichnete Dr. Fred Sinowatz (1929–2008) im Interview als
»ganz ausgezeichnet«.

Die Reaktion Hertha Firnbergs auf ihre Ernennung beschrieb Johanna Dohnal im Interview als »sehr aufgekratzt« und
Dr. Heinz Fischer berichtete rückblickend: »Hertha blühte mit
der Übernahme der Funktion des Bundesministers für Wissen-

schaft und Forschung richtig auf. […] [Sie] genoß es sichtlich, in Österreich für Wissenschaft und Forschung verantwortlich und außerdem so etwas wie die ›erste Dame‹ in der Politik zu sein. […] Sie hatte einen ziemlichen paternalistischen Umgang mit Ordinarien, und die Frage, ob ein Hochschulprofessor ihr Wohlwollen fand oder in Ungnade fiel, konnte beträchtliche Auswirkungen haben. Es bereitete viel Vergnügen zu beobachten, in welcher Weise Hochschulprofessoren ihren Zugang zu Hertha Firnberg suchten und wählten. Ich glaube, daß es sich an den Universitäten ziemlich rasch herumgesprochen hat, daß ein galantes Auftreten, eventuell verbunden mit einem Strauß Blumen, kein Fehler war. Wenn man bedenkt, welch schwere Zeiten die österreichischen Hochschulen praktisch vom Beginn des Jahrhunderts bis in die sechziger Jahre durchgemacht hatten, wieviele politisch begründete Aderlässe es […] gegeben hat, wie rückständig die materielle und personelle Ausstattung der Hochschulen war und wie vieles an den österreichischen Universitäten und Hochschulen damals als ›geistige Provinz‹ empfunden werden mußte, dann kann man sagen, daß Hertha Firnberg begonnen hat, die österreichischen Universitäten auf den Weg zur Europareife zu führen.«[195]

Ausgangspunkt & erste Schritte

Im Jänner 1965 war vom Unterrichtsministerium ein »Rat für Hochschulfragen« gegründet worden, in dem unter anderem die ÖH vertreten war; 1966 wurde das Allgemeine Hochschulstudiengesetz (AHStG) beschlossen. Dieses betonte erneut die Freiheit der Wissenschaft und ihrer Lehre sowie die verpflichtende Verbindung von Forschung und Lehre. Zudem regelte es das Studien- und Prüfungswesen an den wissenschaftlichen Hochschulen.

Auf das AHStG folgten über mehr als ein Jahrzehnt zusätzliche Regelungen, welche die Studienstruktur vereinheitlichten. Abgesehen von der medizinischen Fakultät endete das Diplomstudium nun mit dem Titel »Magister« oder »Diplom-Ingenieur«; anschließend konnte ein Doktoratsstudium folgen. Die neuen Studienvorschriften wurden durch die »Besonderen Studiengesetze« sowie durch die »Studienordnungen« geregelt. Das Ziel war, »durch stärkere Verschulung und Verrechtlichung Rationalisierungseffekte in Form einer Straffung und Verkürzung der Studien«[196] zu erreichen.

Die Mehrheit der StudentInnen waren bis zur Mitte der 1960er Jahre eher konservativ orientiert. Dr. Ostleitner über die Situation an der Universität, insbesondere am Institut für Volkswirtschaft Ende der 1960er, Anfang der 1970er Jahre: »Wenn in einer Vorlesung ein Student nur eine Frage gestellt hat, die muss gar nicht besonders kritisch gewesen sein, dann gab es schon ein Gemurmel: Wir sind hier, um die Vorlesung zu hören, und nicht da, um zu diskutieren. So war es. – Das kann man sich heute kaum vorstellen. Die Studenten waren extrem konservativ damals und die Linke war eine winzige Bewegung.« Danach begann eine langsame Entwicklung zur politischen Linken, doch eher in Form einer kulturell-gesellschaftskritischen Tendenz (z.B. Symposien zum Vietnam-Krieg). 1968 entstanden erste Institutsvertretungen – unter anderem als Gegenbewegung zur zu jener Zeit konservativ orientierten ÖH. Das zentrale Thema der ersten »Institutsvertreterkonferenz« (IVK) 1968/69 waren die in Ausarbeitung befindlichen Studiengesetze für die philosophischen Fakultäten; erneut wurde dabei seitens der StudentInnen die Drittelparität gefordert: »Auch das ÖVP-geführte Unterrichtsministerium konnte sich dem Zeitgeist nicht verwehren und machte in den Besonderen Studiengesetzen für die philosophischen Fakultäten gewisse Zugeständnisse […]. Unter Unterrichtsminister Alois Mock (1969/70) [Dr. Alois Mock, * 1934] wurden versuchsweise drittelparitätische Studienkommissionen zur Umsetzung der neuen gesetzlichen Regelungen beschlossen.«[197]

Während der StudentInnendemonstrationen 1968 gelang es einer Delegation, ins Parlament vorgelassen zu werden, und Dr. Trappl, damals noch StudentInnenvertreter sowie Nominierter der AssistentInnen, übergab einem Vertreter des Bundesrates eine Petition: »Es wurde dann beschlossen, eine Kommission einzurichten, die aus 24 Personen bestand, jeweils sechs aus dem Kreis der Studenten sowie dem Mittelbau, sechs Professoren und sechs Mitarbeitende der im Parlament vertretenen politischen Parteien«, erzählte Dr. Trappl rückblickend im Interview.

Im Rahmen der ersten Sitzung habe Dr. Trappl gemeinsam mit Dr. Norbert Rozsenich und Dr. Michael Daxner beschlossen, so könne die Arbeit in der Kommission niemals erfolgreich fortgesetzt werden, weshalb sie sich in ein Zimmer zurückzogen und dort eine Punktation über ihre Vorstellungen einer parlamentarischen Hochschulreformkommission aufsetzten. Dieses Thesenpapier kopierten sie und legten es zu jedem Sitz; in der Folge »gingen die Anwesenden diese Punktation durch. Sie bildete u.a. den Anstoß für eine systematische Vorgangsweise, bei der aber in den folgenden Jahren ein Beschluss über Abstimmungsparitäten immer weiter nach hinten verschoben wurde, bis es zu einem Auszug der Professoren kam, weil sie bei jenem Beschluss über die Paritäten letztlich überstimmt wurden«, so Dr. Trappl. Für die »AZ« schrieb Hertha Firnberg in ihrer Kolumne »Aus erster Hand« unter »Die Kommission hat das Wort« über die Probleme innerhalb dieser Gruppe: »In den Beratungen der parlamentarischen Hochschulreformkommission trat im letzten halben Jahr eine Zwangspause ein, da die Professorenvertreter anläßlich der Meinungsverschiedenheiten um die Fragen der Mitbestimmung an den Hochschulen die Beratungen verlassen haben.«[198]

Hierdurch war alle Weiterarbeit vorerst boykottiert, doch setzte Hertha Firnberg ein von ihr beauftragtes sechsköpfiges Expertenkomitee ein, das einen ersten vollständigen Diskussionsentwurf für ein neues Hochschulstrukturgesetz fertigstellen sollte. Diese Gruppe bestand aus dem damaligen Parlamentssekretär Dr. Heinz Fischer, Dr. Wolf Frühauf, Dr. Ludwig Otruba, dem ehemaligen VSStÖ-Vertreter Dr. Norbert Rozsenich, dem BSA-Bundesrat Franz Skotton (1923–2005) und dem Hochschuldozenten Dr. Robert Trappl (* 1939). Dieser Diskussionsentwurf wurde 1971 im Rahmen einer Pressekonferenz der Öffentlichkeit vorgestellt und allen Mitgliedern der Hochschulreformkommission übermittelt. Dr. Trappl nahm, wie er es im Interview formulierte, schon zu jenem Zeitpunkt eine gewisse Skepsis Firnbergs wahr und schlussfolgerte, dass ihr manches – etwa durchgehende Drittelparität – »zu radikal« sei. Firnberg erreichte dennoch eine neuerliche Entsendung von ProfessorInnenvertreterInnen durch die Rektorenkonferenz unter dem Vorsitz von Dr.

Werner Welzig (* 1935) und die Parlamentarische Hochschul-reformkommission konnte erneut ihre Arbeit aufnehmen.

In Hertha Firnbergs Darstellung liest sich dies wie folgt: »›Der Entwurf versucht zwei wesentlichen Grundforderungen gerecht zu werden. Einmal nach Verwirklichung einer demokra-tischen Universität durch Mitbestimmung aller an der Hoch-schule Tätigen, zum anderen wird auch der Sorge der Lehrenden und Forschenden nach Garantie des wissenschaftlichen Frei-heitsspielraums Rechnung getragen. Überdies sollen die Univer-sitäten die einem modernen Management entsprechende Orga-nisationsform erhalten.‹«[199]

Dr. Trappl über Firnbergs Führungsstil: »Sie hat mich durch ihre hohe Intelligenz, durch ihr Gespür, was politisch möglich ist, enorm beeindruckt… […] So haben wir mehrmals gemeint, dass bestimmte Paragraphen als Verfassungsbestimmungen de-klariert werden müssten, weil sie sonst nicht durch den Natio-nalrat durchgehen würden. Sie hat das jedesmal zurückgewiesen und – recht hat sie gehabt. Gleichzeitig aber [war sie] auch von einer wirklichen Radikalität, sie war das, was man eine autoritäre Führungspersönlichkeit nennen könnte. Wenn sie nicht der [gleichen] Meinung war oder wenn sie gefunden hat, das ist jetzt lang genug diskutiert worden, dann hat sie einfach gesagt: ›Das war's‹, und hat entschieden.« Er räumt aber sogleich ein, dies sei wohl ein Charakterzug, den ein Minister bzw. eine Ministerin benötige, um durchsetzungsfähig zu sein. Es sei jedoch wesent-lich, die Balance zu halten zwischen »Autorität im Sinne von ›Ur-heberschaft‹«, »einem Wissen um die Macht, die Möglichkeiten der Macht, das Genießen der Macht« einerseits und andererseits einem »demokratischen Mitbestimmen, den anderen eine Chan-ce geben, ihr Wissen und ihre Schlussfolgerungen einzubrin-gen«. Firnberg erlebte er oft »schon ein bisschen an der Grenze zum autoritären Verhalten«, obgleich er hinzufügte, im Nachhi-nein habe sich »alles, was sie gesagt hat, […] als richtig heraus-gestellt«. Sie sei eine Frau gewesen, von der man vieles lernen konnte, mit der die Auseinandersetzung interessant gewesen sei: »Das war ein Vergnügen – trotz ihres oftmals autoritären Verhal-tens, dass sie einfach ein brillanter Kopf und eine brillante Per-sönlichkeit war … Firnberg hat nicht gesagt: ›Ich bin die Beste und ihr seid's alle Armutschgerln‹, sondern hat normal diskutiert, gut diskutiert, intelligente Argumente gehabt. – Auch wenn ich ihre Vorliebe für Möpse nicht geteilt habe … Ich weiß noch, dass in den Pausen ihr Mops zwischen den Füßen herumgerannt ist und man aufpassen musste, dass man dem nicht draufsteigt; das hätte sie sicher geärgert. – Oder [ich erinnere mich, wie ich] mich gewundert habe, dass sie den Lippenstift während der Sitzungen herausgezogen und ihre Lippen nachgezogen hat […] Das hat sie einfach [getan], modebewusst, wie sie war. […] Also insgesamt muss ich sagen: Ich denke an die Zusammenarbeit mit großem Vergnügen zurück, sie war eindeutig eine Bereicherung meines Lebens; ich habe sicher Tausende Stunden meines Lebens in Sitzungen verschissen, aber die Besprechungen mit ihr zähle ich nicht zu denen, die verlorene Zeit waren. Im Gegenteil: Das war immer bereichernd.«

Ministerin für Wissenschaft und Forschung

Hertha Firnberg sollte sich bald als »Respekt gebietende Persönlichkeit« profilieren, obgleich sie »eher klein [war], mir ging sie ja gerade bis zur Schulter«, wie Dkfm. Mag. Bargil im Interview betonte; so manche glaubten, sie werde sich nicht lange als Ministerin halten können, und danach, so war man/frau sich sicher, werde Dr. Heinz Fischer diesen Posten übernehmen.

Generell bestand an den Universitäten ein überaus großer Nachholbedarf, da Wissenschaft und Forschung während der vorhergehenden Regierungen vernachlässigt worden waren. Der Anteil der Forschungsaufgaben am BNP lag unter einem Prozent – eine Zahl eher vergleichbar mit dem Stand in Entwicklungsländern denn mit anderen mitteleuropäischen Staaten jener Zeit. Ein weiterer Faktor, der eine Reform dringend nötig machte, war zudem der stetig steigende Zustrom an StudentInnen. Hertha Firnberg, »[w]ohlwollend mütterlich gegenüber den Assistenten, maliziös und damenhaft im Umgang mit den Magnifizenzen, robust und schlagfertig im Wortduell mit Studentengladiatoren«, wurde im »profil«-Porträt als eine »quicke Mischung aus Arbeitstier, Charmebombe und beinharter Taktikerin« beschrieben.[200]

Zu Beginn ihrer Amtszeit vertraten konservative Hochschulkreise die Auffassung, mit einem höheren Budget wäre ihren Wünschen bereits Genüge getan; die Forderung nach einer höheren zur Verfügung stehenden Summe fand bei Hertha Firnberg zwar offene Ohren, doch war sie der Überzeugung, dass sich bestehende Probleme einzig damit nicht lösen ließen, und drängte auf eine »konzeptiv geplante Forschungspolitik« – um dieses Firnberg'sche Schlagwort zu zitieren. Mit erhöhten finanziellen Mitteln allein sei weder der Nachholbedarf abzudecken noch könne so der aus der Bildungsexplosion erwachsende Neubedarf finanziert werden: »Es gilt einen Numerus clausus zu verhindern und gleiche Bildungschancen für alle zu sichern. Gerade die Gleichheit der Bildungschancen und die Öffnung der Hochschulen als höchstqualifizierende Bildungseinrichtung unserer Gesellschaft für alle Kreise sind traditionelles Anliegen sozialer und demokratischer Politik.«[201]

Hertha Firnbergs Verhandlungstaktiken in Geldfragen bekam als damaliger Finanzminister insbesondere Hannes Androsch zu spüren. Er hatte sie schon zuvor, als sie noch in der AK tätig gewesen war, als sozialistische Abgeordnete kennengelernt, obgleich zu jener Zeit ihr Verhältnis »sehr distanziert« gewesen sei, da die jeweiligen Zuständigkeitsbereiche – Wirtschaft bzw. Bildung – divergierten, so Androsch im Interview. Bis zur gemeinsamen Regierungstätigkeit war »das ein sehr loser Kontakt«, was sich »naturgemäß« änderte, als er von 1970 bis 1981 Finanzminister wurde. Die ersten Budgetverhandlungen mit Firnberg zu Beginn der 1970er Jahre bezeichnete er als »gar nicht leicht«, insbesondere auch, da Firnberg zu jener Zeit gerade ihren Lebenspartner verloren hatte, was kaum jemandem bekannt war, und sie verständlicherweise »emotional sehr labil« gewesen sei. Die Budgetdebatten waren geprägt von »Tränenausbrüchen«, was »für einen jungen Mann nicht so leicht handzuhaben ist«. In der Folge erlebte Hannes Androsch sie jedoch als »beinharte Verhandlungspartnerin«, die – um das Möglichste für ihr Ressort herauszuholen – ihn manchmal vor den offiziellen Gesprächen am Grundlsee in der Steiermark zu besuchen pflegte. Mit »bewunderndem Amüsement« stellte er fest, wie sie strategisch vorgegangen sei, um ihr Ziel zu erreichen; mit »raffinierte[r] bis brutale[r] Taktik, keine Frage. Die hat alle Register ziehen können. Aber ich sage das bewundernd, darauf lege ich ganz besonderen Wert«. Verhandlungen mit Hertha Firnberg seien zeitweise »atemberaubend« gewesen, man/frau konnte sie »nicht mit links abspeisen«, und Hannes Androsch resümierte: »Hoch gebildete Dame, energisch, eine Grande Dame – immer, immer gut angezogen, eine Dame.«

Eben jene Attitude der Grande Dame, die sie zu nutzen bestrebt war, setzte sie gleichfalls gegenüber den StudentInnen ein. Deren Verhältnis zur neu ernannten Ministerin war von Anfang an ein gespanntes, gezeichnet von Skepsis und Ablehnung. Dr. Peter Kostelka schildert im Interview ihren Antrittsbesuch beim Rektor der Universität Wien wie folgt: Die konservativen StudentInnen hätten die Parole ausgegeben, die Philosophenstiege, die Hertha Firnberg auf ihrem Weg ins Rektorat passieren musste, zu besetzen, weshalb sie sich Stufe um Stufe hinaufzuschlängeln hatte, während ein StudentInnenfunktionär auf der Halbtreppe stand und mithilfe eines Megaphons Hertha Firnberg darüber informierte, was sie nicht alles zu tun habe, was ihre Verpflichtung als Wissenschaftsministerin sei. Sie hörte sich »mit Geduld« den jungen Mann zu Ende an, bat alsdann um das Wort. »›Waffengleichheit muss schon bestehen, geben Sie mir das Megaphon.‹« Dieser Aufforderung kam er nach und sie, »nicht auf den Mund gefallen«, ließ sich dessen Funktionsweise erklären. »Ich bin ziemlich sicher«, fügte Dr. Kostelka hinzu, »dass Hertha auf Grund ihrer politischen Erfahrung mit Megaphonen durchaus Erfahrung gehabt hat, aber das war natürlich eher unerwartet, war erleichternd, und damit hatte sie im Grunde genommen schon das Herz eines Teils der Studenten auf ihrer Seite.« Als sie das Megaphon benutzte, geschah dies »so laut, dass am Anfang auf der Philosophenstiege alle zusammengeschreckt sind, was – wie ich Hertha kenne – wahrscheinlich Absicht war. Und dann hat sie gesagt: ›Wissen Sie, ich stehe jedem zur Verfügung; wie dem Herrn Rektor, so selbstverständlich auch Ihnen, aber was uns vielleicht trennen dürfte, ist, dass ich eine Kinderstube genossen habe. Termine halte ich üblicherweise ein, so wie ich den Termin, den wir vereinbaren werden, bei Ihnen, auf die Minute genau akzeptieren werde und da sein werde, bitte ich Sie zu akzeptieren, dass ich auch bei dem Herrn Rektor nicht zu spät kommen werde. Sie werden mich nicht daran hindern. Wenn Sie wollen, gehen Sie sofort zum Telefon, rufen in meinem Büro an, Sie werden in den nächsten vierzehn Tagen einen Termin kriegen««, und sie sei »unter dem Gejohle und dem Applaus der Studenten« zum Rektor hinaufgegangen. Diese emphatische Reaktion erklärte sich Dr. Kostelka auf Basis der Diskussionen und Auseinandersetzungen jener Jahre, bei denen StudentInnen nicht daran gewöhnt gewesen seien, dass man/frau ihnen »so offen, fair und gesprächsbereit begegnete«.

Mehrere Anekdoten bezeugen, dass Hertha Firnberg gegenüber StudentInnen wiederholt das Argument ihrer Kinderstube einfließen ließ und eine gegen bürgerliche Normen revoltierende Bekleidung oder Haartracht nicht zu akzeptieren bereit war. StudentInnen wurden mit der Aufforderung, »ordnungsgemäß bekleidet« zu einem weiteren Gesprächstermin zu erscheinen, zum Verlassen des Ministeriums aufgefordert. Dr. Frühauf erinnerte sich an einen Protest der Studierenden der bildenden Künste: Hierbei hängten diese eine Türe der Akademie aus, schrieben »irgendwelche Parolen darauf« und marschierten derart gerüstet zum Minoritenplatz. Firnberg gab sich unbeeindruckt. Gerne spreche sie mit ihnen, doch zuerst sollten sie jene Türe wieder einhängen. »Die sind tatsächlich zurück, haben die Türe eingehängt und sind dann wieder gekommen.«

Bereits 1966 hatten StudentInnen nach Beschluss des Allgemeinen Hochschul-Studiengesetzes (AHStG) beklagt, es sei nicht einzusehen, dass dieses neue Gesetz »nicht in großem Umfang die Studenten zur organisatorischen Mitbeteiligung und unmittelbaren demokratischen Mitbestimmung in jenen Funktionen der Hochschule befugt, die nicht zum eigentlichen Lehrbetrieb gehören. [...] Warum sollten die Studenten etwa keinen Einfluss auf die Besetzung der Lehrstühle haben, sie könnten dadurch z.B. endlich erzwingen, dass auch an den österreichischen Hochschulen alle wichtigen Lehrmeinungen in Philosophie vertreten werden. Warum sollen sie nicht den Rektor wählen?«[202] Eine Frage, die Hertha Firnberg Jahre danach mit heftiger Verneinung beantwortete, obgleich sie Dr. Norbert Rozsenich, den Verfasser obiger Zeilen, in ihre Reformkommission holte.

Die StudentInnen waren insbesondere deshalb von Hertha Firnbergs vorgelegtem Entwurf enttäuscht, da Kreisky zugesagt hatte, das Hochschulkonzept würde für einen etwaigen sozialistischen Minister bzw. eine sozialistische Ministerin eine »verpflichtende Arbeitsgrundlage« darstellen; dies aber sahen sie nunmehr nicht umgesetzt. In ihren Augen war das vorgelegte Konzept vielmehr eine Anpassung an die Wünsche der ProfessorInnen, weshalb sich die wiederholten Aufforderungen, Hertha Firnberg solle nicht länger um Zugeständnisse der ProfessorInnen feilschen[203], zusehends zuspitzten.

Insbesondere bei feministischen Studentinnen kamen abgesehen von den trennenden Generationen noch andere Elemente der Kritik hinzu; Firnberg war Frau wie sie, hatte die angestrebte Karriere – wenn auch auf Umwegen – schließlich umsetzen können. Die jungen Studentinnen erhofften sich viel, ihre Enttäuschung über die Reform war letztlich umso größer. Mag. Kriehebauer schilderte, an der Universität sei es Usus gewesen, die Ernsthaftigkeit von Studentinnen in Frage zu stellen: »An den Universitäten der späten sechziger Jahre machten junge Frauen noch immer die Erfahrung, dass gewisse Professoren bei den einleitenden Vorlesungen die Studentinnen im Saal fragten, was sie denn hier eigentlich taten; wenn sie einen Doktor wollten, so könnten sie doch einen heiraten. In bestimmten Vorlesungen kam es auch zu pointierteren frauenfeindlichen Äußerungen. Hier gab es nicht nur bei den linken Studentinnen Empörung. Man kann sagen, dass der Widerstand gegen verkrustete antidemokratische Strukturen an den Unis die jungen Frauen ganz generell zusammenschweißte. Es war eine Art revolutionär demokratischer Widerstand gegen das alte, reaktionäre patriarchal organisierte Universitätssystem, und dieser Widerstand hat auch den gesamten demokratischen Fortschritt an den Unis mitbefördert.« Ausgehend von den verbalen Attacken der Professoren wechselte Mag. Kriehebauer das Thema und sprach von Hertha Firnbergs Schlagfertigkeit: Man müsse sich Firnbergs Parlamentsreden oder Interviews mit ihr anhören, denn »die war tough! Firnberg war bei Interviews, die von männlichen Journalisten gemacht wurden, vorbildlich schlagfertig und hart in der Argumentation. Sie hatte den Ruf, dass niemand sie ›über den Tisch ziehen konnte«, und das hat uns jüngeren Frauen natürlich sehr imponiert. Frauenfeindliche Fragen konterte sie bravourös, noch heute kann man mit Freude diese Interviews jungen Frauen vorspielen, um ihnen zu zeigen, wie noch vor wenigen Jahrzehnten im Fernsehen ganz ungeniert gefragt werden durfte, wieso eine Politikerin keine Kinder hätte«. Die Hochschulreform habe die damaligen Studentinnen »schon sehr beschäftigt« – vor allem auch, weil sie ihnen nicht weitreichend genug, »nicht radikal genug« war. »Wir jungen Frauen hatten das Gefühl, dass noch viel mehr Fortschritt möglich war, als damals durchgesetzt wurde. Wir verstanden nicht, warum gegenüber der Kirche so viel Rücksicht genommen wurde, warum man in der Zeit der Alleinregierung das Schulwesen nicht viel rigoroser reformierte oder weiter reichende Verbesserungen für die Gleichstellung der Frauen machte. Johanna Dohnal wurde von den radikal feministischen Frauen außerhalb der SPÖ immer wieder angegriffen, dass sie nicht weit genug ginge. – Heute als alte Frau erkenne ich, wie schwer es für Dohnal war, innerhalb der eigenen Partei den Widerstand der Genossen, aber auch der Genossinnen zu überwinden. […] Firnberg hat erst im hohen Alter an die Positionen Dohnals anschließen können, lange Zeit gab es zwischen den beiden Frauen große inhaltliche Barrieren.« Firnberg habe zwar stets ihren »Respekt gehabt«, doch sei Firnbergs Habitus »natürlich« als »konservativ, sozialdemokratisch« gewertet worden. »Auch ihre Rücksichtnahme gegenüber den Männern, das war ja furchtbar, eigentlich, das hat erst die Dohnal aufgebrochen. Man darf nicht so weit gehen, alle erschrecken … dieser vorauseilende Gehorsam, die Parteidisziplin, die auch Firnberg hatte, das hat uns natürlich irritiert. Aber ich muss sagen, heute […] verstehe ich die Sachen wahrscheinlich besser als damals, weil ich es im Gesamten sehen kann. Rückblickend muss man wohl sagen, die Sozialdemokratie hat einen enormen Fortschritt zu dieser Zeit möglich gemacht, und es war wichtig, dass Frauen wie Firnberg und Dohnal innerhalb des parlamentarischen Systems gearbeitet haben, sonst wären die Forderungen der Frauen nicht gesetzlich abgesichert worden. Dass man aber jenseits der Partei die Dinge ebenfalls vorantreiben muss, steht auch fest. – Wir haben damals gefunden, die Sozialdemokratie stoppt das Ganze zu sehr und geht nicht weit genug. Das sehen wir heute auch noch, rückblickend, aber gut. Das ist eben die Sozialdemokratie: Es geht nicht ohne, aber man muss auch anderes denken können. Ich persönlich nehme nichts zurück aus der linken Zeit …«

Ob sie heute die Reform, für die Firnberg ja auch Kritik einstecken musste, anders beurteile? »Ich finde, man braucht sie nicht verteidigen. Diese Kritik an der Hochschulreform, die es gegeben hat, ist völlig uninteressant. Die war zum Teil auch ganz blöd, unnötig. Ich kenne die Bänder der Parlamentsdebatten, wie sie die Gründung der Klagenfurter Hochschule verteidigt … da haben sie immer wieder gesagt, das könne nichts werden, die Finanzierung war ja auch immer wieder kritisch. Das hat sie sehr schön verteidigt. Da braucht man niemanden, der sie verteidigt, das hat sie selber gut gekonnt.«

»Ich weiß«, so Hertha Firnberg gegenüber dem »profil«, »den Studenten ist alles zu wenig. Aber mir ist alles lieb, was links von mir ist, rechts von mir habe ich soviel, daß ich es kaum ertragen kann.«[204]

Wissenschaft im Dienst der Gesellschaft

1999 analysierten Pechar/Arnold/Unger in einer nationalen Fallstudie die Verflechtungen zwischen Universität und Wirtschaft: »Hochschulpolitik galt noch in den ersten Jahrzehnten der Zweiten Republik als ›Kulturpolitik‹. Dennoch begannen seit den späten 50er Jahren Diskussionen um die Bedeutung der Universitäten für die wirtschaftliche Entwicklung eines Landes. Von der OECD gefördert, setzte sich dabei international der ›Man-power‹-Ansatz in den Bildungstheorien durch, der von einer direkten Relation zwischen Wohlstand und Wirtschaftswachstum eines Landes auf der einen Seite und dessen Akademikerquote auf der anderen ausging. Ein relativer Akademikermangel würde schwere ökonomische Friktionen nachsichziehen. Bildung sei eine Investition in die Infrastruktur eines Landes.«[205]

Firnberg sah Bildung an und für sich als Wert an, als Teil der Lebensqualität des Einzelnen wie auch der Gesellschaft – eine Haltung, die sie während ihrer Zeit als Ministerin einzubringen versuchte und die sie in dieser Form nach ihrem Ausscheiden aus der aktiven Politik misste: »»Ich halte das für wirklich gefährlich, denn wenn man Bildung hinorientiert ausschließlich auf wirtschaftliche Interessen, da schneidet man eigentlich der Bildung die Wurzeln ab. Also ich bin wirklich ein leidenschaftlicher Gegner dieser Auffassung. D.h. nicht, daß man nicht für die Wirtschaft und für den Beruf ausbilden soll, aber doch nicht als alleiniges Ziel der Universitäten und der Bildung überhaupt.‹«[206]

In einer Erklärung der österreichischen Bundesregierung vom 31. 5. 1983 war noch die Rede davon, man/frau wolle keinen Numerus clausus, trotzdem wurde erstmals gewarnt, es könne bei Absolvierung des Studiums nicht mit einem Garantieschein auf eine bestimmte Berufskategorie gerechnet werden.[207] Zu Firnbergs Zeiten wurde noch von einer »wissenschaftlichen Berufs*vor*bildung«[208] gesprochen, ein Kompromiss zwischen der Forderung nach einer spezifischeren beruflichen Ausbildung einerseits und andererseits einer der »Charakterbildung« verpflichteten Bildung im Humboldt'schen Sinn.[209]

Firnberg urteilte, Wissenschaft und Forschung dürften niemals »bloße ›Verbrämung‹ oder Zierde zu einem kulturpolitischen Image« sein, sondern seien doch vielmehr ein wesentlicher Beitrag, um die zahllosen Probleme der Menschen zu lösen.[210] Die universitäre Ausbildung dürfe daher nie lebensabgewandt, sondern müsse praxisnahe sein. »Wir stehen«, so schrieb Hertha Firnberg 1981, »in der Tat an einer bedeutsamen Wende: Wissenschaft und Forschung werden sich als Instrument zum Überleben der Menschheit erweisen müssen.«[211]

Aus diesem Grund sah Hertha Firnberg es als Aufgabe, die »›Wissenschaft dem ganzen Volke zugänglich zu machen‹, wie auch andererseits ›die Kenntnisse in den Dienst der humanen Entwicklung unserer Gesellschaft zu stellen‹«.[212]

Wieder und wieder sprach sich Hertha Firnberg gegen die Einführung des Numerus clausus oder anderer Formen der Beschränkung aus: »Wenn man schon eine Auslese treffen muß, dann ist es meiner Meinung nach besser, sie an den Universitäten zu treffen. Das heißt nicht, daß wir über die hohe Dropout-Rate froh sind, sondern sie ist die Folge davon, daß wir keinerlei Riegel vor die Hochschultore schieben.«[213]

Wissenschafts- wie Forschungspolitik interpretierte Hertha Firnberg als einen Teil der allgemeinen Gesellschaftspolitik. Deshalb müssten auf der Ebene der Bildung Gleichheitschancen und demokratische Prinzipien bestehen; dies sei »eine Strategie, um die Entwicklung zu einer besseren Gesellschaftsordnung vorzubereiten«.[214]

Bereits in den 1960er Jahren hatte Hertha Firnberg im Nationalrat Chancengleichheit zu ihrem obersten Ziel erklärt, denn dass etwas schon immer »so« gewesen sei und deshalb »so« zu bleiben habe, könne kein Argument sein; weder die Brieftasche der Eltern noch das Geschlecht dürften für den Zugang zu Bildung ausschlaggebend sein. Durch Veränderungen der Bildungspolitik würden sich ebenso gesellschaftsrelevante Weichenstellungen durchsetzen lassen, weshalb sie die Beseitigung differenter Mädchen- und Bubenbildung sowie Koedukation forderte.

Firnbergs »wahres Reformfurioso«[215] zu Beginn ihrer Amtszeit betraf vor allem das Budget der StudentInnen, denn sie war überzeugt, dass Bildung ein Menschenrecht sei und daher allen Menschen frei zugänglich sein müsse. Sie schaffte die Studiengebühren (damals Hochschultaxen genannt) und sonstige Zahlungen von Studierenden ab, was damals etwa 730 Schilling im Jahr entsprach.[216] Ernst Streeruwitz, Vorsitzender des Hauptausschusses der Universität Wien von 1970 bis 1972, sah in jenen Gebühren »weniger soziale Hürde als bürokratisches Ärgernis«.[217] Und laut einer Studie sei die Zahl der Studierenden durch den Wegfall nicht belegbar gestiegen: »Als […] unter SP-Ministerin Hertha Firnberg die bis dahin bestehenden Gebühren beseitigt wurden […], hieß es in einer gründlichen Untersuchung: ›Die Abschaffung der Hochschultaxen hat den Zustrom zu den Universitäten in keinem nachweisbaren Ausmaß beeinflusst.‹ Die Studie veröffentlichte ein SPÖ-Bildungsminister, er hieß Heinz Fischer.«[218] Eine Tatsache, die sich leicht damit erklären lässt, dass der Entschluss für oder gegen ein Studium eben nicht nur von zu zahlenden bzw. nicht zu zahlenden Gebühren abhängt.

Hertha Firnberg war politisch verantwortlich für das Studienförderungsgesetz und die Begabtenförderung, ließ 1976 Freifahrten für StudentInnen, die außerordentliche Studienunterstützung sowie eine studentische Kranken- und Unfallversicherung einrichten, um die finanzielle Situation der StudentInnen zu erleichtern.

Im Jahr 1970 standen nicht mehr als 10.000 Heimplätze für Studierende zur Verfügung; im Jahr 1982 waren es bereits ca. 16.500 und weitere 1.200 befanden sich in Bau. Durch alle diese Maßnahmen sollte die elterliche Entscheidung, eher in die Bildung eines Sohnes oder einer Tochter zu investieren, obsolet werden.

Hertha Firnbergs Bestreben, die Türen der Universitäten allen offen zu halten, wirkte insbesondere bei den angehenden Akademikerinnen. Zur Zeit ihres Amtsantritts 1970 betrug der Mädchenanteil in den Matura-Klassen der Gymnasien 34 Prozent, an der Wende zum 21. Jahrhundert waren es 54 Prozent.[219] Den Anteil der Studentinnen bezifferte die ÖH in ihrer Jubiläumsschrift »60 Jahre ÖH« für 1969/70, als gesamt 51.401 Personen studierten, mit 24,55 Prozent (12.618 Frauen), für 1979/80 – die StudentInnenzahl hatte sich verdoppelt (108.101 Studierende) – mit 39,09 Prozent (42.255 Frauen) und 1982/83 betrug der Anteil der Studentinnen 41,26 Prozent; oder anders ausgedrückt: von 133.725 Studierenden waren 55.178 weiblich. Und diese Tendenz eines Anstiegs der Zahl der Studentinnen blieb über die »Ära Firnberg« hinaus bestehen. Laut Hochschulstatistik der »Statistik Austria« überragte im Winter-Semester 2000/2001 der Gesamtanteil der Studentinnen an wissenschaftlichen Universitäten, Universitäten der Künste und an den Fachhochschulen erstmals jenen der Studenten. Auffallend ist hierbei, dass an den Fachhochschul-Studiengängen der Frauenanteil nach wie vor deutlich geringer war: 2004/05 waren von 22.145 StudentInnen dieses Bereiches nur 8.875 weiblich. Im Studienjahr 2004/2005 betrug die Gesamtzahl der Studierenden 184.673, davon waren 95.890 weiblich.[220]

Ein weiteres Ziel des angestrebten gesamtösterreichischen Hochschulkonzepts war es, den Anteil der StudentInnen aus Arbeiterfamilien zu erhöhen; 1974 wuchs diese StudentInnengruppe von 7 auf 13 Prozent an. Hertha Firnberg erklärte 1980 »das Bildungsprivileg der bürgerlichen Schichten [für] eliminiert. Es ist heute jedem, der wirklich studieren will, möglich, zu studieren, durch viele soziale Bedingungen, aber auch dadurch, daß die Hochschulen so ausgebaut wurden, daß eben der Zustrom möglich ist [...]«.[221]

Die Ansichten darüber, ob Hertha Firnbergs Bemühungen, einer höheren Anzahl von Arbeiterkindern ein Studium zu ermöglichen, erfolgreich gewesen seien oder nicht, differieren auffallend. Dr. Sigurd Höllinger betonte, es sei falsch zu sagen, die Maßnahmen hätten nicht gegriffen, selbst wenn dies nicht in dem Maß geschah, wie man/frau es sich wünschte, und dass die Situation heute noch »verbesserungsfähig« sei, da der Anteil nach wie vor bei 12 bis 13 Prozent liege. Der Glaube, so Dr. Heinz Fischer im Interview, es sei durch Gesetze und Reformmaßnahmen eine völlige Egalität der Zugangsmöglichkeiten zur Universität zu erzielen, wäre »eine Illusion gewesen. Diese hatte ich nicht«. Dr. Ostleitner meinte im Interview, ein Anstieg des Anteils studierender Arbeiterkinder sei »überhaupt nicht erreicht worden«; die Entscheidung für ein Studium hänge eben weitaus mehr davon ab, »ob es zu Hause Bücher gibt«. Ruth Pauli kommt in ihrer Untersuchung der »Ära Kreisky« zu dem Schluss: »Es kann immer nur die allgemeine Chancengleichheit annähernd hergestellt werden; wer aber die Möglichkeit letztlich wahrnimmt/wahrnehmen kann, das ist nicht steuerbar. Dies trifft für die Überwindung sozialer Bildungsschranken ebenso zu wie für die geschlechtsspezifischen. Lenkung wäre nicht mehr demokratisch.«[222]

Das UOG 1975

1974 schrieb Hertha Firnberg an Bruno Kreisky anschließend an ihren Dank für seine herzlichen Glückwünsche zu ihrem Geburtstag: »Deine Worte sind mir Auftrag und Verpflichtung, die Zielsetzungen sind klar und eindeutig. So wie bisher werde ich mein ganzes Bemühen, meine volle Kraft und meinen Ehrgeiz daransetzen, der Partei und den mir gestellten Aufgaben zu dienen. Zu deiner launigen Bemerkung über das ›Männerministerium‹ erlaube ich mir auszuführen, daß ich an der Spitze dieser Institution auch die vor uns liegende Hürde, und hier meine ich – ebenso wie du – das UOG, nehmen werde.«[223]

Im Bestreben, diese gestellte Aufgabe des Hürdenlaufs zu bewältigen, wurde sie – wie die Presse urteilte – »zusehends agiler,

kampfeslustiger und dynamischer«[224] und setzte ihre Reformbe-
strebungen durch. Bei der Reform des UOG hatte Hertha Firnberg wie bereits angedeutet mit großen Widerständen zu kämpfen. Die Vorwürfe reichten von der Zerschlagung der Universität
bis zu der bereits erwähnten Aussage, sie würde die Reformen
hinauszögern; die ordentlichen Professoren drohten mit Streik
und Boykott – und was Hertha Firnberg insbesondere ärgerte,
»»daß sie übertreiben und damit dem Prestige der intellektuellen
Welt, mit der ich mich so sehr verbunden fühle, keinen guten
Dienst erweisen««.[225]

Das Universitätsorganisationgesetz – schlicht UOG genannt
– wurde nach heftigen Protesten der Professoren am 10. Oktober 1973 dem Parlament vorgelegt. Rückblickend nannte Dr.
Trappl jene Vorlage einen »guten Kompromiss – im Vergleich zu
den Gesetzen, die Busek und Gehrer durchgezogen haben. In
beiden Fällen waren fast keine Vertreter der Universitäten selbst
eingebunden; bei Busek war es ein Wirtschaftskonzept und bei
Gehrer noch mehr: Das ist einfach das Firmenmodell, übertragen auf Universitäten, mit einem Generaldirektor an der Spitze,
der halt jetzt Rektor heißt; […] eine absolut blöde Idee. Da gibt
es jetzt den Rektor mit seinen zwei bis vier Vizerektoren, und ob
die mit Professoren sprechen oder nicht, bleibt ihnen überlassen
… Oder ob sie nur mit einer kleinen Gruppe der Professoren reden, mit ihren Haberern, wie es öfter vorkommen soll …«. Firnbergs UOG sei »ein deutlicher Fortschritt« gewesen, »indem es
die an der Universität Lehrenden und Lernenden zusammen-
brachte; nicht wie das neue Gesetz, das sie wieder teilte und das
die Professoren in einem viel größeren Umfang ihrer Rechte be-
raubte, die sie seit Jahrhunderten hatten […]«.

Nach einer auffallend langen Beratungszeit im Wissenschaftsausschuss und in dessen Unterausschuss, die bis zum 1.
März 1975 währte, wurde das UOG letztlich ausschließlich mit
den Stimmen der SPÖ und ohne jene der Opposition verab-
schiedet; eine Premiere für ein österreichisches Hochschulgesetz,
was Hertha Firnberg im »profil«-Interview lakonisch kommentierte: »»Aber was soll's […], alles muß schließlich einmal zum
ersten Mal sein.««[226] Dr. Neisser betonte im Interview, die ÖVP
sei »bis zum Schluss gespalten« gewesen und habe einen Tag vor

jener Abstimmung ihre Position dazu noch nicht definitiv bestimmt gehabt; was umso mehr erstaunt, kennt man/frau die Analyse »Hochschule und Wirtschaft« von Hans Pechar, Markus Arnold und Martin Unger, die darlegen, dass sich die Wurzeln des UOG 1975 »bis in die Zeit der ÖVP-Alleinregierung«[227] zurückverfolgen lassen.

Am 1. Oktober 1975 nun trat das UOG in Kraft. Hertha Firnberg sang wahre Lobeshymnen auf das neue Gesetz: »Transparenz aller Entscheidungen; demokratische Mitsprache und Mitbestimmung aller an der Hochschule Tätigen, abgestuft nach Qualifikation (wie sie sich in den Paritäten prägt), d.h. demokratische Kooperation statt hierarchischer Ordinarienautorität; ein organischer Aufbau, der nicht nach Traditionen, sondern nach optimaler Dienlichkeit für Forschung und Lehre ausgerichtet ist, mit dem Ziel, die Leistungen zu steigern; eine Verwaltungsstruktur, die den modernen Gegebenheiten und dem Grundsatz der Sparsamkeit, Effizienz und Wirtschaftlichkeit entspricht; und schließlich die Teilung der Verantwortung zwischen Universität und Gesellschaft, repräsentiert durch den Vertreter des Staates, eben das zuständige Bundesministerium.«[228]

Demokratisierung der Universität mittels Strukturreform, Freiheit der Forschung und Lehre als Grundprinzip der Wissenschaft sowie Sicherung der Vielfalt wissenschaftlicher Lehrmeinungen und Methoden waren die Grundsätze. Die Autonomie wurde durch Selbstständigkeit in Lehr- und Forschungsfragen sowie durch Übernahme von einigen Budget- und Personalkompetenzen ausgeweitet, wobei sich das Ministerium jedoch ein Eingriffsrecht vorbehielt.

Veränderungen hatten, Hertha Firnbergs Auffassung nach, der Effizienz zu dienen; Wörter wie »systematisch«, »geplant« oder »gezielt« kehren in ihren Überlegungen häufig wieder und sind als Schlüsselbegriffe ihres Vokabulars zu sehen. 1975, nach Verabschiedung des UOG, wurde sie »nach den sozialistischen Perspektiven, die sie bisher in ihrem Ressort realisiert oder angepeilt hat, [befragt, und sie] präzisiert […] prompt: ›I weiß net, ob's grad sozialistische Perspektiven sind. Progressive würd' ich vielleicht eher sagen, die müssen nicht immer sozialistisch sein.‹ Ihre Reformpolitik, darüber gibt sich die rote Ministerin keinerlei sozialromantischen Illusionen hin, war ›nicht unbedingt sozialistisch, aber sie entspricht den Erfordernissen einer modernen Forschungspolitik‹. Und die Erfolgsbilanz, die sie (auswendig) abspult [...], hört sich an wie eine Verlautbarung des Statistischen Zentralamtes: Zahlen, Daten, Prozente und Vergleichszeiträume sprudeln nur so aus der Alma mater hervor. Von Weltanschauung und Ideologie ist dabei nicht die Rede«.[229]

So wurden – laut diesen ihren Angaben der Zeitschrift »profil« gegenüber – während Firnbergs Amtszeit in den Jahren 1970 bis 1975 im Rahmen des Ausbaus der Universitäten die Mittel für Österreichs Hochschulen um das Zweieinhalbfache erhöht, das Gesamtbudget des Ministeriums wurde von 2,3 Milliarden Schilling auf 5,6 Milliarden aufgestockt; Tendenz weiterhin steigend. Wie Hertha Firnberg in der Publikation »Forschung – Perspektiven für die 80er Jahre« darlegte, wurden die Forschungsaufwendungen in Österreich von 3,5 Milliarden (1970) auf 15 Milliarden (1981) erhöht, die Hochschulaufwendungen des Bundes – einschließlich der Bauaufwendungen und der hochschulrelevanten Forschungsförderung – stiegen von 2,3 Milliarden (1970) auf 10 Milliarden (1982), und auch die Mittel der Forschungsförderung für wissenschaftliche Forschung, für die gewerbliche Wirtschaft, die Akademie der Wissenschaften sowie für die Ludwig Boltzmann Gesellschaft (siehe auch: Der Sozialistische Akademiker, Heft 3/4, 1979, S. 3) wurden wesentlich erhöht. Die Zahl der Planstellen, die den Universitäten und Hochschulen zur Verfügung standen, stieg auf der Ebene der ProfessorInnen, der außerordentlichen ProfessorInnen neuen Typs sowie auf jener der AssistentInnen von gesamt rund 8.600 (1970) auf fast 12.600 (1982); die Schaffung von Dienstposten für außerordentliche ProfessorInnen neuen Typs war eine Maßnahme, die gesetzt wurde, um die drohende Abwanderung der Nachwuchskräfte zu verhindern, was viele zu zynischen Kommentaren verleitete – so zum Beispiel den Universitätsdozenten für Soziologie Dr. Christian Fleck: »Nahezu über Nacht wurden aus habilitierten Assistenten Professoren: anfangs ohne Ausschreibungsverfahren und ohne irgendeinen Wettbewerb unter den Bewerbern. Später schrieb man die Stellen wenigstens aus, aber da alle Beteiligten wußten, für wen die jeweilige Stelle ›vorgesehen‹

war, gab es fast immer nur einen Bewerber. Einziger Wermuts-
tropfen für die Aufsteiger: die ao. Prof.s bekamen weniger bezahlt und hatten keine Lehrkanzel. Das Durchschnittsalter der
Ernannten lag um die 30. Die meisten der damals Beförderten
sitzen noch heute auf derselben Stelle. Die Nächstgeborenen
hatten es schwerer; der Aufstieg bis zum ao. Prof. war ihnen verwehrt. Aber Assistentenposten konnten sie bis in die achtziger
Jahre hinein erobern. Dort blieben sie dann stecken, weil über
ihnen keine Stellen mehr frei waren. Nach zehn Jahren durften
sie ihre Visitenkarten mit dem längst verblichen geglaubten ›tit.
ao. Professor‹ schmücken und konnten sich damit trösten, daß
Sigmund Freud einst auch nicht mehr war.«[230]

Dr. Günther Jürgens ging sogar so weit, es als »Lex Firnberg«
zu bezeichnen, »außerordentliche Professuren ad personam, ohne Bedarfsprüfung und ohne Ausschreibung«[231] zu vergeben.

Ganz allgemein gesprochen scheint es bei der Vergabe der
Posten eben »österreichisch« zugegangen zu sein; nicht nur seitens der Ministerin. Dies bestätigt Dr. Franz Kunas Erfahrungsbericht: »Ich weiß bis heute nicht, was die wirklichen Gründe
dafür waren, dass man im Ministerium damals meine Berufung
nach Klagenfurt verhindern wollte. Als sich die Dinge zuspitzten,
Klagenfurt aber standfest blieb, nahm Ministerin Firnberg die
Verhandlungen persönlich in die Hand. Ich hätte im ›Neuen Fo-
rum‹ und in ›Literatur und Kritik‹ Disrespektierliches über den
›Hofmannsthalkreis‹ und kleinbürgerliche Tendenzen in der österreichischen Literatur gesagt, was eine Gruppe von schwarzen
Ministerialräten sehr verärgert hätte. Frau Firnberg hielt mich
wohl für einen brauchbaren Roten, die anderen für einen gefähr-
lichen Abtrünnigen. Nach achtzehn Jahren Ausland war ich weder das eine noch das andere. Die neue Erfahrung war die Gruppenuniversität, eine Konstruktion, wie sie in dieser Form nir-
gendwo anders zu finden ist.«[232]

Dabei war die neue Struktur der Lehrenden wahrhaftig als
Maßnahme intendiert gewesen, um dem Wegzug junger WissenschaftlerInnen ins Ausland durch verbesserte Aufstiegschan-
cen an Österreichs Universitäten entgegenzuwirken und zuvor
bereits abgewanderte WissenschaftlerInnen zurückzuholen; ein
Ziel, das bereits in der 1970 gegebenen Regierungserklärung fest-

geschrieben worden war. Zu Beginn ihres Amtsantrittes äußerte sich Hertha Firnberg gemäß Richard Berczellers Erinnerung wie folgt zu diesem Thema: »›Wir kennen die Schwierigkeiten‹, sagte sie [Hertha Firnberg]. ›Aber wir lassen uns von ihnen nicht abschrecken. Wir müssen die Mittel aufbringen, und wo der Wille ist, findet man auch den Weg. Aber ist denn Geld alles? Der Ruf von Wien, von Österreich hat noch einen Klang in der Welt. Ich kann es nicht genau erklären, was die Zukunft bringen wird, wir sind aber Optimisten. Und wir sind zäh, zäh …‹«[233]

1974 wurde im »Sozialistischen Akademiker« resümiert: »Ein Viertel aller Berufungen nach Österreich waren Österreicher, die in ihr Heimatland zurückgeholt werden konnten. […] Jene Ursachen, die einst viele Wissenschaftler ins Ausland trieben – von der ›Emigration bis zur Resignation‹ –, konnten beseitigt werden und haben eine Rückholung über alles Erwarten gelingen lassen.«[234]

Ein wesentliches Problem der Universitäten war neben den seit Jahrzehnten geringen finanziellen Mitteln auch der vielbeklagte Platzmangel. Die Raumverteilung und -widmung geschah an den Hochschulen autonom und Hertha Firnbergs Nachhaken wurde, so die Zeitschrift »profil«, als Einmischung erlebt: »Für die Forschungschefin geht Progression vor Sozialismus. Einziges Problem: Dort, wo Firnberg von ›erfolgversprechender Umverteilung der Mittel und des Personals‹ spricht, sehen sich die Ordinarien in ihrer Autonomie in Frage gestellt; dort, wo die Ministerin auf ›bessere Einsetzung von Großgeräten, bessere Auslastung der Räumlichkeiten‹ drängt, wähnen sich die Institutsvorstände bereits entmachtet.«[235]

»Jeder«, wird Hertha Firnberg wenige Absätze später zitiert, »will sein eigenes Königreich, wo er unumschränkt herrschen kann, je isolierter von Wirtschaft und Gesellschaft, desto lieber […].«[236] Dies bewirke jedoch eine ungesunde Isolation einzelner Wissenschaftssparten. Eine im Ministerium eigens dafür eingerichtete Abteilung fand heraus, dass zum Beispiel Räumlichkeiten des Anatomischen Instituts in Wien nur zwölf Wochen im Jahr benützt wurden und dennoch niemand bereit war, die Sezierkurse in einer parallelen Phase ein zweites Mal abzuhalten, was für die MedizinstudentInnen längere Wartezeiten und Platznot in den abgehaltenen Seminaren bedeutete. Solches Gebaren ließ sich mit Hertha Firnbergs Wunsch nach Effizienz keinesfalls in Einklang bringen und wurde Mitte der 1970er Jahre zu einem weiteren Streitpunkt nicht nur mit InstitutsprofessorInnen; insbesondere weil GegnerInnen des Firnberg'schen Bildungskonzepts besagte »Raumnot« als Argument für die Notwendigkeit eines Numerus clausus anführten. Hertha Firnberg jedoch – hartnäckig in ihrer Ablehnung dieser Zugangsbeschränkung – ging einen anderen Weg: Neben ihrem Drängen auf eine optimale Auslastung bestehender Räumlichkeiten sprach sie sich bei wahrhaftigem Platzmangel nicht nur für bauliche Maßnahmen aus, sondern förderte diese auch so weit wie möglich. Nachstehend ein Textausschnitt aus der Rede des damaligen Rektors der Karl-Franzens-Universität in Graz, Dr. Friedrich Hausmann, anlässlich der Verleihung des Titels Ehren»senator« an Hertha Firnberg 1979: »Helfen Sie der Karl-Franzens-Universität aus der drückenden Raumnot, gewähren Sie weitere, zur Erfüllung der neuen Studiengesetze notwendige Dienstposten jeglicher Art, verbessern Sie uns die Dotationen für den Lehr- und Forschungsbetrieb, insbesondere für die Bibliothekserfordernisse der Institute, damit auch wir mit anderen und jüngeren Universitäten Österreichs gleichziehen. Wir alle, Lehrende, Lernende und Bedienstete, werden es Ihnen zu danken wissen!«

Der Raum, der Hochschulen zur Verfügung stand, wurde während Firnbergs Amtszeit nachweisbar um ein Viertel vergrößert. Neu errichtete Universitäten waren unter anderem: die Wirtschaftsuniversität Wien, die Universität für Bildungswissenschaften in Klagenfurt, die Kunsthochschule in Linz und das Universitätszentrum Althanstraße (Wien). Außerdem wurde der erste EDV-Verbund im universitären Raum geschaffen und die zentralisierte Verwaltung unter systematischem EDV-Einsatz begonnen.[237]

Während Hertha Firnbergs Amtszeit wurden neue Studienordnungen für die geisteswissenschaftlichen und die naturwissenschaftlichen Studienrichtungen (1972), für Medizin (1973) und Veterinärmedizin (1975), für die Rechtswissenschaften (1978) sowie für evangelische Theologie (1982) geschaffen; über jene der sozial- und wirtschaftswissenschaftlichen Studienrichtungen wurde zum Ende ihrer Amtszeit noch parlamentarisch beraten. Des Weiteren wurde mit den Novellen zum Allgemeinen Hochschul-Studiengesetz (1981/82) das Studienrecht modernisiert. Ein Zugang zum Universitätsstudium für Interessierte ohne Matura wurde durch das Bundesgesetz über die Vorbereitungslehrgänge für die Studienberechtigungsprüfung ermöglicht; 1979 wurden Interuniversitäre Forschungsinstitute für Fernstudien an der UBW Klagenfurt errichtet sowie Studienzentren in Bregenz (1981) und Wien (1982) eröffnet; die Rechte der Hochschülerschaft wurden durch eine Neufassung des Hochschülerschaftsgesetzes von 1973 im Jahr 1981 ausgeweitet.

Manchen gingen die Reformen nicht weit genug bzw. beklagten sie Bürokratien und Machteinschränkungen der ProfessorInnen: »Generell ging es im ersten Reformzyklus um die Stärkung des Parlaments (bzw. des Ministeriums). Die traditionelle Autonomie der Universitäten zu begrenzen, galt der sozialdemokratischen Regierung als eine notwendige Voraussetzung ihrer Politik, da diese ihr als das Hauptinstrument des Widerstandes der konservativen Professorenschaft gegen eine Modernisierung der Universitäten erschien. [...] Die damalige Zusammensetzung der Universitätsangehörigen wie auch ihre Entscheidungen galten ihr als nicht repräsentativ genug für die gesamte Gesellschaft [...]. Durch einen sehr stark legislativen Steuerungsansatz (die neuen Gesetze regelten die Organisation und die Studienpläne bis in Details) beanspruchte das Parlament als gewählter Vertreter der Interessen des Steuerzahlers offiziell die Hauptverantwortung für alle Universitätsangelegenheiten. Das Ergebnis war ein bürokratisches ›top-down‹-Management.«[238] Im Jahr 2005 schrieb Leopold März, Rektor der Universität für Bodenkultur von 1993 bis 2003 und Befürworter des UG 2002, in der »Wiener Zeitung« im Rahmen einer Analyse der Universitätsreform 2002: »Ich habe als Student und junger Wissenschaftlicher Mitarbeiter den Abschied von der Ordinarienuniversität alter Prägung miterlebt. Dieser begann schon vor der Firnberg'schen Reform (UOG 1975); denn schon zuvor waren unter dem Unterrichtsminister Alois Mock die ersten Studienkommissionen in paritätischer Zusammensetzung eingeführt worden. Dem UOG 1975, das heute vielfach als Fehlentwicklung bezeichnet wird, sollte man seinen Wert keinesfalls absprechen: es hat vor allem die Mitbestimmung aller an der Universität vertretenen Gruppen gebracht, die einen unwahrscheinlich wichtigen Profilierungsprozess für alle Beteiligten möglich machte. Formal war die Universität in dieser Zeit noch immer eine nachgeordnete Dienststelle des Ministeriums, der Rektor war nicht der Leiter der Universität – er vertrat sie lediglich nach außen. Verwaltung, Universitätsbibliothek und Zentraler Informatik-Dienst waren in die Gesamtuniversität nicht integriert; die Budget-Allokation fand direkt – am Rektor vorbei – vom Minoritenplatz an die einzelnen Organisationseinheiten statt. Es war die Zeit des quantitativen (siehe die Studentenzahlen), aber nicht unbedingt des qualitativen Ausbaus der Universität. Die paradigmatisch wichtige Hinwendung zur Qualitätsorientierung begann unter Minister Tuppy; sie fand ihre entscheidende Entwicklung in den Folgejahren […].«[239] Seine Erfahrungen als Rektor der Universität für Bodenkultur, ein Amt, das er nach UOG 1975 antrat, resümierte er wie folgt: »Bei allem Kompetenzzuwachs erwiesen sich die Verwaltungsabläufe, die Antrags- und Zuteilungsverfahren, speziell die Aktenläufe in Personalangelegenheiten als ungeheuer kompliziert und ineffizient. Gleichzeitig war das Ende der als geradezu gottgegeben betrachteten Ressourcenzuwächse gekommen. Die Budgetjahre 1996–1999 brachten materielle Einbrüche; erst das Budget 2000 bewegte sich wieder auf die Höhe von 1995.«[240]

Die steigende Zahl nicht nur der StudentInnen, sondern in logischer Folge ebenso jene der AkademikerInnen weckte Ängste. 1979 wurde Hertha Firnberg in einer Mitteilung der SPÖ Favoriten unter dem Titel »Es gibt auch im Jahr 2000 keine Akademikerschwemme« zitiert: »›Jene, die die geringste Ausbildung haben, sind am ehesten von Arbeitslosigkeit bedroht, und Österreich hat derzeit die niedrigste Arbeitslosenquote von Hochschulabsolventen. Eine Akademikerschwemme sei aber sicher nicht zu erwarten‹, stellte Frau Wissenschaftsminister Dr. Hertha Firnberg erst kürzlich fest. Dank der SPÖ-Wirtschaftspolitik der letzten Jahre ist nicht nur keine Jugendarbeitslosigkeit, sondern Vollbeschäftigung erreicht worden. Die Frau Minister weist darauf hin, daß die Prognosen des Instituts für Wirtschaftsforschung das Ansteigen des Anteils der Akademiker an der erwerbsmäßigen Bevölkerung von 3,1 Prozent im Jahr 1971 auf 3,5 Prozent im Jahr 1981 voraussagen. Man nimmt an, daß es dann 110.000 Akademiker geben wird. Diese Zahl würde sich 1986 auf 126.000 erhöhen. Würde dieser Trend bis ins Jahr 2000 anhalten, so kommen die Schätzungen in die Nähe von fünf Prozent Akademiker in der erwerbstätigen Bevölkerung. Die Chancengleichheit auf dem Bildungsweg sei daher nach wie vor Ziel der Sozialdemokraten.«[241]

In den Zeitungsartikeln der frühen 1980er Jahre geisterte neben dem Terminus »Akademikerschwemme« jener des »Akademikerproletariats« über die Seiten. Hertha Firnberg dazu: »Bildungsproletariat, das kann es ja gar nicht geben, das ist ja ein Widerspruch in sich selber. An sich vertrete ich die Meinung, daß das Bildungsniveau gar nicht hoch genug sein kann«[242], und sie verwies darauf, dass Österreich im internationalen Vergleich noch immer eine sehr niedrige AkademikerInnenquote habe. Diese Beschwörung eines drohenden »Bildungsproletariats« war nichts Neues. Bereits 1935 warnte Hertha Firnbergs Förderin an der Universität, Dr. Erna Patzelt, in der »Neuen Freien Presse« in einem Artikel über die »Probleme des Frauenhochschulstudiums« vor der ansteigenden Frauenquote: Da die Studentinnen auf Grund der zunehmenden »Verarmung des Mittelstandes«, der Weltwirtschaftskrise und der »Einengung des Arbeitsmarktes« neben dem Studium arbeiten müssten, seien sie körperlich geschwächt; obendrein bedeute ihr unter Mühen erworbener Abschluss keine Anstellung und so würden sie das »intellektuelle Proletariat« mehren. Deshalb dürfe das Universitätsstudium nicht als Berufsausbildung gesehen werden, sondern als allgemeine Bildung; Frauenberufe müssten geschaffen werden, die kein Hochschulstudium benötigten, und eine »strenge, fachliche Auslese«, eine Zugangsbeschränkung sei vonnöten. Arbeitslose AkademikerInnen seien »Raubbau am Staate«, so Dr. Erna Patzelt, weil dieser ja zuvor in deren Bildung investiere.[243] Hier wird außerdem gut ersichtlich, wie weit sich Hertha Firnberg weltanschaulich von ihrer einstigen Mentorin entfernt hatte.

Parallel zur »Akademikerschwemme« trat der Begriff »Massenuniversität« wiederholt auf; bei der Hochschulenquete 1982 wies Firnberg darauf hin, man/frau sei »sehenden Auges« in diese Richtung gegangen; mit heutigen Augen betrachtet entspricht der Terminus »Masse« einer Anzahl von 120.000 Inskribierten nicht, doch müssen hierbei das damals erstaunliche Wachstum und die Übergangsschwierigkeiten, die dieses mit sich brachte, mitbedacht werden.[244]

Im Rahmen einer Debatte zum UOG-Bericht zu fünf Jahren Hochschulreform erklärte Firnberg, sie sei überzeugt, das UOG »habe sich bewährt«, obgleich es mancher Novellen bedurfte; ihrer Ansicht nach sei dies keinesfalls hämisch zu bemängeln, denn sie habe von Anfang betont, »daß die Hochschulreform ein permanenter Prozeß sein müsse und werde«.[245] So sah es auch Dr. Trappl, der im Interview die Novellen eines Gesetzes mit einem »guten wissenschaftlichen Versuch« verglich: »Stellt man bei den Experimenten fest, dass man Modifikationen braucht, weil manches doch nicht so geht, wie man sich das vorgestellt hat, dann novelliert man das halt; ich finde das nicht schlimm.«

Die viel diskutierte Drittelparität

Das Universitäts-Organisationsgesetz von 1975 bezeichnete alle der wissenschaftlichen Lehre verpflichteten Hochschulen als Universitäten, verzichtete auf die klassische Gliederung in vier Fakultäten und rückte an die Stelle der Lehrkanzeln die Institute als kleinste selbstständige organisatorische Einheiten. Am folgenreichsten und umstrittensten war die Demokratisierung der universitären Entscheidungsprozesse, um durch verstärkte Transparenz Engagement und Initiative der Universitätsangehörigen zu fördern. Diese Strukturreform kann mit dem Slogan »von der Professorenuniversität zur Gruppenuniversität« umschrieben werden. »Gruppenuniversität« deshalb, weil sich die betroffenen Gruppen in »Kollegialorganen« (Senat, Fakultätskollegium, Institutskonferenz) zusammenfinden sollten.

Im Grundkonzept zur Drittelparität war die Absicht niedergeschrieben worden, ProfessorInnen, AssistentInnen und StudentInnen sollten in allen Gremien in gleicher Zahl vertreten sein. Für die Regierungsvorlage wurde dieses Grundkonzept bereits reduziert, im parlamentarischen Unterausschuss war die ursprünglich basisdemokratische Idee nur mehr mit Abstrichen vorhanden. So hatte im anfänglichen Entwurf die drittelparitätische Institutskonferenz das Recht, dem Institutsvorstand die

»generelle Marschroute vorzuschreiben«[246], und hätte durch Anträge zum Dienstpostenplan sowie zum Institutsbudget zumindest indirekt Einfluss nehmen können. In der Regierungsvorlage war dann nur noch von einem Recht auf »Anhörung und Begutachtung« die Rede. Daher konnte in der Endfassung der Institutsvorstand erneut und wie eh und je ohne Konsultation der Institutskonferenz agieren. Die Studierenden bekamen 25 Prozent auf Fakultäts- und Universitätsebene bei 50 Prozent ProfessorInnen und 25 Prozent AssistentInnen; Drittelparität als solche existierte folglich nur in der Institutskonferenz und in der Studienkommission.

1974 hatte Hertha Firnberg noch gewettert: »Alle Verteufelungen des UOG, alle Prophezeiungen des kommenden Unheiles und Unterganges sind die Versuche eines Jahrhunderte lang privilegierten Standes, einen Lebensraum, dessen Struktur sich längst überlebt hat, für sich zu retten. Es werden vergebliche Versuche sein – denn die Hochschulen sind im Zeitalter der Wissenschaft zu wichtig für die Gemeinschaft, um sie der Herrschaft eines kleinen Kreises von Interessenten zu überlassen.«[247]

Dennoch änderte Firnberg in der Folge der Proteste manche Passagen in letzter Minute ab, konform zu den Wünschen der ProfessorInnen; so z.B. die Rektorswahl: Der oder die RektorIn sollte anfangs mittels einer Wahl aller an der Universität Lehrenden und Lernenden bestimmt werden; auch diese Bestrebung fiel und letzten Endes wird er/sie nunmehr in der drittelparitätischen Universitätsversammlung gewählt. Des Weiteren wurde das Hausrecht des Rektors/der Rektorin verstärkt. Im Bereich der Berufungsverhandlungen wurden jene Neuerungen gestrichen, die besonders heftig kritisiert worden waren. Statt Firnbergs gewollter alphabetischer Reihung der drei KandidatInnen blieb es beim berühmten Dreiervorschlag: »Und dieser – erlebte Firnberg wie alle ihre Vorgänger – fördert nicht unbedingt die Qualität, aber jedenfalls den ›Trickreichtum: An erster Stelle steht dann ein berühmter Professor, von dem man weiß, daß er eh nicht kommt. An der zweiten einer, der seinen Marktwert an seiner eigenen Uni steigern will‹ (Firnberg). Der dritte aber, der nie auf eine normale Berufungsliste gekommen wäre, der wird es dann.«[248]

Die ProfessorInnen bzw. die Habilitierten besaßen somit die Mehrheit in allen wichtigen Gremien, die Berufungen sowie Lehr- und Forschungsangelegenheiten betrafen. Kein Wunder, dass gerade StudentInnen diese Form der Mitbestimmung als Farce bezeichneten, als »eine Art ›Beschäftigungstherapie‹, die die beginnende Unruhe unter den Studenten kanalisieren soll«.[249] Dass in den Kollegialorganen eine nach Qualifikation und Funktion abgestufte Mitbestimmung der universitären Gruppen (ProfessorInnen, akademischer »Mittelbau«, StudentInnen) angeordnet wurde, war den StudentInnen ein Ärgernis. Sie argumentierten, dass bei einer Nationalratswahl ein Universitätsprofessor ebenfalls nicht mehr Stimmrecht habe als ein Hilfsarbeiter.[250]

Auch den AssistentInnen war die mögliche Demokratisierung zu wenig; und selbst Hertha Firnberg stimmte den Einwänden dieser Gruppe 1975 zu: »Auch für mich persönlich ist das nur ein erster Schritt.«[251] Dennoch gelang es ihr, die AssistentInnen für sich zu gewinnen, indem sie analog zur RektorInnenkonferenz eine BundesassistentInnenkonferenz schuf; diese diente der Ermittlung der rund 400 Delegierten in den Mitbestimmungsgremien, um so die Chance zu einem einheitlichen Willensbildungsprozess zu geben. »›Denn bisher‹, so der Vorsitzende des Dachverbandes österreichischer Assistenten, Dr. Gerhard Windischbauer, 34, ›waren wir im Unterschied zur Rektorenkonferenz ja nur ein unverbindlicher Privatverein.‹ Mit allen Konsequenzen von unbezahlter Freizeitarbeit bis zu oft uneinheitlich konfuser Taktik des rund 4.500 Köpfe zählenden Mittelbaus. Eher isoliert voneinander und angewiesen auf ›einen einzigen Mann, der über die wissenschaftliche Zukunft zu entscheiden hat: nämlich der Ordinarius‹ (Windischbauer), zeigten sie bisher wenig Lust an der ihnen versprochenen Mitbestimmungsmöglichkeit, denn: ›Solange unser Dienstrecht nicht geändert ist, ist es sinnlos, uns zur Kontrolle unserer eigenen Chefs zu ermuntern.‹«[252]

Zu ebendiesem Dienstrecht wurde also ein Entwurf erarbeitet, doch bevor die SPÖ ihn überarbeiten und einbringen konnte, »brachte die ÖVP eben diesen Rohentwurf wortwörtlich als ihren eigenen Antrag ein. Womit der überrumpelten Ministerin gar nichts anderes übrigblieb, als noch rasch in die Reform-Gasse einzubiegen. Denn, so kichert Firnberg, ›das wär' doch noch winziger g'wesen, an Entwurf, der von uns ist und nicht ganz hinhaut, zuzustimmen‹. Fazit: Die 4.500 Assistenten bekommen ein neues Dienstgesetz und sind im großen und ganzen nun ebenso fürs UOG wie das etwa 11.000 Personen umfassende Verwaltungspersonal. Da auch der Großteil der rund 75.000 Studenten nach dem Motto ›besser das als gar nichts‹ für das Reformwerk eintritt, sieht Hertha Firnberg den Boykottdrohungen der rund 1.000 im Professorenverband zusammengeschlossenen Hochschullehrer gelassen und mit dem ihr eigenen Pragmatismus entgegen: ›Schon der Streik hat ja gezeigt, daß die Herren Professoren nicht ganz so unentbehrlich sind, wie sie glauben.‹ Und solange die Verwaltung funktioniert, ›kann da eigentlich nichts passieren. Denn daß nicht geheizt wird oder keine Rechnungen zahlt werden – das würd' ma ja spürn‹.«[253]

1975 pointierte »profil« unter dem Titel »Die Frau hinter dem Gesetz«: »Wann immer Hertha Firnberg festredet und das Tanzbein schwingt, sich die Hände küssen läßt oder statistisches Material zum besten gibt, sind die Meinungen ungeteilt: Sie ist ›eine außerordentlich wissenschaftsbewußte Person, die, wenn sie will, sehr charmant sein kann‹, attestiert die heimische Intelligenzija von Rektor Siegfried Korninger bis Prorektor Günther Winkler [beide damals Gegner des UOG]. Weshalb, so Staatsrechtler Winkler pro domo, ›wir alle nun auch umso mehr enttäuscht sind. So viele Geschenke hab' ich von ihr bekommen‹, deutet Winkler gekränkt auf ein Affenpärchen aus China, einen Kupferteller aus Ägypten und zwei Holzlöffel aus Italien. ›Und jetzt diese Härte.‹ Kontert Firnberg, ganz Contenance: ›Entsetzlich, wie emotionell diese Männer reagieren.‹«[254]

Vermehrt klagten ProfessorInnen über den Zeitaufwand der Sitzungen – ein Argument, das Hertha Firnberg lächerlich fand: »Früher ist ja auch oft stundenlang diskutiert worden. Und zwar von den Professoren alleine. Die Herren Professoren vergessen, daß wir hier, im Ministerium, seit Jahrzehnten ihre Sitzungsprotokolle haben und das sehr gut nachweisen können. [...] Natürlich ist es einfacher und schneller, wenn einer diktatorisch entscheidet, als wenn man sich zusammensetzen muß. Demokratie ist eben Diskussion. Und: Demokratie ist eben mühsam. Das ist einer der Grundgedanken des UOG, daß Entscheidungen demokratisch und nicht autoritär fallen.«[255]

Dass das UOG, welches für eine »staatlich erzwungene Modernisierung«[256] steht, so Pechar/Arnold/Unger in ihrer Analyse, niemanden in letzter Konsequenz zufrieden stellte, die Reform als zu radikal oder zu reduziert kritisiert wurde, ließ Hertha Firnberg Mitte der 1970er Jahre kalt: »Ich hab' inzwischen viel dazugelernt‹, gesteht die Ministerin im Rückblick auf die Zeiten, wo sie es fast jedem recht machen wollte und im Endeffekt fast immer beleidigt war. Inzwischen hat Firnberg sich vom Alb befreit. Beleidigt sind nur mehr die Professoren. Und Günther Winkler findet sich nach ›diesen Verhandlungen ums UOG so, wie wenn man am ganzen Körper wundgelegen ist‹. Daß Firnberg die Universitätsreform mit Zustimmung der Assistenten, des Verwaltungspersonals und großer Teile der Studentenschaft nun doch durchgezogen hat, können die im Professorenverband vergatterten Hochschullehrer nur mehr psychologisch verstehen: ›Sie ist a herrschender Mensch, das gehört zu ihrem Wesen‹, weiß Firnberg-Kenner Winkler, dieweilen Winkler-Kennerin Firnberg auf ›die unendliche Geduld, mit der alle Wünsche angehört und zahlreiche Abänderungen absolut im Sinne der Professoren durchgeführt wurden‹, verweist.«[257]

Auch dies klingt in der »Zeit« ein wenig anders: »Die österreichische Presse, die den Mangel an Nachrichten oft durch einen Kleinkrieg zwischen Medien und landeseigener Prominenz zu ersetzen sucht, fühlt sich durch weibliche Politiker immer zu besonderen Niveaulosigkeiten inspiriert, und Hertha Firnberg ist ob ihrer Einmaligkeit ein besonders provozierendes Objekt. Sie müßte es gewöhnt sein, kränkt sich aber immer wieder. Vor allem darüber, daß ›die Journalistinnen sich daran genauso beteiligen wie ihre männlichen Kollegen, mit denselben doppeldeutigen Formulierungen, denselben frauenfeindlichen Wortspielen, denselben impliziten Abwertungen‹.«[258]

Rückblickend resümierte Hertha Firnberg in »Österreich zuliebe«: »An der Spitze der Universitäts- und Forschungsreformgesetze stand das Universitäts-Organisationsgesetz (UOG), das erst nach langen Auseinandersetzungen beschlossen wurde; mit ihm wurde die Demokratisierung der Universitäten durch eine

nach der Qualifikation differenzierte Mitbestimmung aller an den Universitäten Tätigen eingeleitet. Für mich persönlich leitete die Diskussion um das UOG eine recht heiße und harte Zeit ein: unzählige Polemiken richteten sich gegen das Gesetz, seine Demokratisierungs- und Rationalisierungstendenz und mich persönlich. Karikaturisten fanden ein reiches Betätigungsfeld. Heute ist der Sturm vorüber und die Mitbestimmung zur Selbstverständlichkeit geworden. Wenige Jahre später konn[t]e ich – in friedlicher Weise! – den Folgeschritt mit dem ›Forschungsorganisationsgesetz‹ (FOG) vollziehen.«[259]

Gravierende Veränderungen am UOG nach Firnbergs Amtszeit betrafen die Stärkung der Autonomie der Universitäten, die Positionierung des Studiendekans, zuständig für die Durchführung des Studien- und Prüfungsbetriebs, und eine radikale Beschneidung der Mitbestimmungsmöglichkeiten Studierender. Die Debatten um die seit einigen Jahren etablierten Zugangsbeschränkungen und die kurzzeitige Wiedereinführung von Studiengebühren, die nunmehr erneut ad acta gelegt wurden, sind wohl allen bekannt.

Dr. Peter Kostelka, in dessen Augen »Hertha ein Politiker war, der mit allen Wassern gewaschen war«, bezeichnete im Interview den Glauben an die revolutionäre Kraft der Drittelparität als »de[n] große[n] Irrtum des UOG«. Damals glaubten »wir, dass der Mittelbau und der akademische Nachwuchs – schon von neuen Ideen infiziert – möglichst bald in Leitungsfunktionen einbezogen« würden, dass StudentInnen zu AssistentInnen und AssistentInnen zu ProfessorInnen werden würden, was eine Veränderung und Modernisierung der Universitäten von innen her bedeutet hätte. Herausgestellt habe sich jedoch, »dass zwar die Studenten die eine Antipode waren, die Professoren die andere Antipode und sich der Mittelbau […] als Standesvertretung gedacht hat; deren erstes Ziel [war es,] sobald als möglich in die Pfründe zu kommen […]. Das war menschlich verständlich, aber wenn Sie auf den Barrikaden stehen und die Fackel der Revolution in der Hand haben – jetzt übertrieben, so war es nicht –, dann ist es nicht unbedingt das, was Sie erwarten […]. Zumindest habe ich es nicht erwartet«.

Dr. Trappl resümierte im Interview: »Für mich war es nachträglich sehr interessant, wie sehr man sich irren kann und wie sehr ich mich geirrt habe. Ich habe mich massiv für Drittelparität eingesetzt, zum Beispiel in den Habilitationskommissionen. In meiner Vorstellung war es so, dass Leute sich nur habilitieren konnten, wenn sie Liebkind bei einem Professor waren, und da vorher in den Habilitationskommissionen nur Professoren waren, habe ich mir viel davon versprochen, dass Vertreter des Mittelbaus und der Studenten in jener Kommission sein würden, und wenn schon nicht Drittelparität möglich wäre, dann also eben die Hälfte Professoren, ein Viertel Mittelbau, ein Viertel Studenten. Tatsächlich war meine Hypothese, dass es damit zu besseren – d.h. zu qualitätsvolleren – Entscheidungen kommt, völlig falsch; und zwar insofern, als ich von der Annahme ausging, dass der Mittelbau daran interessiert sei. Der Mittelbau ist aber daran interessiert, solidarisch zu sein, d.h., die Mittelbauvertreter haben ohnehin immer für den Assistenten, der sich habilitieren wollte, gestimmt; fast ausnahmslos. Und falls einmal einer nicht für diesen Bewerber gestimmt hat, dann konnte er sicher sein, dass er vom Mittelbau nicht mehr in eine Habil-Kommission nominiert wurde. – Die Idee der demokratischen Mitbestimmung, dass diese auch immer eine Verbesserung der Entscheidungsqualität bringen wird, die muss ich zurückziehen, da habe ich in diesem Fall für etwas gekämpft, von dem ich nachträglich sagen muss, sehr viel – falls überhaupt etwas – hat es sicher nicht gebracht, möglicherweise ist die Qualität sogar schlechter geworden als vorher. Das ist eine Erfahrung und eine Enttäuschung natürlich auch.«

Dr. Ostleitner – zur Zeit der ersten Umsetzung des UOG 1975 Universitätsassistent und Mittelbauvertreter – verwies auf die »ungeheure Aufwertung der Assistenten und Dozenten, weniger der Studenten«. Seiner Erfahrung nach bildeten sich immer wieder Koalitionen aus AssistentInnen, StudentInnen und bestimmten ProfessorInnen, die in der Folge »sehr leicht eine Mehrheit gewinnen« konnten. Eine negative Folge dieser Koalitionen sei es gewesen, dass so auch mittelmäßige AssistentInnen an der Universität bleiben konnten. Als positive Konsequenz wertete er, dass diese Koalitionen es kritischen ProfessorInnen oder DozentInnen ermöglichten, eine Professur zu bekommen, und obendrein die Position der Frauen gestärkt wurde. Wahrhaft mächtig, so Dr. Ostleitner, sei nach wie vor das Ministerium geblieben und »wirklich einflussreich war der Sektionschef. Daher ist natürlich die Mitbestimmung an enge Grenzen gestoßen – weil: Mitbestimmung wo? Es gab Mitbestimmung in der Habil-Kommission und in den Berufungskommissionen. Aber in Fragen wie Budget, Institute, Institutsgliederung, Fakultätsgliederungen, da gab es keine Mitbestimmung. Das heißt, Mitbestimmung hat sich beschränkt auf personalpolitische Fragen. Die sind natürlich sehr wichtig, aber das ist nur ein Teil der Universitätspolitik«.

1999 analysierten Pechar/Arnold/Unger in ihrer Studie, es scheine nicht verwunderlich zu sein, dass so manche sich über den Tisch gezogen fühlten, wenn man/frau bedenke, dass einerseits zwar »demokratisch gewählte Gremien eingesetzt [wurden] (paritätisch von den Studierenden, dem Mittelbau und den Professoren besetzt), andererseits […] aber [wurden] zugleich deren Entscheidungen durch übergeordnete Gesetze zum Teil extensiv beschränkt, oder konnten durch ein Veto des Ministers aufgehoben werden, oder waren von [A]nfang an von dessen Zustimmung abhängig. […] Die für die Organisation vielleicht gravierendste Auswirkung dieses ›top-down‹-Managements war die Zentralisierung der Informationen: Sei es in der Beziehung zwischen dem Ministerium und den Universitäten, sei es innerhalb der Universitäten selbst, in der Regel hatte die rangniedrigere Kommission kein Recht, über den Entscheidungsprozeß einer ›höheren‹ Entscheidungsinstanz informiert zu werden«.[260]

Dr. Trappl resümierte: »Andererseits hat es ein Gremium gegeben, das sogar viertelparitätisch zusammengesetzt war und für das ich mich sehr eingesetzt habe, ein Gremium ähnlich dem Ombudsmann in Skandinavien, das war erstmalig, hier, in Österreich: die sogenannte Beschwerdekommission. Diese war achtköpfig, zwei Professoren, zwei Mittelbauvertreter, zwei Studenten und zwei Vertreter der sonstigen Bediensteten. Und diese waren berechtigt, Beschwerden aller Art entgegenzunehmen, von Mitgliedern, von Angehörigen der Universität vor Ort Auskünfte einzuholen usw.« 24 Jahre hatte Dr. Trappl in dieser Kommission, die bis zur Jahrhundertwende-Reform bestand, an der Universität Wien den Vorsitz. Obgleich sich das Gremium seines Erachtens »sehr bewährt« hatte, wurde es »überraschenderweise in den neuen Vorschlag des Gesetzes nicht aufgenommen, offensichtlich, weil das niemand so recht wollte; die Professoren wollten es natürlich nicht, der Mittelbau verlangte es nicht explizit und die Studenten empfanden das manchmal als Konkurrenz gegen ihre Interessenvertretungen […]; und die sonstigen Bediensteten, das waren oftmals Angestellte der Universität, gegen die sich Beschwerden richteten, die verlangten diese Kommission auch nicht. Von Seiten des Ministeriums … – ich beredete das nachher mit Sektionschef Höllinger, und er sagte, sie hätten ja nicht gewusst, dass so etwas funktioniert hat. – Er hat aber auch nie gefragt und wir waren ja nicht berichtspflichtig. Ich denke schon, dass es da einiges Interesse gegeben hat, so etwas, das außerhalb einer fixen Hierarchie besteht, nicht wieder einzusetzen … Da mit dieser Einrichtung aber zahlreiche Konflikte bereinigt und wesentliche Verbesserungen innerhalb der Universitäten erzielt werden konnten, sollte bei einer zukünftigen Novelle wieder eine solche Ombudsfunktion vorgesehen werden«.

Dr. Sigurd Höllinger betonte, schon der Terminus »Basisdemokratie« sei eine »falsche Etikettierung« gewesen, darin habe ein »fundamentaler Fehler« gelegen. Die Universität sei »immer bürokratischer geworden«, die UniversitätslehrerInnen hätten mittels ihrer Mehrheit »vor allem ihre eigenen Interessen« verfolgt. »Es hat«, präzisierte Dr. Höllinger, »sich nicht um Basisdemokratie gehandelt, sondern um demokratische Organisation in einer bürokratischen Organisation.« Dennoch räumte er ein, er kenne keine maßgeblichen KritikerInnen, die dies damals schon geschrieben hätten: »Im Nachhinein kann man immer klüger sein und kann Dinge auseinanderhalten, was die Erinnerung ist, die sich wirklich auf die Zeit bezieht, und was nicht, in der Folge, Erfahrung ist. – Das ist nicht so wesentlich. Hertha Firnberg hat eine Entwicklung eingeleitet; dass es dann Korrekturen gibt, ist der normale Prozess, in der Folge. – Dass sie dann, in ihrer Berufslebenszeit, allmählich nichts mehr an ihrem Werk ändern lassen wollte, das ist eine Sache, die man häufig bei Politikern findet, die ins Alter gekommen sind. Wobei das weniger mit dem Lebensalter zu tun hat als damit, dass sie ins Amtsalter gekommen sind.«

Freiheit der Wissenschaft! – Freiheit der Kunst?

Die Grundziele der »Ära Kreisky« lassen sich, so Hertha Firnberg, auf »wenige, aber wirkungsvolle Leitideen zurückführen, vor allem auf die Forderung ›Freiheit von Not und Zwang‹ für alle. [...] ›Not‹ wird im weitesten Sinn begriffen, nämlich nicht beschränkt auf materielle Not, sondern auch intellektuelle und kulturelle Benachteiligung umfassend. [...] Mehr Freiheitsraum sollte die Demokratisierung aller Lebensbereiche schaffen. [...] ›Gleichheit‹, Grundprinzip der sozialen Demokratie, war eines der wichtigsten vorgegebenen Ziele. – Gleichheit vor dem Gesetz für alle Bundesbürger war das Credo der Rechtsreformer und ebenso Grundlage des Privilegienabbaues. – Chancengleichheit in der Bildung, bei den Aufstiegsmöglichkeiten, beim Teilhaben an den materiellen und kulturellen Gütern war unabdingbarer Bestandteil der sozialen Demokratie«.[261]

Im Europarat 1972 erklärte Hertha Firnberg: »»Manche Hochschulen oder Hochschulkreise zeigen allerdings ein Verhalten wie Don Quichotte im Kampf gegen Windmühlen, wenn es um die Freiheit der Wissenschaft geht. Die Bedrohung der Freiheit der Wissenschaft scheint jedenfalls – da ja durch justiziable Rechtsnormen abgeschrankt – heute nicht so sehr vom Staat oder der Gesellschaft, sondern vielmehr von einer elitären Demokratievorstellung verhafteten Haltung einer ›Closed Society‹ gegeben.«[262]

Dr. Neisser, der im Interview Einigkeit mit Hertha Firnbergs Reform-Vorstellungen beschwor, räumte gegen Ende des Gesprächs ein, es habe einen »signifikanten Unterschied« zwischen ihren Positionierungen gegeben: die Autonomiefrage. Hertha Firnberg habe einer »stark mitgesteuerten Universität« den Vorzug gegeben, um zu verhindern, dass Professoren »sich in Grabenkämpfe verzetteln und eigentlich wenig weiterbringen«. Dr. Neisser erzählte, er habe einmal Hertha Firnberg »sehr beleidigt«, als er ihre Art einer »Autonomie der Universitäten« mit folgenden Worten darstellte: »Man kennt sie ja. Professoren kommen mit einem großen Blumenstrauß, betreten das Ministerium beim Haupteingang am Minoritenplatz und gehen beim rückwärtigen Ausgang mit dem Besitz einer außerordentlichen Dotation hinaus. [Lacht.] – Sie hat natürlich eine Form der Eitelkeit gehabt, aber sie war intelligent und sie hat eine Form der Kultur gehabt […] Ihre Tätigkeit im Bundesfrauenkomitee hat wahrscheinlich auch dazu beigetragen, dass sie letztlich down to earth war, dass sie am Boden stand.«

Mit dem Kunsthochschul-Organisationsgesetz 1970 und der Kunstschulordnung wurden die Kunstakademien reformiert, in den Rang von Hochschulen erhoben, und es wurde ihnen ein Forschungsauftrag erteilt. Der akademische »Mittelbau« und die Studierenden erhielten folglich ebenso wie an anderen Universitäten Mitbestimmungsrechte in den Entscheidungsgremien. Dass dies umgangen werden konnte, zeigt das Beispiel der Akademie der Künste – diese erreichte nach Firnbergs Amtszeit, im Jahr 1987, dass ihre Professoren im Akademiekollegium nicht überstimmt werden können.

Das Kunsthochschul-Studiengesetz aus dem Jahr 1983 kopierte in vielem das Allgemeine Hochschul-Studiengesetz und vermerkte als Neuerung das Graduierungsrecht zum Magister der Künste (Magister artium) für AbsolventInnen der ordentlichen Studien.

Dass durch die Akademisierung der Kunsthochschulen in diesen das paritätische System zur Anwendung kam, kritisierte Dr. Neisser: »Ich glaube, bei aller Berechtigung einer Mitbestimmung, aber Kunstausbildung einem bürokratischen System und einem paritätischen System zu unterwerfen ist ein bisserl ein Problem.« Im nächsten Atemzug hingegen räumte er ein: »Obzwar es auch dem Leiter der Meisterklasse nicht geschadet hat, wenn der ein bisserl unter ein System der öffentlichen Kontrolle gekommen ist.«

Hierin bezog er sich auf Friedensreich Hundertwasser (eigentlich Friedrich Stowasser, 1928–2000), einen jener Professoren, die Hertha Firnberg berief. Er leitete von 1981 bis 1997 eine Meisterklasse für Malerei an der Akademie der bildenden Künste in Wien. Hundertwasser war zeit seines Lehrens kein unumstrittener Professor, da er seinen Vortrag an Bord seines Schiffes vor der neuseeländischen Küste auf eine Videokassette aufnahm und diese seinem Assistenten sandte, der sie dann vor den StudentInnen abspielte. Hundertwasser persönlich, bestätigte

Dr. Neisser, sei »einmal im Jahr ein, zwei Monate« an der Universität gewesen.

Bei einer Verhandlung zur Berufung eines Hochschulprofessors oder einer Hochschulprofessorin, so Herta Slabina im Interview, wurden neben Gehalt und Ruhegenussvordienstzeiten auch sogenannte »Berufungszusagen« besprochen und geäußerte Wünsche verhandelt. Hundertwasser wünschte sich eine Außentreppe am Gebäude der Akademie in sein Atelier; dieses Ansinnen wurde jedoch im Namen des Denkmalschutzes abgelehnt. »Viele Künstler«, so Herta Slabina, »hatten halt ihre Marotten.«

Norbert Leser, den Hertha Firnberg auf den ersten Politologie-Lehrstuhl[263] nach Salzburg berief, würdigte sie in seinem Band »Der Sturz des Adlers« kritisch: Leser stellt fest, zwischen ihm und der Partei habe sich eine »regelrechte Entfremdung« offenbart, er habe mit seiner »Enttäuschung über sie fertig werden« müssen und sie habe »die Enttäuschung« über ihn »zur Kenntnis zu nehmen« gehabt, man habe sich »eben Schritt für Schritt auseinandergelebt« – Sprachbilder, die an das Scheitern einer Ehe erinnern.[264] Norbert Leser bezeichnet seine Mentorin als »prägende Mutterfigur« in seinem Leben, durch die er »wie über eine mütterliche Nabelschnur auch noch mit der Partei verbunden war. Sie förderte meinen akademischen Aufstieg [...] Sie sagte mir wiederholt, dass sie mich für den besten Kopf in der Partei halte und dass es meine Aufgabe sei, diese an der Universität zu vertreten. [...] Firnberg entwickelte eine geradezu liebevolle Beziehung zu mir, sie war, wie ich, anhanglos und wir sprachen uns von Single zu Single gut, ja mehr als gut. Sie hat auch einmal das folgende Bonmot über mich geprägt, das ich immer wieder zitiere: ›Leser hat sich vom Einzelkind zum Einzelgänger, vom Einzelgänger zum Unikum und vom Unikum zum Unikat stilisiert.‹ Firnberg verteidigte mich auch lange Zeit gegen innerparteiliche Angriffe und räumte mir einen Sonderstatus ein, der durch nichts erschüttert wurde und nicht erschütterbar zu sein schien«.[265] Ein Irrtum, wie sich nach Lesers 1988 erschienener Analyse »Salz der Gesellschaft. Wesen und Wandel des österreichischen Sozialismus« herausstellte: »In diesem Buch [...] kritisierte ich nicht nur Kreisky persönlich, sondern auch seine Ära und damit indirekt auch sie als eine herausragende Figur aus dieser Ära. Die Kritik an Kreisky hätte sie mir noch verziehen, denn sie war selbst schlecht auf ihn zu sprechen«[266], und er bezieht sich auf Kreiskys Aussage »Alt bin ich selber«, die sie ihm nie verziehen habe, da sie dies als »öffentliche Bloßstellung« empfunden habe. Über den Konflikt zwischen Firnberg und Leser vermerkte »Die Presse«: »Doch als der inzwischen längst Arrivierte die Verfallserscheinungen im ›Sonnenkönigreich Kreisky‹ angriff, fühlte sich Firnberg persönlich beleidigt: Wir alle erinnern uns mit Schaudern, wie rasch die ›Primadonna‹ der heimischen Innenpolitik ›eingeschnappt‹ sein konnte.«[267] Leser selbst bezeichnet es als einen Bruch, der »stillschweigend stattfand«:[268] »Sie nahm von da an keine Einladungen mehr an und war tief enttäuscht und gekränkt. Sie warf mir […] Undank und Verrat an der Idee, in deren Namen ich angetreten war und groß geworden bin, vor. Auch ich litt unter diesem durch meine Aussagen und ihre Reaktion darauf herbeigeführten Bruch, konnte aber das, was ich geschrieben hatte, nicht zurücknehmen und auch nicht bereuen. Und außerdem: Ist es nicht ein großes Kompliment, einer Bewegung in der Gesellschaft die gleiche Funktion zuzubilligen wie dem Salz im menschlichen Körper, dem wichtigsten Mineral, ohne das der Mensch zu leben aufhören müsste? Freilich, die Kehrseite dieses Kompliments ist die bitter wie Salz schmeckende Wahrheit, dass Salz bzw. der mit ihm parallelisierte Sozialismus durch die von ihm hinzugefügten Zutaten den Kapitalismus erst erträglich und bekömmlich gemacht hat.«[269] Ein Jahr vor ihrem Tod traf er Hertha Firnberg bei einer Jubiläumsfeier im Ford-Institut für höhere Studien: »Bei dieser Gelegenheit sagte sie vor Zeugen: ›Ich habe den Leser wie einen Adoptivsohn betrachtet. Aber die Söhne gehen dann halt oft andere Wege, als die Mütter wollen.‹«[270]

Forschung

»Die Position Österreichs war immer gekennzeichnet durch Festhalten an Konventionellem, Verkennung der Bedeutung von Information, Koordination und Kommunikation, geringe Neigung zur Planung und – nicht zuletzt – Benachteiligung von Wissenschaft und Forschung gegenüber den Bereichen künstlerischer, besonders reproduktiver Kulturaktivitäten durch Staat und Öffentlichkeit. Ende der 60er Jahre setzte ein Umdenkprozeß ein [...]. Die tatsächliche Wende [...] erwuchs aus einer politischen Entwicklung, nämlich der Regierungsübernahme durch die sozialistische Regierung«[271], schrieb Hertha Firnberg 1981.

Wie bereits erwähnt wurden 1970 im Zuge der Reformpolitik der SPÖ erstmals in Österreich in einer Regierungserklärung expressis verbis Forschung wie Wissenschaft zu »zentralen Anliegen« erhoben und in der Folge wurde auch erklärtermaßen eine »konzeptiv geplante Forschungspolitik« angestrebt; analog zur Wissenspolitik wurde die Forschung als essenzieller Teil der allgemeinen Gesellschaftspolitik verstanden, um gesellschaftsrelevante Probleme zu lösen. Des Weiteren argumentierte Hertha Firnberg, Forschungsökonomie sei wichtig, damit sich die »naive« Forschungspolitik zu einer »pluralistischen« Forschungspolitik entwickeln könne, welche die gesamte Komplexität des sozialen und wirtschaftlichen Innovationsprozesses zu erfassen versuche: »Der zunehmende Einsatz öffentlicher Mittel für Forschung und Entwicklung findet seine Rechtfertigung nur im Beitrag der wissenschaftlichen Erkenntnisse zur Erreichung gesellschaftlicher, wirtschaftlicher, sozialer und kultureller Ziele. Für eine so verstandene Forschungspolitik ist die Ökonomie der Forschung wesentliches wissenschaftliches Rüstzeug.«[272]

Analog zu Kreiskys »Kommissionitis« ließe sich bei Firnberg eine »Projekteamitis« diagnostizieren. Ausgehend von einem ersten Projektteam zum Themengebiet »Forschungskonzeption« ließ sie über 80 weitere interdisziplinär zusammengesetzte ExpertInnengruppen an der »Konzipierung entscheidungsvorbereitender Empfehlungen, Gutachten und globaler wie sektoraler Konzeptionen«[273] arbeiten; zudem machte die Entwicklung neuer Wissenschaftsfelder eine enge Einbindung von ExpertInnen sinnvoll. 1974 lag der Forschungsschwerpunkt auf dem Teilbereich der Energieforschung; Konzepte wurden von einem ExpertInnenteam ausgearbeitet: »Alle mit Energieforschung befaßten Stellen im universitären und außeruniversitären Raum werden kooperativ und koordiniert Vorschläge erarbeiten. Ein kleines Land aber kann die Wissenschaftsprobleme nur international lösen:

Für kleine Staaten wie Österreich ist Wissenschaftspolitik ohne internationale Kooperation und Information undenkbar.«[274]

Die Gründe hierfür sind einleuchtend: die geringeren finanziellen Möglichkeiten, die Spezialisierung der Wissenschaft, welche eine arbeitsteilige Forschung mit sich bringt, wodurch der aktive wie der passive Informationsfluss enorm wichtig wurde. Viele Probleme wie Umweltfragen, Energiepolitik, Konfliktvermeidung und Armut sind »nur gemeinsam zu bewältigen«[275], weshalb die Weichen in der Forschung auf internationale Zusammenarbeit gestellt sein sollten. Die Perspektiven der Forschung sah Firnberg – vor allem auch im Hinblick auf die damals kommende Jahrhundertwende und die »Menschheitskatastrophen«, zu denen sie »Hunger, Armut, Unwissenheit«[276] zählte – in einer internationalen Ausrichtung und betonte in ihren Schriften immer wieder: »Forschungspolitiker und Wissenschaftler müssen bedrückt feststellen, daß mehr als die Hälfte des wissenschaftlichen Potentials der Welt für die Zerstörung des Lebens eingesetzt ist anstatt für seine Humanisierung.«[277] Kreativität und Innovationsbereitschaft seien vonnöten und »persönliche Initiative, Qualifikation, Ideenreichtum und Mobilität werden in Zukunft den Grad der Behauptung Österreichs im internationalen Wettbewerb bestimmen«[278], denn die Entwicklung der letzten Jahrzehnte in Österreich bestätige, das Land sei auf dem richtigen Weg; Österreich habe, »gemessen am Bruttoinlandsprodukt je Einwohner, das größte Wirtschaftswachstum aller europäischen OECD-Staaten zu verzeichnen, den drittkleinsten Preisanstieg [...], die zweitniedrigste Arbeitslosenrate [...] und als einziges Land eine unterproportionale Jugendarbeitslosigkeit [...]«.[279]

Forschungs- und Wissenschaftspolitik sollte nach Firnbergs Ansicht auf konkrete soziale Bezüge und gesellschaftlich relevante Probleme hin ausgerichtet sein; vor allem »den lange vernachlässigten Sozial- und Geisteswissenschaften« wurde »erstmals in Österreich« eine »planmäßige Förderung« zuteil.[280] Forschungsschwerpunkte, die gesetzt und gefördert wurden, waren: Energie- und Rohstoffforschung, Ökologie, Humanisierung der Arbeitswelt, Forschung über sozial- und gesellschaftspolitische Probleme, Altersforschung, Demokratieforschung, Bildungs- und Kulturforschung, internationale Fragen sowie die Friedensforschung.

Gemäß dem Forschungs-Organisationsgesetz von 1981 wurde die Errichtung eines Österreichischen Rates für Wissenschaft und Forschung als Beratungsgremium sowie die Errichtung der Österreichischen Konferenz für Wissenschaft und Forschung als umfassendes Diskussionsorgan beschlossen. Unter Firnbergs Ministerschaft erfuhren zahlreiche andere Forschungszentren gleichfalls Unterstützung, u.a. die Akademie der Wissenschaften, das Forschungszentrum Seibersdorf sowie die Ludwig Boltzmann Gesellschaft, deren Vizepräsidentin Hertha Firnberg vom 30. Juni 1983 bis zum 2. Dezember 1985 war.

1974, nach vier Jahren Amtszeit, waren die Ausgaben des Bundes für Forschung und Forschungsförderung mehr als verdoppelt worden und von 1,3 Milliarden Schilling im Jahr 1970 auf 2,7 Milliarden Schilling im Jahr 1974 gestiegen.[281]

Auch hier wirkte sich der stetige Zustrom der Studierenden in Form von Klagen der ProfessorInnen aus: Bei der Hochschulenquete 1982 gaben diese an, die Forschung käme auf Grund der Lehrerfordernisse und des Anstiegs der Studierenden zu kurz, was Firnberg mit dem Argument zurückwies, dass die Anzahl der AssistentInnen ebenfalls gestiegen sei und deren Lehrveranstaltungsangebot sich verdreifacht habe, hingegen sei das Lehrveranstaltungsangebot der ProfessorInnen gleich geblieben.

Häufig kehrte die Überlegung wieder, es wäre vorteilhafter, die Universitäten in Zukunft erneut in das Ministerium für Unterricht einzugliedern und ein eigenes Ministerium für Forschung und Technologie zu gründen; insbesondere der Abgeordnete Dr. Alois Mock brachte dies des Öfteren ins Gespräch ein und stellte die Existenzberechtigung eines eigenen Wissenschaftsministeriums in Frage[282] – Überlegungen, die keinesfalls Hertha Firnbergs Zustimmung fanden.[283]

Schon seit der Kindheit das Fernweh

Gemäß ihrem Credo über die Bedeutung internationaler Vernetzung in der Wissenschaftspolitik bereiste Hertha Firnberg nicht nur europäische Länder, sondern intensivierte auch die Kontakte zu China, der Türkei, Malta, Indien, Ägypten, Saudi-Arabien, der damaligen Sowjetunion, dem Iran, Israel … – dies war ein Teil ihrer Arbeit, der ihr besonders gefiel. Es plage sie, so sagte sie selbst, schon seit der Kindheit das Fernweh, in der Welt »herumzugondeln« sei seither ihr Hobby ...[284]

Als Dr. Margarethe Pompl im Interview über jene Reisen sprach, schmunzelte sie im Hinblick auf Hertha Firnbergs Kondition und meinte, jene Sektionschefs, die sie bei diesen Auslandsreisen begleiteten, seien danach »urlaubsreif« gewesen. Erika Weinzierl, die Firnberg auf der Israel-Reise begleitete, war ebenfalls vom Elan der Ministerin beeindruckt: »Ich werde es nie vergessen ... In Jerusalem gibt es sehr viele Stiegen zu steigen, und sie hat immer Stöckelschuhe getragen, hohe, die etwas zu groß waren. Sie ist trotzdem wie ein Wiesel vor uns die Stiegen hinauf – nicht gehüpft, sondern ganz schnell gegangen. Ich habe mir immer gedacht: Dass sich die Frau nicht verknöchelt, ist mir ein Rätsel.«

Von ihren Reisen brachte Hertha Firnberg neben Kunsteindrücken und Gaben für diverse ProfessorInnen allerhand private Sammelobjekte mit. Ihre Passion für Kitschiges wie wappengeschmückte Aschenbecher, bessarabische Gartenzwerge, Püppchen oder diverse Heiligenstatuen prägte ihr Haus in Favoriten nach und nach.

Museen, Sammlungen, Bibliotheken & Denkmalschutz

Prof. Dr. Hermann Fillitz, Ordinarius für Kunstgeschichte an der Universität Wien und von 1982 bis 1989 Direktor des Kunsthistorischen Museums, schrieb in seinem Brief, er könne die persönlichen Interessen Hertha Firnbergs im Bereich der bildenden Kunst nicht beurteilen, da ihre Diskussionen stets allgemeine Fragen der Museen und Sammlungen betroffen hätten, doch sei sein persönlicher Eindruck gewesen, dass sie »eher der älteren Kunst zugeneigt« gewesen sei.

Die Kompetenzen für Museen und Sammlungen waren unter verschiedenen Ministerien aufgeteilt; als grobe Regel könnte man/frau sagen, Hertha Firnberg sei für die »Toten« zuständig gewesen, während zeitgenössische, lebende KünstlerInnen Angelegenheit des Unterrichtsministeriums gewesen seien.

Zu den Bundesmuseen zählten unter anderem das MAK (Museum für angewandte Kunst), die beiden Hofmuseen und das

Technische Museum für Industrie und Gewerbe. Museen, so Hertha Firnberg, dürften keinesfalls als Schatzkammern der Vergangenheit interpretiert, sondern sollten als Forschungseinrichtungen betrachtet werden. Außerdem sei eine Demokratisierung der Museen dringend vonnöten. So müssten die Öffnungszeiten an das Alltagsleben der BesucherInnen angepasst werden, damit auch Berufstätigen eine Besichtigung der Ausstellungen möglich werde. Das Kunsthistorische Museum zum Beispiel hatte zu jener Zeit wochentags von 10 bis 15 Uhr, an Sonn- und Feiertagen von 10 bis 13 Uhr geöffnet. Zur Behebung des Personalmangels, der als Hindernis für flexiblere und großzügigere Öffnungszeiten angeführt wurde, schlug Firnberg unter anderem die Installation von Bewachungsanlagen vor. Zudem wurde versucht, dieses Problem mittels einer zeitlich befristeten Maßnahme anzugehen: Im Rahmen der »Aktion 8000« des Arbeitstrainings der Arbeitsmarktverwaltung wurden zusätzliche Personen als AufseherInnen beschäftigt. Man/frau gab sich mit dieser Zwischenlösung zufrieden und zeigte sich alsdann überrascht, als die Initiative am 30. Juni 1987 ohne Verlängerung eingestellt wurde, was den Betrieb der Museen zu Beginn der touristischen Hoch-Zeit zum Erliegen brachte.

Zahlreiche Probleme der Museen hatten die vorhergehenden Regierungen seit den 1950er Jahren anstehen lassen: Das Budget war unverhältnismäßig gering, die Infrastruktur mangelhaft, die Lagerungsmöglichkeiten waren unzeitgemäß und teilweise für die Kunstschätze bedrohlich; manche Werke konnten nicht ausgestellt werden, da ihre Sicherheit nicht gewährleistet werden konnte. Die Fassaden des Kunst- und Naturhistorischen Museums waren derart baufällig, dass ein Sicherheitszaun BesucherInnen vor fallenden Brocken schützen musste – eine Situation langjähriger Vernachlässigung, die sich während Hertha Firnbergs Amtszeit nur geringfügig ändern ließ. Prof. Dr. Hermann Fillitz in seinem Brief: »Was sie [...] als Politikerin hinsichtlich der Problematik der Museen auszeichnet, ist ihre Aufgeschlossenheit für die aktuellen Situationen. Diesbezüglich ging sie weit über ihre Vorgänger und Nachfolger hinaus. Aus Gesprächen weiß ich, daß sie – bald nachdem sie das Ministerium übernommen hatte – eine Reform der Museen anstrebte. Daß sie das nicht verwirklichen konnte, hat darin seinen Grund, daß sie keinen Fachmann fand, der für diese Aufgabe geeignet schien.«

Hertha Firnbergs museale Initiativen zeugten, so Prof. Dr. Fillitz, »von einem außerordentlichen Weitblick« und hätten, wären sie in ihrem Sinn weitergedacht worden, in Wiens Museumslandschaft »entscheidende Veränderungen gerade auch in der Relation zu anderen Städten wie Paris gebracht. […] All das, wessen man sich heute rühmt, fußt auf den Initiativen ihrer Regierungszeit«, ist er überzeugt.

Ein gutes Beispiel für die allgemeine Situation ist die typisch »österreichische Geschichte« rund um das Museum des 20. Jahrhunderts. Schon in den 1960er Jahren wurden Situation und Platzmangel dieses Hauses beklagt. Während Firnbergs Amtszeit entschloss man/frau sich 1979, beraten von Prof. Dr. Hermann Fillitz, zur provisorischen »Lösung«, das Museum Moderner Kunst mittels Dependance zu erweitern. Nach mehreren eingeholten Vorschlägen fiel die diesbezügliche Entscheidung auf das Palais Liechtenstein; beide Ausstellungsorte waren durch die sogenannte »Museumslinie«, die Straßenbahn »D«, miteinander verbunden. Das Palais wurde um 27 Millionen Schilling adaptiert und renoviert[285], laut Dr. Frühauf wurde diese Summe von der Liechtenstein'schen Liegenschaftsverwaltung als Eigentümerin des Gebäudes aufgebracht. Die andere angedachte, doch verworfene Variante, eine Renovierung samt Ausbau des »20er Hauses«, hätte 16 Millionen Schilling gekostet.[286] Gegen die Lösungskompetenz des gesamten Unterfangens sprachen zudem die Zersplitterung der Exponate, die hohe Miete (im Jahr 1979 betrug sie 185.000 Schilling pro Monat[287]) und die Heizkosten, welche bereits einen Großteil des musealen Budgets verschlangen, das eigentlich für Ankäufe reserviert sein sollte. Mit der Leitung des Museums wurde – als Direktor auf Lebenszeit – der damals 36-jährige Dieter Ronte betraut, ein Mitarbeiter des Kölner Restaurators und Kunstsammlers Wolfgang Hahn, der die Sammlung Hahn kannte und als Vertrauensmann Peter Ludwigs galt. Aus der Sammlung Peter und Irene Ludwig sollten Leihgaben zur Wiederbelebung des Museums Moderner Kunst organisiert werden, wodurch man/frau die »schwere Krise« des Museums zu bewältigen trachtete, so Prof. Dr. Fillitz, der Firnberg auch in dieser Frage beriet: »Die Ministerin hat sich sofort zu dem Projekt bekannt und es mit der ihr eigenen Energie bis zur Verwirklichung verfolgt. Damit war auch die Beschaffung der notwendigen Geldmittel verbunden. Das betrifft die Objekte der Sammlung Ludwig, die Erwerbung der Sammlung Hahn und schließlich eine Vervielfachung des Budgets des Museums, wodurch diesem erst die Möglichkeit einer Weiterentwicklung gegeben war. An diese entscheidenden Schritte für das Museum Moderner Kunst, das ohne diese außerordentliche Initiative von Frau Minister Firnberg nicht das geworden wäre, was es heute ist, schloß sich unmittelbar die Planung einer modernen Struktur der staatlichen Museen an, deren Gliederung völlig veraltet war – und es leider geblieben ist, da diese wesentliche Initiative der Frau Minister später keine Weiterentwicklung fand; was gekommen ist, war eine Rückkehr ins alte Fahrwasser.«

Bei beiden Sammlungen – Stiftung Ludwig sowie Sammlung Hahn – wurde die Höhe des Kaufpreises, die Qualität der erstandenen Kunstwerke sowie deren Quantität (385 Objekte der Sammlung Hahn, wobei nicht klar war, wo sie präsentiert werden sollten) kritisiert.[288] »Die Zeit« mokierte sich wieder einmal über Österreich: Firnberg »holte die moderne Kunst in Form der Ludwig-Stiftung nach Wien; die österreichische Öffentlichkeit, die an neuen Kulturereignissen seit jeher vor allem deren Eignung als Stein des Anstoßes schätzt, konnte sich entsprechend austoben«.[289] Die Leihfrist der Sammlung Ludwig wurde 1991 dennoch bis ins Jahr 2011 verlängert; im Zuge der Vertragsunterzeichnung erhielt das Museum Moderner Kunst den Zusatz »Stiftung Ludwig«.

Doch zurück zum Ende der 1970er Jahre: Dieter Rontes Position war keine einfache. Dass dieses neue Museum außerordentlich gut dotiert wurde, beschwor den Neid anderer MuseumsdirektorInnen herauf. »Das ›MMK‹ verfügte über 7 Millionen Ankaufsbudget und hatte einen Direktor, der gleich viel verdiente wie der langgediente Erste Direktor (Fri[e]derike Klauner) des Kunsthistorischen Museums. Allerdings konnte man über die Mittel nicht frei verfügen, da die Sammlung Hahn noch abbezahlt werden mußte und das Ministerium das Budget durch selbst getätigte Ankäufe, von denen es das Museum erst im nachhinein informierte, schmälerte.«[290]

»Kultur und Kontakte« – SPÖ-Konferenz »Freiheit der Kunst«:
Hertha Firnberg und ihre Handtasche, Bruno Kreisky (1983)

Das Provisorium der Dependance sollte, so hatte man/frau geplant, aufgelöst werden, sobald der Umbau des Messepalastes und der ehemaligen Hofstallungen, die zuvor die Wiener Messe AG beherbergten, fertiggestellt sei; eine von Hertha Firnberg favorisierte Idee, die aber eigentlich bereits aus den späten 1950er Jahren stammte. 1981 setzte Firnberg eine Arbeitsgruppe ein, die konzeptive Gedanken zur künftigen musealen Nutzung des Messepalastes entwickeln sollte. Dieser Arbeitsgruppe gehörten der Kunsthistoriker Prof. Dr. Hermann Fillitz, der Rektor der Hochschule für Angewandte Kunst, Oswald Oberhuber (* 1931), und der Kunstkritiker der »Arbeiter-Zeitung«, Harald Sterk (1938–1991), an. 1983, unter Minister Dr. Heinz Fischer, wurde diese Männer-Arbeitsgruppe um den Architekten Roland Rainer (1910–2004), den Kunsthändler und Begründer der »Galerie Ulysses«, John Sailer (* 1937), und den Bankdirektor Alfred Reiter (* 1939) erweitert. Den Vorsitz führte der für Museen zuständige Sektionschef Dr. Wilhelm Schlag (* 1923).

1989 warf Dieter Ronte – entnervt über Platz- und Geldmangel sowie über das Planungschaos rund um das Projekt »Messepalast« – das Handtuch und nahm ein Arbeitsangebot des Sprengel Museums Hannover an.

Das MQ, wie das Museumsquartier nunmehr abgekürzt genannt wird, konnte erst am 29. Juni 2001 nach langwierigen Debatten – nicht nur architektonischer Natur – eröffnet werden. Vor allem in den Gastgärten sowie auf den Sitzobjekten, den sogenannten »Enzis«, blüht seither bei Schönwetter das Leben; in den verschiedenen musealen und künstlerischen Einrichtungen des MQ dafür weniger, weshalb der oft gezogene Wunschvergleich mit dem Pariser Centre Georges Pompidou hinkt.

Die allgemeine Situation der Museen wurde dadurch nicht erleichtert, dass diese »als nachgeordnete Dienststelle vor der Forschungsorganisationsgesetz-(FOG-)Novelle 1989 keine Rechtsfähigkeit hatten und in allen Belangen mit dem Ministerium Rücksprache zu halten hatten. Da die Budgetmittel aber über Jahrzehnte hindurch für die Betriebskosten [mancher Museen] kaum ausreichten, war auch das Ministerium machtlos. Außerdem mußten [seit 1. Jänner 1967] sämtliche Einnahmen der Museen an das Finanzministerium abgeliefert werden, ohne daß sie den Museen zugute gekommen oder zweckgebunden verwendet worden wären«.[291] Erst am 20. November 1991 kehrte man/frau zum Zustand vor 1966 zurück und beschloss im Wissenschaftsausschuss, die Teilrechtsfähigkeit zu erweitern, was es den Bundesmuseen seit Jänner 1992 ermöglicht, Überschüsse durch Schenkungen und SponsorInnenverträge anzuhäufen. Mittels der aus der Teilrechtsfähigkeit erwirtschafteten Mittel können nun Sonderausstellungen auch in jenen Fällen durchgeführt werden, in denen das ordentliche Budget der Museen dafür nicht ausreicht; allerdings nur im Einvernehmen mit dem oder der WissenschaftsministerIn; die Abhängigkeit vom Ministerium blieb demnach bestehen.[292]

Während Hertha Firnbergs Amtszeit entstand des Weiteren das Theater-Museum (1975); auf ihre Initiative ging die Errichtung des Ephesos-Museums (1978) zurück. Firnbergs Begeisterung für Archäologie ist bekannt; selbst größte Hitze konnte sie nie davon abhalten, Ausgrabungsstätten zu besichtigen. Bestehende Sammlungen wurden ausgebaut und erneuert; Firnberg setzte zudem Initiativen in der Neupräsentation von Sammlungen, unterstützte internationale Großausstellungen sowie die Etablierung von Kleinausstellungen in Banken und Betrieben oder auch an ungewohnten Plätzen. Insgesamt kann Firnbergs Museums-Politik – bei aller Kritik – als eine der Öffnung, Belebung und Aktivierung beschrieben werden.

In der Schrift »Wissenschaftspolitik als zentrales gesellschaftliches Anliegen« wird Denkmalschutz als Teil einer »lebenswerten Umwelt« bezeichnet und »[d]a aber auch im Bereich des Denkmalschutzes die Worte ›Helfen statt Strafen‹ ihre Gültigkeit haben, wird neben dem Aspekt der gesetzlichen Auflage des Denkmalschutzes noch stärker die Förderung der Denkmalpflege und die Unterstützung, bei der Bewahrung des wertvollen kulturellen Erbes treten«.[293]

Bereits 1974 erklärte Firnberg in einem »Presse«-Interview mit dem Titel »Suffragette mit Stil«, man/frau müsse ohne »›Denkmalfanatismus‹ an die Dinge herangehen, sie hält nichts von Extremforderungen und ›Feuerwehraktionen‹. [...] Den Menschen die Wichtigkeit der Denkmalerhaltung klarzumachen, gehöre mit zur Bewusstseinsbildung hinsichtlich der Lebensqualität«.[294]

Als Präsident des Bundesdenkmalamtes (BDA) fungierte von 1970 bis 1982 Dr. Erwin Thalhammer, danach berief Hertha Firnberg Hofrat Dr. Gerhard Sailer als seinen Nachfolger. Das BDA »erwarb sich [...] unter den Präsidenten Demus, Frodl und Thalhammer bald einen internationalen Ruf«[295], vermerkt die Website dieses Amtes im Rahmen der geschichtlichen Darstellung und fährt fort: »Dazu trugen auch die zentralen Fachabteilungen bei, die Grundlagenforschung betrieben, Pilotarbeiten für die Praxis der Denkmalpflege erstellten und als im ganzen Bundesgebiet tätige Spezialisten die nun erweiterte Auffassung des Denkmalbegriffs umsetzten. Als Denkmäler von geschichtlicher, künstlerischer oder sonstiger kultureller Bedeutung im Sinne des Gesetzes wurden jetzt auch weniger spektakuläre architektonische Zeugen der Sozial- oder Technikgeschichte gesehen, auch wurde die Denkmalqualität von Baugruppen in ihrem Zusammenhang erkannt. Folgerichtig wurde in einer Gesetzesnovelle 1978 erstmals der Begriff des Ensembles eingeführt.«[296]

Im Denkmaljahr 1975 plante das Denkmalamt, auch die Agenden der Ortsbildpflege und Stadterneuerung ins eigene Aufgabengebiet zu integrieren[297], man hätte, so schreibt Prof. arch. Dipl.-Ing. Rainer Reinisch in der »Wiener Zeitung«, »zentralistisch Ordnung gemacht – daraus wurde aber nichts. Ein Schutzzonenatlas erinnert noch daran«.[298]

1978 erfolgte zwar eine Novelle zum Denkmalschutzgesetz; eine Einbindung der Flächen, die Denkmäler umgeben – ob Grünfläche oder Platz –, eine Zusammenlegung mit dem Ortsbildschutz der Städte und Gemeinden wurde jedoch nicht umgesetzt. Die Novelle verfolgte das Ziel, das Bewusstsein für den Denkmalschutz durch Förderungsmaßnahmen zu aktivieren, die Erhaltung von Industriedenkmälern, von Objekten des Wirtschafts- und Arbeitslebens, von historischen Produktionsstätten und von Arbeitersiedlungen wurde beschlossen. Hertha Firnberg strebte außerdem ein Ausfuhrverbotsgesetz sowie ein Gesetz zur Sicherung archäologischer Fundhoffnungsgebiete an. »Eine Zukunft für die Vergangenheit«, so zitierte Dr. Frühauf Hertha Firnbergs diesbezügliches Motto.

Firnberg führte eine erweiterte Verpflichtung zur Erhaltung durch die Denkmaleigner ein, weshalb es vorübergehend mit der katholischen Kirche in Österreich zu einem Konflikt kam, der in Wahrheit keiner gewesen sei, so Dr. Frühauf, doch hätten konservativ-bürgerliche Medien versucht, dies politisch hochzuspielen: Die katholische Kirche sei nicht in der Lage, ihre Bauten zu erhalten, dies müsse auf Kosten der sozialen Aufgaben gehen, weshalb die geplante Verpflichtung eine Maßnahme gegen die Kirche sei; eine Einschätzung, die sich während eines Gesprächs mit dem damaligen Kardinal Franz König (1905–2004) sowie mit Weihbischof Franz Jachym (1910–1984) aus der Welt räumen ließ, sodass diese Unterredung laut Dr. Frühauf »in völliger Harmonie« endete. Einer der ersten klerikalen Bauten, deren Renovierung gefördert wurde, war das Stift Melk.

Die Aufwendungen für den Denkmalschutz stiegen von 39 Millionen Schilling (1970) auf 69 Millionen Schilling (1983). Dkfm. Mag. Bargil dazu im Interview: »Wenn wir unterwegs waren und schöne Häuser gesehen haben und ich gesagt hab': ›Jö! Schau!‹, hat sie im Scherz geantwortet: ›Na weißt. Was mich das wieder kosten wird …‹.«

Reaktionen auf Firnbergs Arbeit als Ministerin

Von den Einwänden und Klagen der ersten Jahre seitens der Lehrenden oder der Lernenden wurde bereits berichtet. Auch während Hertha Firnbergs späterer Amtszeit kam es seitens der StudentInnen-VertreterInnen bzw. ProfessorInnen wiederholt zu Kritik an Entscheidungen oder Vorgängen im Wissenschaftsministerium.

Zu Beginn ihrer Tätigkeit als Ministerin richtete Hertha Firnberg Sprechstunden ein; »da waren im Zweistundenzeitraum – alle Viertelstunden, zehn Minuten – Termine angesetzt; für jeden, der kommen wollte«, erzählte Dr. Frühauf. Dr. Sigurd Höllinger betonte, Firnberg habe »zumindest in den ersten Jahren« als Ministerin zuhören können. Die Gesprächsbereitschaft aber »litt sicherlich im Lauf der Jahre durch die Auseinandersetzungen ein wenig«. Dies sei normal; Auseinandersetzungen zu führen, das mache mit der Zeit müde, es sei nicht verwunderlich, dass Firnberg »einfach autoritärer wurde«. Bereits 1973 kritisierten StudentInnen-VertreterInnen sinkendes wie mangelndes Interesse an Debatten seitens der Ministerin, sie »weiger[e] [...] sich konsequent« und wehre StudentInnen mit dem Argument ab, sie »erhalte genügend Information«[299] – eine Kritik, die sich über die folgenden Jahre hin verschärfte.

In der »Presse« vom 19. Jänner 1981 stand unter dem Titel »OeH-Chef Lennkh fordert den Rücktritt Hertha Firnbergs« zu lesen: Nach einer gesamtösterreichischen Vorsitzendenkonferenz der Österreichischen Hochschülerschaft »erklärte der Studentenfunktionär, der seinerzeit mit Hilfe der Sozialisten diesen Posten erringen konnte: Die ›kraftlose Konsenspolitik‹ Firnbergs sei ›nicht mehr länger tragbar‹. Frau Firnberg habe es seit Jahren nicht mehr für nötig erachtet, mit Studenten zu diskutieren. Scharf attackierte der Funktionär auch die legistischen Arbeiten des Ministeriums: Die ständigen Novellen seien immer schon vor Inkrafttreten überholt und veraltet. Die Bürokratie habe lediglich zum ›Fachidiotentum‹ geführt. Verbesserungsvorschläge der Studierenden seien bewußt boykottiert worden. Das Parlament wurde aufgefordert, die Stipendien zu ›dynamisieren‹, wie das Kreisky zugesagt hatte«.[300]

Manches Mal mag Firnbergs Wortwahl insbesondere in den 1980er Jahren nicht besonders diplomatisch gewesen sein; Rektoren als »ungehörig« zu bezeichnen, ihre Stellungnahme als »unnötig« abzuqualifizieren[301], fügt sich zwar in den Stil der »Dressurakte«, wie Dr. Busek Firnbergs Disziplinier-Bemühungen mit einem Augenzwinkern nannte; ein Höhepunkt der Diplomatie waren sie sicher nicht. Auch früher schon kamen Firnbergs »Unduldsamkeit und ihr Unwille[,] Kritik zu akzeptieren«[302], zum Vorschein; so 1978 in der Frage der Besetzung eines neuen Ordinarius für Zeitgeschichte. Die Journalistin Anneliese Rohrer, die Firnberg eine »absolutistische Politik von Gnade und Ungnade«[303] zuschrieb, merkte hier unter anderem an, es gebe zwischen Busek und Firnberg schon lange keine sachliche Auseinandersetzung mehr.[304] Dr. Busek bestätigte in einer e-Mail, es habe Differenzen gegeben, doch seien diese letztlich konstruktiv bewältigt worden: »Die Streitthemen waren natürlich die Universität, die Firnberg'sche Universitätsreform und natürlich auch eine Reihe von mir aus als politische Besetzung betrachtete Personalentscheidungen. Die Firnberg'sche Streitkultur zeichnete sich dadurch aus, dass sie sehr direkt war und durchaus die Konfrontation genossen hat. Sie war auch in der Lage, dann Kompromisse einzugehen bzw. auch andere Standpunkte zu akzeptieren, allerdings nie in der direkten Konfrontation. Bei einigen Fragen hat sich dann etwas später herausgestellt, dass sie meinen Standpunkt akzeptiert hat bzw. durchgesetzt hat, das mir allerdings nie mitteilte.«

Rummel entstand des Weiteren bezüglich diverser Gerüchte rund um Hertha Firnbergs langjährigen Sekretär und Mitarbeiter Dr. Wolf Frühauf. Unter der Schlagzeile »Wird Sekretär Sektionschef? Hertha Firnberg war wütend« zitierte »Die Presse« am 3. März 1983 die Ministerin: »›Ich führe sicher mehr Gespräche, als Sie in Ihrem ganzen Leben je geführt haben!‹ Als Wissenschaftsminister Hertha Firnberg dies dem VP-Abgeordneten Heinrich Neisser in der Fragestunde des Nationalrates am Mittwoch entgegenschleuderte, schien sie bis aufs Blut gereizt. Neisser hatte nämlich wissen wollen, ob sie tatsächlich ihren Sekretär, Wolf Frühauf, der sie immer mehr von der Öffentlichkeit abschirme, noch schnell vor den Wahlen mit einer eigenen Sektion im Ministerium ›versorgen‹ wolle. […] Sektionschef März hat nun Firnberg in einem Brief ersucht, ihn von der Arbeit für das Wissenschaftsministerium zu entheben, und so den Weg für Frühauf frei gemacht. Ob Frühauf tatsächlich, wie behauptet, den entsprechenden Brief mitverfaßt hat, wollte Firnberg nicht sagen: ›Ich verwahre mich dagegen, zu Dingen gefragt zu werden, über die ich nichts aussagen muß.‹ Jedenfalls bekommt nun das Wissenschaftsministerium eine eigene Sektion, der Posten ist ausgeschrieben.«[305]

Gegen Ende ihrer Amtszeit wurde Hertha Firnberg in einem Interview nach ihren Wünschen an ihren Nachfolger befragt: »Man soll und kann keine Ratschläge für einen Nachfolger haben und kann auch keine geben. Jeder künftige Wissenschaftsminister wird die ihm gestellten Aufgaben in seiner persönlichen Verantwortung wie im Rahmen der Erfordernisse der politischen Einstellung und den Voraussetzungen und Erfordernissen der Zeit zu lösen haben.«[306]

Diese Zurückhaltung gab sie 1991 auf und warf Dr. Busek (von 1989 bis 1994 Bundesminister für Wissenschaft und Forschung) vor, eine »Manageruniversität« anzustreben: »In der Wissenschaft gibt's kein Management. Man kann höchstens versuchen, die Verwaltung zu verbessern, und das war ja auch mein Bemühen damals. Aber ich bin ganz energisch dagegen, die Universität wieder auf ein nicht-demokratisches System zurückzuführen. In keinem Gebiet der menschlichen Gesellschaft darf das Mitbestimmungsrecht aller Beteiligten fehlen. Das ist ein Grundsatz der Demokratie.«[307]

Herta Slabina – »Danke, Frau Bundesminister«

Frau Regierungsrat Slabina, die im Bezirk Favoriten politisch tätig war, hörte 1971 durch Zufall, dass neben jenen aus dem Unterrichtsministerium übernommenen BeamtInnen weitere für das neu geschaffene Wissenschaftsministerium gesucht würden, und so bewarb sie sich. Dies war »ein langer, dorniger Weg, denn die zuständigen Personalreferenten – so mein Eindruck – wollten nicht so gerne eine Sozialdemokratin aufnehmen, obwohl ich eine positive Zusage hatte! Einmal war der Akt verschwunden – oder der zuständige Beamte war nicht erreichbar«. Hertha Firnberg hörte davon und regelte die Angelegenheit. »Doch eine andere Protektion gab es nicht, alle Prüfungen und Tests mussten nachgeholt bzw. getätigt werden.«

Herta Slabina begann alsbald ihre Tätigkeit in der neu gegründeten Abteilung für Kunsthochschulen, eine Arbeit, die sie besonders faszinierte. Als Hertha Firnberg ihr einen Wechsel in das Ministersekretariat vorschlug, lehnte Herta Slabina dies höflich dankend ab, bot jedoch ihre vorläufige Aushilfe an, was Hertha Firnberg nicht sonderlich goutierte: »›Angewiesen bin ich nicht auf Sie.‹ Und sie hat mich zum Gehen aufgefordert.«

Herta Slabina fügte hinzu, dass Hertha Firnberg unehrliche oder unkorrekte Antworten gehasst habe; ihre Wutausbrüche, wenn sie ebensolches Verhalten herausfand, waren gefürchtet.

Herta Slabina nahm diverse Facetten Firnbergs wahr: Zum einen merkte sie eine gewisse Kühle und Distanziertheit, Ich-Bezogenheit und aufbrausendes Temperament kritisch an. Zum anderen bewunderte sie Firnbergs politisches und berufliches Engagement, ihre Klugheit, ihren analytischen Verstand und ihre »eisernen Nerven«. Für sich persönlich sieht sie Hertha Firnberg als Vorbild in einer Zeit, in der Frauen in gehobenen Positionen noch dünn gesät waren: »Die Frauen haben Hertha Firnberg unheimlich viel zu verdanken! Sie öffnete die Universitäten und Hochschulen für alle und förderte die Frauen bei ihrem Studium. Wenn ich an die heutigen jungen Frauen denke, mit welchem Selbstbewusstsein viele von ihnen ausgestattet sind und welches Wissen sie haben, dann erfüllt mich dies mit Bewunderung und Stolz. Unsere Generation war viel zaghafter und devoter.«

Die Frage, ob sie Hertha Firnberg als emanzipiert definieren würde, verneinte Herta Slabina: »Sie war eine konservative Sozialdemokratin, aber sie war eine Pionierin! So kämpferisch wie zum Beispiel Johanna Dohnal war sie nicht. Hertha Firnberg versuchte, Ungerechtigkeiten auszumerzen, und sie gab den Frauen ihrer Zeit eine Chance. Sie förderte Frauen, insbesondere im Bundesdienst, und hat mit ihrem Wirken den Frauen Selbstbewusstsein vermittelt. Dass das Ministerium für Wissenschaft und Forschung einen auffallend hohen Frauenanteil hatte, verdankte es Hertha Firnberg.« Schwächen, so Herta Slabina, habe jeder Mensch, »bei Hertha Firnberg überwiegt das Positive, und das ist letztendlich das Wesentliche«.

Anna Elisabeth Haselbach & Dr. Margarethe Pompl – »Leistung und Loyalität«

Dr. Margarethe Pompl schilderte im Interview ihren Beginn im Ministerium für Wissenschaft und Forschung wie folgt: 1973 war Dr. Pompl bereits zehn Jahre Assistentin an der damaligen Hochschule für Welthandel in Wien. Da zu jener Zeit an diesem Institut ein Aufstieg für Frauen »sehr, sehr schwierig« war und Aussprüche à la »Frauen gehören an den Herd« unter den Professoren mit großer Zustimmung ausgetauscht wurden, bedachte sie einen Wechsel und bewarb sich in Firnbergs Ministerium. Ein, zwei Wochen danach erhielt sie einen Anruf mit der Bitte, gleich zu einem Gespräch zu kommen: »Ich hab' mich von der Hochschule für Welthandel aus der Vorlesung in ein Taxi geschwungen und bin zum Minoritenplatz gefahren. Die Frau Bundesminister hat mich nach zehn Minuten empfangen und hat gesagt, […] sie braucht jemanden, der all ihre Termine koordiniert und verwaltet, das Vorzimmer führt und einteilt und Besucher empfängt. Ob ich das machen möchte? Natürlich war ich sofort begeistert, denn ich meine, im Zentrum des Geschehens zu stehen, in einem Ministerium, dem man vorher sozusagen an der Hochschule untertan war, das war schon sehr reizvoll. Aber ich habe gesagt, im Moment könne ich noch nicht – das war Mitte Juni '73, ich hatte damals noch Prüfungen und Vorlesungen abzuhalten – und da meinte sie: ›Das macht nichts. Sie können ja am Nachmittag kommen.‹« Hertha Firnberg erkundigte sich weiters bei Dr. Pompl, ob sie einer Partei angehöre, was diese verneinte. »›Das ist mir eh lieber‹«, lautete Firnbergs Antwort. »Und so konnte sie allen gegenüber sagen: ›Ich habe hier auch Mitarbeiter, die nicht nur meiner Fraktion angehören.‹ – Pure Leistung hat bei ihr gezählt. Und natürlich Loyalität; das ist ganz klar.«

Die Zusammenarbeit mit Hertha Firnberg schilderte Dr. Pompl als »leicht und schwer« zugleich. »Leicht war es, weil sie eine hochintelligente Frau war, die gewusst hat, was sie wollte. […] Schwer war es, weil sie sehr viel verlangt hat; von sich selbst, und man wollte da eigentlich auch nicht nachstehen.«

Anna Elisabeth Haselbach, die ebenfalls in Firnbergs Ministerium tätig war, ergänzte, man/frau sei ja auch »stolz« gewesen, wenn »alles funktioniert hat«: »Es war eigentlich eine Selbstverständlichkeit, dass es klappen muss. – Der fundamentale Unterschied zwischen der Frau Bundesminister und dann später Fischer war, dass man bei Fischer hingehen konnte: ›Bitte um Entschuldigung, aber da hab' ich was verbockt.‹ – Das hat man bei ihr von vornherein nicht gewagt […]. Es hat dann auch funktioniert, nicht? Also, das war schon damit verbunden, dass man manchmal – Angst ist sicherlich nicht das richtige Wort, bei einem Menschen, dem man so verbunden ist, und das waren wir alle […], wir wären für sie durchs Feuer gegangen.«

Hart, aber gerecht? Nein, widersprachen beide unisono, das treffe es nicht, denn ein harter Mensch gratuliere nicht allen MitarbeiterInnen, die Geburtstag haben, unabhängig von ihrem Status im Büro. Hertha Firnberg sei »persönlich auf den Menschen eingegangen«, so Anna Elisabeth Haselbach.

Dass sie sehr laut werden konnte, wenn ihr etwas gegen den Strich ging, sei korrekt, doch dies sei selten passiert und wenn, stets zu Recht, wie beide betonten. Manche, erzählte Dr. Pompl, dachten eben ab und an, man/frau könne das Ganze ein bisschen leger nehmen, Termine großzügiger sehen oder Unterlagen nicht unbedingt pünktlich bringen. Dann habe Firnberg »gedonnert« und danach hätten diese MitarbeiterInnen »wieder funktioniert in puncto Pünktlichkeit und Zuverlässigkeit«. Über den Frauenanteil im Ministerium befragt, erklärte Dr. Pompl, die ranghöchsten Beamten, jene »vier oder fünf Sektionschefs« mit einem Dienstposten der Klasse 9, seien »natürlich die Herren« gewesen. Doch darunter, bei den sogenannten Gruppenleitungen, hatte das Firnberg-Ministerium »eine der ersten Damen. Und dann hatten wir ziemlich viele Abteilungsleiterinnen«. Anna Elisabeth Haselbach ergänzte: »Das hat sie sicherlich ganz klug aufgebaut, weil sie junge Frauen ins Haus genommen hat, und so wie das Beamtendienstrecht eben bis vor Kurzem lautete, war klar, dass diese Frauen, wenn sie nicht ausscheiden, natürlich den Weg durch die gläserne Decke machen. Sie hat den Grundstein dafür gelegt, dass es dann letztendlich eine Selbstverständlichkeit wurde, dass Frauen ebenfalls Leitungsfunktionen übernehmen«; nicht nur durch ihr Agieren, sondern ebenso auf Grund der Tatsache, dass sie selbst als Frau ein derart hohes Amt bekleidete, »damit und durch ihre ganze Persönlichkeit«, sagte Anna Elisabeth Haselbach, »wurde signalisiert: Frauen in der Politik, Frauen in Führungspositionen sind selbstverständlich«.

Anna Elisabeth Haselbach schilderte Hertha Firnberg als genaue, gewissenhafte Ministerin, die ihre Reden bestens vorbereitet hatte, die Unterlagen dazu kannte und letztendlich mit eigenen Worten frei sprach. Dieser Arbeitsstil Hertha Firnbergs habe sie geprägt: »Ich habe von ihr auch gelernt, wie manche Arbeiten zu machen sind. Dass man nicht unvorbereitet in eine Geschichte hineingeht. Dieses, wie man es halt in der Politik sehr häufig erlebt, wenn jemand seinen Weg in eine bestimmte Ebene gemacht hat: ›Na, das geht schon, mach ma schon, mach ma schon …‹ Das habe ich von ihr gelernt: Man ›macht nicht so‹. Aussagen müssen überprüfbar sein.«

Dr. Sigurd Höllinger – »… Mentorin …?«

»Mein persönliches Verhältnis – aus meiner Sicht – war geprägt von Sympathie für sie; Sympathie und Respekt. Ich habe sie einfach gemocht, habe ernst genommen, was sie gesagt, geschrieben, gewünscht und verlangt hat. Aber es hat sicher unter den Mitarbeitern den einen oder den anderen gegeben, der ihr viel näher war als ich, das glaube ich schon. Mir hat imponiert, wie sie – kraft Persönlichkeit – die arrogante und mächtige Academia beeindruckt hat. Sie war kundig, was ihren Aufgabenbereich anbelangt, als Ministerin, und sie war von einem sehr starken Willen geprägt – das hat mir durchaus imponiert. Beides natürlich abnehmend mit der Amtszeit, das müsste ich immer dazusagen.«

Dr. Sigurd Höllinger betonte die Wichtigkeit der Firnbergschen Reformen und wies darauf hin, dass diese aber während der nachfolgenden Jahre weiterhin verändert werden mussten, um sich an die Erfordernisse der Zeit anzupassen – eine Haltung, die Firnberg seines Erachtens zu wenig forcierte. Die Reform der Universität schätze er in den Teilbereichen Einführung rechtmäßiger Verfahren, Rechtsschutz für Studierende und Rahmenbestimmungen der Studienvorschriften, doch kritisierte er, dass – trotz aller Veränderungen – die »Universität als staatliche Einrichtung« erhalten geblieben sei, die meisten Beschlüsse nach wie vor dem Minister bzw. der Ministerin oblagen: »Das ist 19. Jahrhundert! Das wurde letztlich erst 1993 durch das UG 93 geändert – und mit allen Konsequenzen erst 2002. Es hat viel Neues gegeben, aber wesentliche Elemente der Konstruktion der Universität sind von Firnberg nicht ins 21. Jahrhundert führend behandelt worden.« Hierbei nannte er unter anderem das Fehlen der Rechtspersönlichkeit der Universität. Es könne doch nicht sein, dass die Ministerin »über Kleinigkeiten in der Zuteilung von Geld«, über »einige elektronische Schreibmaschinen« entscheide. Diejenigen, die Universitätssysteme in anderen Ländern kannten, hätten diesbezüglich andere Vorstellungen gehabt. »Das war aber Teil ihrer bewussten Machtausübung: erkennen zu lassen, dass sie diejenige ist, die nach dem Gesetz – und das war so – förmlich entscheidet und nicht die antragstellende Universität. Mit der Zeit ist dieses System aber gekippt und hat sich ins Gegenteil verkehrt: Die Anträge waren die Anträge der Mächtigen an der Universität, die dann in die Höhe des Gesetzes gebracht wurden, mit Hilfe dieses Rechtssystems, das Firnberg maßgeblich geschaffen hat. Gleichzeitig war es möglich, über den regelungswütigen Staat zu klagen, der sich in alles einmengt.«

Dr. Höllinger stellte fest, dass Firnberg viele Junge »sehr gefördert« habe: »Ich konnte in der Welt herumreisen, Universitätssysteme studieren, Vorträge halten [...]. Ich hatte die Möglichkeit, ungeheuer viel dazuzulernen, und konnte mich als relativ junger Mensch in Auseinandersetzungen bewähren.« Ob er sie demnach als Mentorin bezeichnen würde? »Nein, das würde ich nicht sagen, als Mentor – oder Mentorin – habe ich sie nie begriffen. Sie hat Lernmöglichkeiten eröffnet; sie hat mir im Besonderen keine Karriere verschafft oder irgendeinen Weg weitergefördert. Wenn man es zur Mentorenfunktion außerdem dazuzählt, dass man Lern- und Erfahrungsmöglichkeiten erhält, dann stimmt das schon. Ja, dann müsste ich sie als Mentorin sehen. – Egal, wie man das etikettiert, ich sehe das als sehr positiv an; objektiv, und auch für mich persönlich.«

Dr. Wolf Frühauf –
»... bewusst einen Stil in die Politik bringen ...«

Ob es für ihn einen Unterschied ausmachte, eine weibliche Vorgesetzte zu haben? »Ich habe kein Problem, mit einer Frau zu arbeiten, weder als Chefin noch als Mitarbeiterin. Ich glaube, dass ich da eine gute Sozialisation erfahren habe, in jeder Beziehung.« Als Vorgesetzte sei Hertha Firnberg »streng, aber gerecht« gewesen, verlässlich in ihren Direktiven: »Auf gar keinen Fall hat sie Mitarbeiter im Regen stehen lassen. Wenn etwas Unangenehmes war, dann hat sie das mit der Person, mit dem Mitarbeiter selber ausgemacht.« Dr. Wolf Frühauf bestätigte die schwierige Situation innerhalb der BeamtInnenschaft zu Beginn des neu geschaffenen Ministeriums; Grundtenor sei die Aussage gewesen, die SPÖ habe »die Mehrheit bei den Wahlen errungen, aber es war halt ein Feh-

183

ler der Geschichte«. Über den Vorwurf, dieses Ministerium sei ein »Alibi«, damit Firnberg »versorgt« wäre, sei sie »erhaben« gewesen.

Als eine der wesentlichen Eigenschaften Hertha Firnbergs bezeichnete Dr. Frühauf Disziplin, sich selbst und anderen gegenüber. »Eine ihrer ganz besonderen Eigenschaften war Disziplin, sich selbst gegenüber, aber diese hat sie ebenso von anderen verlangt, sowohl im Äußeren als auch in der Haltung, im Intellektuellen. Sie hat immer getrachtet, korrekt und ordentlich dazustehen. Im optischen Eindruck hat dazu auch ihre korrekte Frisur gehört. Ein normaler Arbeitstag (wenn es keine auswärtigen Termine gab) hat daher so ausgesehen: Dass sie um halb acht von zu Hause weggefahren ist, mit dem Dienstwagen, so gegen acht bei der Friseurin war, dort auffrisiert wurde, und Schlag halb neun – da konnte man die Uhr stellen – ist sie im Ministerium eingetroffen und hat ihr Tageswerk begonnen. Im Prinzip war das ihr gestalteter Arbeitstag; sie wollte ordentlich erscheinen, ja nicht unkorrekt; Gleiches galt für die Mitarbeiter ...« Pünktlichkeit sei – im Gegensatz zu Kreisky[308] – eine ihrer Maximen gewesen. Man/frau kam nicht zu spät, »das konnte sie schwer verzeihen, das hat sie einige Zeit nachgetragen«; so kam es »ein oder zwei Mal« vor, dass sie ohne ihn abfuhr. (Denn Hertha Firnberg selbst war überaus akkurat in ihren Zeitplänen, auch wenn dies bedeutete, vor einem Termin einige Male im Kreis zu fahren, wie Dkfm. Mag. Marianne Bargil erzählte.)

Mehrfach deuteten InterviewpartnerInnen ein besonderes Vertrauensverhältnis Hertha Firnbergs zu Dr. Frühauf an. Dr. Wolf Frühauf sagte, ihm selbst sei der Spruch: »Willst Du Firnberg sehen, musst du Frühauf stehen« zu Ohren gekommen. Dr. Elisabeth Pittermann erklärte sich die Verschiebung zwischen Realität und Einschätzung sowie das Aufkommen diverser Gerüchte durch das Bemühen damaliger Politikerinnen um Seriosität: »Hertha erschien eher als sehr moralische Frau [...]; die haben alle geglaubt, das ist eine Ledige, und nicht, dass sie eine recht Lustige war. Das geht auch die anderen nichts an! Wenn das wer so aufrechterhält, seinen Nimbus, soll er den haben.«

Weshalb es denn derart wichtig gewesen sei, diesen Anschein zu erwecken?

»Damals«, so Dr. Elisabeth Pittermann, »hat unsere Partei manchmal noch sehr zur Prüderie geneigt, nicht im Wirklichen, aber nach außen hin. […] Die haben sich alle ein bisschen den Nimbus […] der unnahbaren Frauen gegeben, nicht?« Sie selbst befragte einmal ihren Vater Bruno Pittermann zu dem Gemunkel, woraufhin dieser lakonisch meinte: »»Das weiß ich nicht, aber blöd wär' sie, wenn sie einen Jungen haben kann, wenn sie sich einen Alten nimmt.'« »Hertha«,, so erzählte der Neffe, »die hat das nicht so ernst genommen; die war nicht monogam. War schon eine Flotte; war schon eine Flottere als die Trude.« Herta Slabina, die im Ministerium für Wissenschaft und Forschung tätig war, findet weltanschaulich klare Worte: »Auch in einer gehobenen Position sollte man das Privatleben eines Menschens respektieren – das geht niemanden etwas an.«

Dr. Heinrich Neisser –
»… es weht der sozialdemokratische Reformgeist …«

»Hertha Firnberg hat schon ein Regulierungsbedürfnis gehabt und Regulierung ist ja in vielen Fällen auch […] ein Machtinstrument, aber es war eigentlich so, dass letztlich das immer aus einem kontrapunktischen Dialog mit den Universitäten entstanden ist. Ich kenne bei ihr kaum Fälle, wo sie – wie der Wiener zu sagen pflegt – über die Universitäten ›drübergefahren‹ ist.«

Dr. Neisser war überzeugt, Hertha Firnberg sei »die Grande Dame« ihres Fachbereichs gewesen, eine Ministerin, der Forschung und Wissenschaft wirklich ein Anliegen waren. Befragt, was er an ihr geschätzt habe, erwähnte er insbesondere ihre Gesprächskultur. Manchmal sei es auf Grund ihres »apodiktischen Tons« dennoch ein »Kampf« gewesen.

Regelmäßig trafen sie einander zu einem Vier-Augen-Gespräch während eines Essens; eine Gepflogenheit, die beide als Erfahrungs- und Meinungsaustausch schätzten und kultivierten. Dies war jener Ort, an dem sie »absolut vertraulich war«.

Ergänzend müsste man/frau wohl anfügen, dass die Kommunikation zwischen Neisser und Firnberg nicht immer so friedlich geführt wurde, wie dies hier klingt. Streitpunkte, die

185

sich in den verschiedenen Zeitungen verfolgen und nachlesen lassen, umfassten die Kritik, von dem großen Konzept der Forschungsreform sei nur wenig übriggeblieben (1979), sowie die Eliminierung der indirekten Forschungsförderung durch steuerliche Begünstigung und die Schaffung zweier neuer Gremien – Wissenschaftsrat und Wissenschaftskonferenz – statt der Aktivierung des Forschungsrats.[309] 1981 schloss sich Neisser den Rücktrittsforderungen an und warf Firnberg »forschungspolitisch[e] Konzeptlosigkeit«[310] vor.

Dr. Neisser erklärte hierzu, die Unterschiede in ihrer beider Wissenschaftspolitik seien dennoch »nicht unbedingt weltbewegend« gewesen. Schmunzelnd erzählte er von ihren Hin- und Abwendungen, die er »verhaltenspsychologisch« interessant gefunden habe: »Sie stand auf der Regierungsbank immer face en face. Nur wenn ich sie besonders geärgert habe, hat sie sich umgedreht, sodass ich sie von der Seite gesehen habe, und hat gegen die Wand mit mir geredet [...]. Das war das Zeichen der größten Missbilligung.« Unter ihren MitarbeiterInnen habe sie ein strenges Regiment geführt, betonte Dr. Neisser: »Das war so typisch: Sie hat sich umgedreht, hingeschaut, schon ist Frühauf aufgesprungen und vor die Regierungsbank geeilt. [...] Das haben nicht alle gemacht, ich habe Sekretäre erlebt, die sind dort gesessen, haben herumgeblödelt, geschlafen – er war permanent präsent. Das haben ihm viele zum Vorwurf gemacht; für sie war das sicherlich wertvoll.«

»Lust am Neuen« –
Eine Rede von Dr. Erhard Busek in Ausschnitten

»Sehr geehrte Frau Bundesminister, ofterinnerte, vielbeschworene, gerngefeierte Frau Dr. Firnberg! Die schmückenden Beiworte werde ich natürlich erklären – und das Seltsame (oder vielleicht gar nicht so Seltsame) ist, dass ich mich bei deren Wahl recht wohl fühlte.

›Ofterinnert‹. Wie Sie sich vorstellen können, habe ich in den letzten Monaten viel an Sie gedacht – nicht nur, weil Sie erste und langjährige Chefin dieses Ministeriums waren und an seiner Form und Charakterprägung pädagogischen Anteil hatten,

186

der teilweise auch mir zuteil wird, sondern weil mich mit Ihnen manch politischer Streit verbindet, den Sie durchaus mit Lust und herzhaft geführt haben und der auch Ihrem damaligen Streitpartner Vergnügen bereitete. Auch das Streiten braucht eben seine Kultur und ich habe oft bewundernd festgestellt, dass Sie diese [zu] kultivieren wussten. Sie konnten herzhaft politisch und parteiisch sein. Als Vertreter der Opposition hatte ich dabei oft nicht das letzte Wort – und da mir das nicht allzu oft passiert ist, habe ich es gut in Erinnerung.

Wie oft Ihr Bild und Vorbild von Kritikern und Anhängern – ausdrücklich oder angedeutet – in der Politik, im Bereich des Ministeriums bzw. der Hohen Schulen ›beschworen‹ wird, kann ich nicht in Zahlen ausdrücken. Aber dass Ihre Nachfolger im Ministerium auch an Ihrer Ernsthaftigkeit des Dienstes und des Dienens an einer Sache gemessen werden, spiegelt sich nicht nur in den Anekdoten wider, die auch heute noch von Ihren ›Erziehungsbemühungen‹ berichten. Wobei die Subjekte dieser Bestrebungen – von den Beamten des Hauses bis zur Professorenschaft – mitunter voll ehrfurchtsvollem Schrecken sind, wenn sie von der Ära Firnberg sprechen. Und voll nachdenklicher Bewunderung ob jener versuchten Dressurakte, die etwas von liberalem, aufgeklärten Absolutismus an sich gehabt haben sollen. Aber das Unvollendete und das aufgeklärte Große gehören ebenso zusammen wie die h-Moll- und die B-Dur-Symphonie von Schubert.

[…] Frau Dr. Firnberg war Politikerin und *ist* es wohl auch noch mit jeder Zelle des Hirns und jeder Faser des Herzens, mit jedem gedanklichen Reflex, den die Wirklichkeit bei einem Vollblutpolitiker auslöst. Jene Bewegung, der sie entstammt, hat sie mit Bewegung erfüllt (durchaus im zweifachen Wortsinn), und das nach einer Zeit, da andere Weggefährten sich längst am Wegrand ihre Häuschen gebaut oder dem Seelenfrieden der Ideologiefreiheit und des Bankkontos verschrieben haben […]. Spürbar *war* und *ist* die Wertschätzung, die zentrale Bedeutung, die Bildung und Wissenschaft im Weltbild unserer Frau Bundesminister einnehmen. […] Bildung nicht nur *vorzugeben*, sondern *persönlich* vorzustellen, die Lust am Wissen nicht nur zu propagieren, sondern sie auch selbst zu genießen, Wissenschaft nicht

nur zu loben, sondern auch zu leben, kurz: ›beispielhaft‹ zu sein
– dies ist etwas, was diese Frau Minister ausgezeichnet hat […].
Die Bildung des Verstandes und des Herzens (für Letzteres
scheint heute ja leider niemand so recht zuständig zu sein) ist
letzten Endes die einzige Chance, vor den Herausforderungen
unserer Zeit zu bestehen […]. Zumindest die Lust am Neuen,
die Ermutigung der Jungen habe ich oft an Ihnen bewundert.«
(Rede anlässlich des Hertha-Firnberg-Preises)

»… eine Frau in der Politik?« –
Daniela Graf. Auszug aus einem Brief

»Als ich geboren wurde, war Hertha Firnberg bereits 50 Jahre alt; älter, als ich heute bin. Als sie Wissenschaftsministerin
wurde, war ich gerade mal elf und sie 61. Als sie sich zurückzog,
war ich 24 und sie 74 (!). Ein sicher hohes Alter für den Einstieg
in ein hohes Amt und für den Rückzug einer aktiven Politikerin
[…]. Das macht durchaus Mut in einer Zeit, wo Jugend so oft
über solide Erfahrung gestellt wird. […] Meine ersten Erinnerungen an sie beinhalten das öffentliche Erstaunen darüber, dass
eine ›Frau‹ mit einer derartig wichtigen Aufgabe betraut wird.
Auch für mich hat das als gerade pubertierendes Mädchen nicht
ganz ins Bild gepasst – eine Frau in der Politik? Hertha Firnberg
kam mir damals irgendwie ›männlich‹ vor – so ungewöhnlich
war für mich das Bild einer weiblichen Politikerin. Ich ersuche,
mir meine damalige Haltung nachzusehen, ich habe eine Weile
und einiges an Lebenserfahrungen gebraucht, um auf ihren Be-
wusstseinsstand zu kommen. […] Von Hertha Firnbergs wissenschaftlicher Karriere habe ich am wenigsten mitbekommen, diese ist mir erst durch die Recherchen für diesen Artikel bewusst
geworden. Eine Frau, die ihre Studienrichtung wechselt, weil ein
Professor erklärt, er prüft Studierende weiblichen Geschlechts
grundsätzlich negativ – die aber nicht aufgibt. Eine Frau, die
nach dem Studium ihr Geld jahrelang als Bilanzbuchhalterin
verdient – warum? Weil ihr eine wissenschaftliche Karriere in der
damaligen Männerwelt noch nicht möglich war? Eine Frau, die
als Forschungsschwerpunkt die Themenkreise Bildung, Arbeitswelt, Sozialstruktur, Frauen wählt – ein Themengebiet, das bis

heute brisanten gesellschaftlichen Sprengstoff bietet. Immer noch bestimmt in Österreich die soziale Hierarchie den Bildungsgrad und damit die zukünftigen Berufschancen, immer noch sind Österreichs Frauen auf dem Arbeitsmarkt überdurchschnittlich benachteiligt. […] Hertha Firnberg als Frauenpolitikerin: Die Entkriminalisierung des Schwangerschaftsabbruchs, die Familienrechtsreform und damit das Ende des Mannes als ›Haupt der Familie‹, das Recht auf Arbeit für Frauen – alles das zählt heute zu den Selbstverständlichkeiten, über die es einen sehr breiten gesellschaftlichen Konsens gibt, in dessen Genuss wir Nachgeborenen kommen.

Unvorstellbar, gegen welche Widerstände das in den 70er Jahren durchgesetzt wurde, und dafür gebührt ihr und allen ihren Mitkämpferinnen der uneingeschränkte Dank aller Nachgeborenen. […] Dass sie aus heutiger Sicht auch frauenpolitische Fehler gemacht hat – so hat sie auf die Bezeichnung ›Bundesminister‹ Wert gelegt und Quotenregelungen sowie ein eigenes Frauenministerium abgelehnt, weil sie ›bei der Arbeit und in der Politik‹ vergessen machen wollte, ›dass es verschiedene Geschlechter gibt‹ –, sei ihr vor dem Hintergrund ihrer Verdienste nachgesehen. Wahrscheinlich konnte sie damals noch nicht absehen, als wie hartnäckig sich tatsächliche Diskriminierungen, trotz rechtlicher Gleichstellung, erweisen. […] Hertha Firnberg war in vielem ihrer Zeit weit voraus. Sie kann auch heute noch politisch bewegten Frauen als ein Vorbild dienen. Besonders berührt hat mich als heute 47-Jährige ihre späte Karriere. Liebe Frauen um die 50 – nehmen wir uns Hertha Firnberg als Vorbild, wer weiß, welche großen Aufgaben noch auf uns zukommen!«

7. Das Erbe Hertha Firnbergs oder die heiligen Kühe

Dr. Sigurd Höllinger merkte an, er sei einer jener gewesen, denen sie vorwarf, »ihr Lebenswerk [zu] zerstören. Weil ich an dem, was sie gemacht hat, weitergearbeitet habe und weitergedacht habe und da auch unbeirrbar war«. Seiner Ansicht nach war in der SPÖ lange Zeit die Haltung weit verbreitet, »alles, was aus der Firnberg-Zeit stammte, mit hohen Tabu-Zäunen zu versehen. Ich habe da etliche Jahre wirklich wüste Auseinandersetzungen geführt; in der SPÖ selber. Bei allem Respekt – Respekt heißt ja nicht devot für alle Zeiten, und es hätte die Veränderungsmöglichkeiten gar nicht gegeben, hätte es vorher nicht Firnberg gegeben. Aber da hat es viele einfachere Gemüter gegeben, die haben das eben nicht so gesehen, die wollten an dem festhalten, was da errungen wurde, und die haben gemeint, das wäre das Endziel jeder Entwicklung, das ist irgendwie – naiv, zumindest«.

Zwei wesentliche Eckpfeiler der Firnberg'schen Politik, die bis vor Kurzem noch als »heilige Kühe« wirkten, wie Dr. Höllinger es nannte, seien der gebührenfreie und der offene Universitätszugang. Beide fielen in den letzten Jahren; der gebührenfreie Universitätszugang wurde mit März 2009 erneut eingeführt.

»Andere Ausbildungsgänge«, gab Dr. Höllinger sich überzeugt, »die von einer großen Menge der Bevölkerung begangen werden, sind nicht kostenlos. Die Kindergärten beispielsweise sind nicht kostenlos, wieso sollen es gerade die Hochschulen sein?«

Johanna Dohnal betonte in ihrer Begräbnisrede, die Reformierung und Demokratisierung der Universitätslandschaft in Österreich sei untrennbar mit dem Namen Hertha Firnberg verbunden; Schule und Universität müssten ein Ort bleiben, der jedem und jeder offenstehe: »Nie wieder darf Bildung von der Geldbörse abhängig sein. Die Frauen wären die Ersten, die dies zu spüren bekommen!«[311]

Dr. Margarethe Pompl sagte, manche der initiierten Reformen seien derart weiterentwickelt und verändert worden, »dass man sie nicht mehr ganz erkennen kann«. Anna Elisabeth Haselbach konstatierte, es lasse sich nie mehr zurücknehmen, dass Mitbestimmung überhaupt gedacht werden durfte.

»30 Jahre später«, resümierte Daniela Graf, »wünscht man sich vieles davon wieder zurück, vor allem den Geist des Gesetzes, die Bildungschancen für alle, die in Österreich bei Weitem weniger gegeben sind als in anderen europäischen Ländern.«

Dr. Neisser erwähnte als Erbteil Firnbergs die Verschulungstendenzen der Universitäten und betonte, alle jene Probleme, die heute virulent geworden seien, hätten sich schon damals abgezeichnet: die Frage der Autonomie, das Problem einer Zurückdrängung der Geisteswissenschaften sowie finanzielle Schwierigkeiten. Aber auch die Tendenz zur Internationalisierung sei ein Erbe Firnbergs, die diesen Trend damals bereits erkannt und internationale Forschungsprogramme gefördert habe.

Hannes Androsch sah das Erbe Hertha Firnbergs darin, »Visionen, Perspektiven gehabt zu haben und die Fähigkeit, diese umzusetzen; und einen Stil, eine Attitüde, eine Haltung gepflegt zu haben, die man als vorbildlich und nachahmungswürdig charakterisieren könnte«.

Hertha Firnberg selbst äußerte sich in einem Interview, das sie der »Zeit« gab, zu dem Thema. »Zwar sieht sie in der Friedensbewegung eine wichtige und erfreuliche politische Erscheinung – sie zählt sich selbst ›seit eh und je‹ dazu –, solange es eine ›aktive und eine ausgewogene‹ Bewegung ist; ›Ich glaube ja nicht besonders an spezielle Aufgaben der Frau‹, sagt sie, ›aber wenn es eine besondere Aufgabe der Frau gibt, dann ist es die Sorge um den Frieden.‹ Tendenzen des Rückzugs aus der Gesellschaft hingegen kann sie keinen positiven Aspekt abgewinnen. ›Dann ziehen wir uns zurück in Fell und Wolltüchern und leben in der Natur. Wenn das jemand machen will, kann er es ja tun, es hat immer Einsiedler gegeben. Aber das als gesellschaftliches Programm zu etablieren, das halte ich für wenig zielführend.‹ Für eine Politikerin, die sich sowohl im eigenen Leben als auch in ihren politischen Bemühungen so konsequent für die Zulassung der Frauen zu allen Möglichkeiten der Ausbildung und der Qualifikation einsetzte, kann die Devise des ›Aussteigens‹ nur als Rückfall erscheinen. […] Sie glaubt, daß ›Frauen auf dem richtigen Weg sind, und zwar dadurch, daß sie sich in einem so hohen Maße ins Bildungsgeschehen einschalten. Das muß ja in die Zukunft wirken, wenn viele Frauen auf höherem Bildungsniveau stehen«. Umso weniger versteht sie die Bereitschaft zur Selbstsabotage; die Frauen, die freiwillig zurücktreten aus Angst, ihren Partner durch allzu großen Erfolg in Panik zu versetzen. Deprimieren lassen darf man sich durch den mangelnden Einsatz, die zerbrechliche Solidarität [unter den Frauen] trotzdem nicht, meint sie. Man muß festhalten an den Werten, die man vertritt [...].««[312]

Zu Hertha Firnbergs Erinnerung
gestiftet/gegründet/benannt

Seit dem Jahr 2001 erinnert die Hertha-Firnberg-Straße in Favoriten an diese Politikerin. Ihr zu Ehren stifteten die SPÖ-Frauen zu ihrem zehnten Todestag zwei nach ihr benannte Auszeichnungen: die »Hertha-Firnberg-Anerkennung« und die »Hertha-Firnberg-Auszeichnung«. Erstere ist für Frauen gedacht, die »Bemerkenswertes« im Sinn feministischer Grundsätze sowie der SPÖ-Frauen geleistet haben, Zweitere geht an »verdiente Funktionärinnen«.

Im Bereich der Bildung hinterließ Hertha Firnberg deutliche Spuren in Wien: So ist ein StudentInnenwohnheim in der Forsthausgasse 2-8 im 20. Wiener Gemeindebezirk, Teil des Campus Brigittenau, nach ihr benannt; auch in Innsbruck befindet sich am Fürstenweg 174a ein nach ihr benanntes Wohnheim.

Das »Hertha-Firnberg-Programm« des Fonds zur Förderung der wissenschaftlichen Forschung (FWF) trägt ihren Namen und verfolgt das Ziel, wissenschaftliche Karrierechancen von Frauen an den Universitäten zu erhöhen, indem Frauen am Beginn ihrer wissenschaftlichen Laufbahn bzw. beim Wiedereinstieg nach der Karenzzeit größtmögliche Unterstützung erfahren. Des Weiteren bezieht sich die »Hertha-Firnberg-Nachwuchsstelle« – ein Stipendium zur Abdeckung projektspezifischer Kosten bei Forschungsvorhaben – namentlich auf sie.

Außerdem wurden mehrere Schulen nach Firnberg benannt: eine Volksschule in der Hertha-Firnberg-Straße 12 im 10. Bezirk sowie die Höheren Lehranstalten für die Bereiche Wirtschaft und Tourismus, die sich in der Wassermanngasse 12 im 21. Bezirk befinden. Die damalige Direktorin Mag. Viktoria Kriehebauer, die den Namensgebungsprozess initiierte, betonte, dieser sei nach einer längeren Diskussion im Lehrkörper beschlossen worden; die SchülerInnen seien nur am Rande eingebunden gewesen; vermutlich hätten sie eher eine »buntere Figur« als die ehemalige Ministerin vorgeschlagen.

Die Brainstorming-Phase der Suche nach geeigneten Kandidatinnen ließ rasch einige grundsätzliche Tendenzen erkennen: »Es musste eine Frau gefunden werden, deren Karriere vorbildhaft war und für eine berufsbildende höhere Schule passte. Es war weder eine reine Naturwissenschaftlerin oder Künstlerin noch eine Märtyrerin gefragt; es sollte eine Frau sein, die für die Emanzipation von Frauen aktiv war, politisch klar antifaschistisch, unabhängig in ihrem privaten Leben, karriereorientiert, also insgesamt erfolgreich. Firnbergs Karriere war alles in allem eine makellose und daher unangreifbar. Ihre korrekte, damenhafte Art machte sie auch für konservativere KollegInnen annehmbar. Niemand konnte ihre Hochschulreform in Frage stellen, die Schulfreifahrten, die Schulbuchaktion und vieles mehr. Das war, wenn man so will, für heutige Verhältnisse nicht ausschließlich sozialdemokratisch.« Die gleichfalls als Namensgeberin diskutierte Johanna Dohnal als Patin zu wählen wäre »zu polarisierend« gewesen, und als die Entscheidung gegen sie fiel, stellte Mag. Kriehebauer – nicht ohne Amüsement – die Erleichterung mancher Lehrenden fest.

Die Benennung nach Hertha Firnberg brachte auch die Möglichkeit, Frauengeschichte nicht nur in die politische Bildung zu integrieren, sondern in den gesamten Schulalltag: »LehrerInnen und SchülerInnen setzten sich (manche zum ersten Mal) mit Fragen der Emanzipation von Frauen und Männern auseinander, Genderprojekte und verschiedene Maturaprojekte befassten sich mit dieser Thematik. Durch diese Namen[sgebung] signalisiert die Schule auch ihre gesellschaftspolitische Ausrichtung und zieht hoffentlich gleichgesinnte Eltern und SchülerInnen an. Aus der Wiener SPÖ kamen diesbezüglich sehr viele positive Rückmeldungen, Johanna Dohnal kam, um die Festrede zu halten, die sie mit dem Satz begann: ›Ich bin eine Emanze.‹ Viele waren ganz gerührt, dass es in der heutigen Zeit noch Menschen in Schulen gibt, die die Zeit der Kreisky-Regierungen hochhalten und dem neoliberalen Getöse etwas entgegensetzen wollen, und wenn es auch nur die hochgehaltene Erinnerung an fortschrittliches Arbeiten ist. Jede neue SchülerInnengeneration an der Schule wird mit dem Namen Firnberg und ihrer Zeit konfrontiert und insofern ist eine derartige Namensgebung ein wunderbares Mittel, die Bedeutung der Zeit, als Firnberg politisch wichtig war, lebendig zu halten und die damaligen Kämpfe um Emanzipation ständig in Erinnerung zu bringen. Wenn wir gefragt werden, warum es eigentlich eine Sozialdemokratin sein musste, die wir als Namensgeberin aussuchten, ist die Antwort ganz leicht. In einer Schule, die zwei Drittel Mädchen ausbildet, ist alleine die Errungenschaft, dass 1975 die Vorherrschaft des Mannes in der Familie (als rechtlich gesichertes Oberhaupt der Familie) abgeschafft wurde, ein ausreichendes Argument, um jede weitere Frage irrelevant zu machen.«

Firnberg, so Mag. Kriehebauer, stehe in ihren Augen für die Nachricht: Eine Frau, die sich engagiere, intelligent sei und sich sehr diszipliniert einer Sache widme, könne in diesem Land etwas werden, ohne unbedingt radikal feministisch sein zu müssen. Sie könne Männerdomänen erobern und ihre Zeit aktiv mitgestalten. Beide Biographien, jene Firnbergs sowie die Dohnals, zeigen, dass in der sozialdemokratischen Partei eine Frauenkarriere möglich sei, »gegen die Männer«, auch wenn Mag. Kriehebauer einräumte: »Es muss erkämpft werden, es wird nicht geschenkt.«

Im Zuge der Feierlichkeiten zur Namensgebung wurde ein Prospekt über die Ausbildungsangebote der Schule sowie zur Namenspatronin zusammengestellt: »Wir zeigten bei der Feier alte Interviews, die Firnberg dem Fernsehen gab, und da konnten alle sehen, wie zu jener Zeit gefragt wurde, was Firnberg denn gerne koche, wieso sie keine Kinder habe und ob ihr denn nicht Familie abgehe. Und es ist wunderbar zu sehen, wie sie – souverän und enorm selbstsicher – die Bedeutung ihrer politischen Arbeit beschreibt und auch erklärt, warum sie diese Arbeit als besonders befriedigend empfindet – eine Arbeit, die damals sicherlich nicht möglich gewesen wäre, wenn sie Kinder gehabt hätte. Sie stellt klar, dass sie sich nicht als Feministin

Budgetdebatte im Parlament, 1982, Blick auf die Regierungsbank:
Fred Sinowatz und Hertha Firnberg im Gespräch

Helmut Zilk und Hertha Firnberg

sieht, sondern als eine Person, die sich um das Menschenrecht ›Gleichbehandlung‹ kümmert. Die Botschaft an die SchülerInnen war, dass es schön sein kann, sich um gerechte Verhältnisse in der Gesellschaft zu bemühen, auch als Frau. Firnbergs Habitus ist für heutige Maßstäbe nicht vorbildhaft, aber alles andere sehr wohl – ihre Unabhängigkeit, ihre intellektuelle Kraft, die Ausdauer und Hartnäckigkeit in ihrer Arbeit, wie sie sich selbst ernst genommen hat und in ihrer Art ein neues Frauenbild miterschaffen hat. Erstaunlicherweise haben sich die SchülerInnen nicht so sehr an Firnbergs Habitus gestoßen wie die jungen Frauen zu jener Zeit – wahrscheinlich, weil Firnberg für sie eine absolut historische Persönlichkeit ist, deren Zeit so weit zurückliegt, dass andere Dinge zählen. Alles in allem war die Entscheidung für den Namen Firnberg richtig, vor allem auch deshalb, weil die Schule im Jahr 2010 in das neue Schulhaus im 22. Bezirk umziehen wird, der als typischer Arbeiterbezirk den Namen Firnberg gerne hochhalten wird.«

8. Pension ohne Ruhestand

Als Kreisky 1983 seine MinisterInnen verabschiedete, erklärte er in seiner Würdigungsrede, Firnberg sei bei der Gründung des Ministeriums vor »eine[r] fast unlösbare[n] Aufgabe« gestanden. »Dennoch könne rückblickend gesagt werden, daß es in der Geschichte der österreichischen Wissenschaft, die Zeit der Monarchie eingeschlossen, keine Epoche gegeben habe, in der so viel für die Wissenschaft getan worden ist. In Hertha Firnbergs Wirken habe der große Respekt der sozialistischen Bewegung konkrete Form angenommen«[313], wird Kreisky in der »AZ« zitiert.

Bereits ein Jahr nach Hertha Firnbergs Amtsantritt als Ministerin fragte Richard Berczeller sie, ob sie vorhabe, mit 65 Jahren in Pension zu gehen. Sie antwortete dezidiert mit »Ja«, denn es sei ein Parteibeschluss, dass FunktionärInnen wie MinisterInnen ihre Funktionen nach Erreichung der Altersgrenze zurücklegen müssten. Darauf hingewiesen, der Parteibeschluss besage auch, solle eine Person unersetzlich sein, so könne deren Pensionierung hinausgeschoben werden, antwortete sie ihm: »Ich bin nicht unentbehrlich [...] Es sind genügend junge Kräfte da, die ganze Arbeit leisten können. Man muß ihnen die Gelegenheit dazu geben.«[314]

Dennoch zog sie sich erst 1983, nachdem die SPÖ ihre absolute Mehrheit im Nationalrat verloren hatte und die »Ära Kreisky« endete, aus der Bundesregierung zurück. 1983 teilte sie der Presse noch mit, sie wolle nach ihrem Ausscheiden aus der aktiven Politik keinesfalls untätig sein: »Neben zahlreichen Funktionen bei Forschungsstellen plant sie die Gründung eines Frauenklubs eigener Art. ›Im Gegensatz zu vielen Feministinnen werden wir nicht ständig wehklagen und in kämpferische Position gegen die Männer gehen. Es ist viel wichtiger, Optimismus und Selbstvertrauen zu verbreiten.‹«[315]

Ihre Idee eines derartigen Frauenklubs scheint nicht umgesetzt worden zu sein. Jene Funktionen, die sie behielt, waren z.B. Kuratoriumsmitglied des Dokumentationsarchivs des österreichischen Widerstandes sowie Vorsitzende der Österreichisch-Sowjetischen Gesellschaft. Ob sie nun, nach ihrem Ausscheiden, die Politik vermisse? Nein, »ich genieße [es]«; dies sei »fast eine Erlösung nach so vielen Jahren«.[316] Gefragt, was sie der SPÖ wünsche, antwortete Hertha Firnberg 1988: »Die vergangenen 100 Jahre nicht zu vergessen und in den künftigen 100 Jahren nach den Leitsätzen zu arbeiten und mit den Menschen umzugehen, mit den Menschen im Dialog zu stehen, ihre Bedürfnisse zu erforschen, ihre Meinung zu erforschen – wie es in den vergangenen 100 Jahren war.«[317] Denn »im Mittelpunkt der Mensch«, das sei doch – auch wenn jener heute viel zu wenig betont werde – der Grundsatz, »unabänderlich für alle Zeiten«.[318]

Dr. Frühauf beschrieb Hertha Firnberg als »sehr wach« bis zum Schluss; ihre Kontakte – unter anderem zu Dr. Leopold Gratz, Hannes Androsch, Rudolf Streicher (* 1939) und Heinz Fischer – bestanden nach ihrem Ausscheiden aus der aktiven Politik weiterhin.

An Dr. Elisabeth Pittermann wandte sich Hertha Firnberg mit der Frage, welches Krankenhaus sie ihr zur Behandlung ihrer gesundheitlichen Probleme empfehle. So wurde Hertha Firnberg im Hanusch-Krankenhaus aufgenommen; mehrere Wochen wechselte sie zwischen Aufenthalten im Spital und Zeiten, die sie daheim verbringen konnte. Während dieser letzten Monate blieb Hertha Firnbergs Interesse für das politische Geschehen aufrecht, sie las Zeitungen und informierte sich, soweit ihr dies gesundheitlich möglich war. »Sie hat«, berichtete Dr. Pittermann, »es sehr gern gehabt, wenn ich bei ihr war und mit ihr geplaudert habe. Sie unterhalten habe.«

Hannes Androsch wollte Hertha Firnberg damals noch als Zeitzeugin interviewen, wozu sie jedoch nicht mehr in der Lage war: »›Wenn du etwas schreibst, dann muss das elegant sein, deiner würdig sein‹, hat sie gesagt. – Sie war da sehr besorgt, dass ich Schmutz herumschleudere.« Einige Tage später, als Androschs Frau eine Verwandte im Hanusch-Krankenhaus besuchte, begab sie sich danach auch zu Hertha Firnberg: »Und Firnberg war sehr betrübt und hat meine Frau gefragt, ob ich böse sei. Sagte sie: ›Nein, da hat er nichts gesagt. Warum?‹ – Und da hat sie gefunden, dass sie vielleicht insultiv mir gegenüber war. Meine Frau konnte sie beruhigen. Und Firnberg: ›Sag' ihm: Wenn er

etwas schreibt, dann muss es elegant sein.‹« Am Tag des Opern-
balls, kurz vor Firnbergs Tod, besuchte Hannes Androsch sie ein
weiteres Mal: »Da hat sie ein Windrad gehabt, neben ihrem Bett.
Das war unser Opernball, in das Windrad hat sie hineingebla-
sen, so haben wir gefeiert, und das war auch der Abschied.«

Beim letzten Besuch Johanna Dohnals, einige Tage vor Hertha Firnbergs Tod, sprachen sie wie stets über das politische Geschehen. Als Johanna Dohnal sich verabschiedete, rief Hertha
Firnberg ihr nach: »›Lass' dir von denen nichts gefallen!‹ Da hab'
ich mir gedacht: ›Na schau …‹ – Hab' ich eh noch nie gemacht,
aber das aus diesem Munde …!«

Dr. Heinz Fischer besuchte Hertha Firnberg an ihrem Ster-
betag: »Das sind sehr private Eindrücke. Hertha Firnberg war
für mich der erste Mensch, den ich so – unter Anführungszeichen: ›in seiner Todesstunde‹ – gesehen habe. […] Das war ein
sehr berührender Moment …«

Hertha Firnberg starb am 14. Februar 1994 im Hanusch-Krankenhaus in Wien; zwei Wochen nach Rosa Jochmann. Beide liegen auf dem Zentralfriedhof nebeneinander in der Gruppe
14 C.

In einem Nachruf der »Presse« vom 16. Februar 1994 von
Otto Schulmeister stand unter dem Titel »Frau Bundesminister,
nicht Frau Ministerin« zu lesen:

»Hertha Firnberg gehörte zum linksbürgerlichen Element
der Partei, aber trotz ihres intellektuellen Interesses war sie nicht
weniger links, nur eben anders als Rosa Jochmann. Sie lebte nicht
im Kollektiv, dem Angriffs- oder Verteidigungskeil der Genossen, sie war Individualistin und ihre spitze Zunge sollte selbst ein
linker Bürgerssohn wie Bruno Kreisky fürchten.«

Auf dem Partenzettel war die Bitte »im Sinne der Verstor-
benen« vermerkt, von Blumen- und Kranzspenden abzusehen
und stattdessen die Wirtschaftshilfe der Arbeiter[Innen]studen-
t[Inn]en Österreichs durch einen Beitrag zu unterstützen.

»Du bist uns als Erzieherin im besten Sinn des Wortes in Erinnerung – manchmal auch als strenge –, und das war gut so«,
sagte Johanna Dohnal in ihrer Begräbnisrede. »Und so können
wir den Weg weitergehen, den Du uns gewiesen hast, und werden in Deinem Sinne weiterarbeiten. – Bis wir den ›weiten Ho-

rizont einer neuen Gesellschaftsordnung‹ erreicht haben – nämlich ein Leben in Partnerschaft –, und zwar auf allen Ebenen des
gesellschaftlichen Daseins – in der Familie ebenso wie in der Politik – so, wie Du es Dir immer gewünscht hast!«[319]

1979 wurde bei einer Umfrage[320] zum Thema »Heimat bist
du großer Töchter« unter einhundert Schulkindern der Name
Hertha Firnbergs am häufigsten genannt; heute würde die Antwort seitens der SchülerInnen vermutlich lauten: »Hertha Firnberg? Wer soll denn das gewesen sein?«

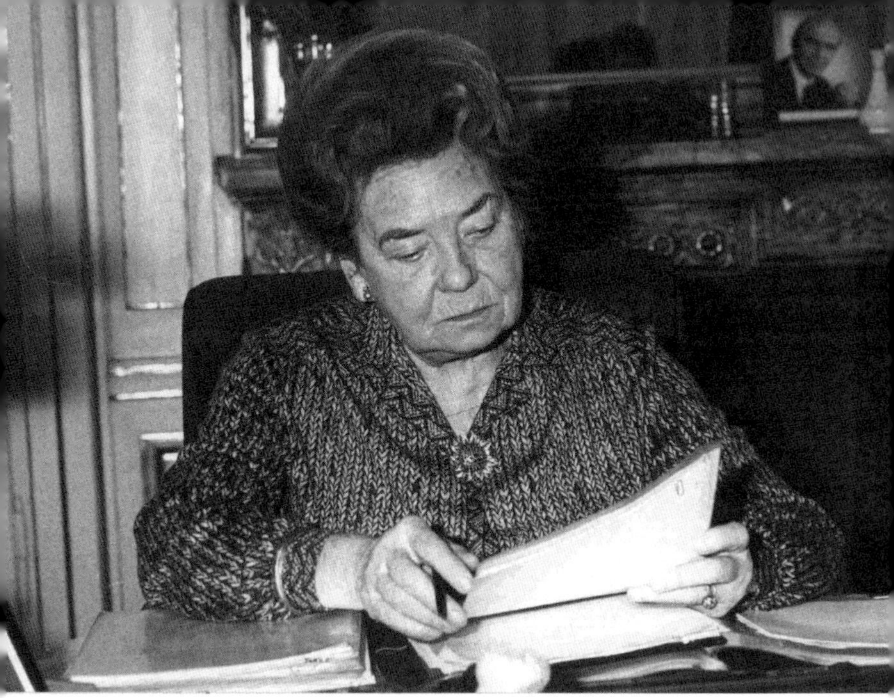

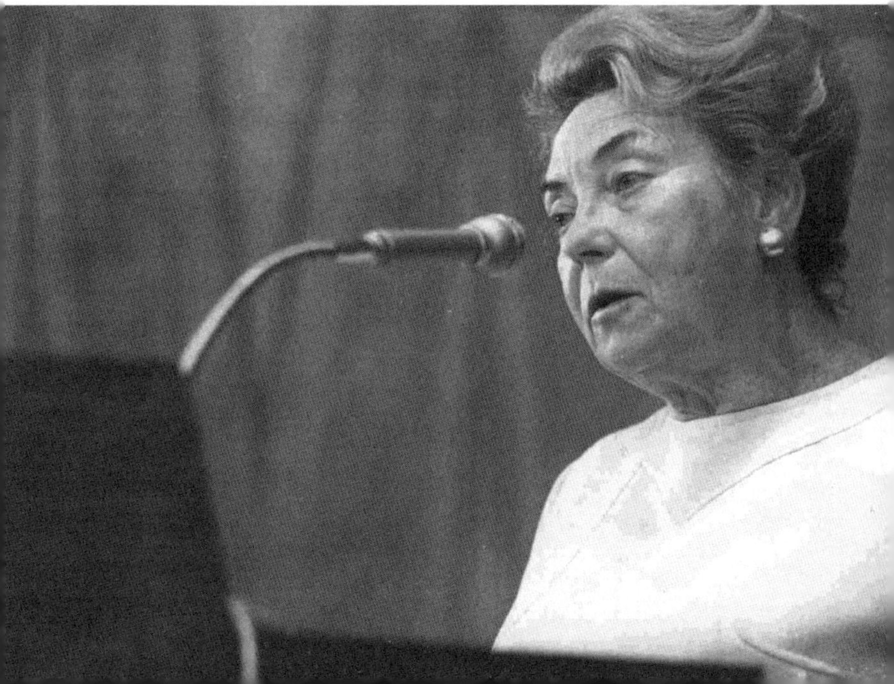

Preise und Auszeichnungen

Förderungspreis der Stadt Wien für Wissenschaft, 1955
Theodor-Körner-Preis, 1968
Ehrendoktorat des Grand Valley State College, Michigan, USA, 1976
Ehrensenator der Universität Graz, 1979
Ehrendoktorat der Universität Klagenfurt, 1980
Vizepräsidentin der Ludwig Boltzmann Gesellschaft, Österreichische Vereini-
    gung zur Förderung der wissenschaftlichen Forschung
Vizepräsidentin der österreichischen Gesellschaft für Soziologie
Kuratoriumsmitglied des Institutes für Wissenschaft und Kunst
Mitglied der American Association for the Advancement of Science
Mitglied der österreichischen Gesellschaft für Statistik
Mitglied des Verbandes der Akademikerinnen Österreichs
Großes Silbernes Ehrenzeichen für Verdienste um die Republik Österreich,
    1969
Großkreuz des Belgischen Kronenordens, 1971
Trägerin des Goldenen Nansen-Ringes, 1972
Großes Goldenes Ehrenzeichen am Bande für Verdienste um die Republik Ös-
    terreich, 1974
Verdienstorden II. Klasse der Volksrepublik Polen, 1974
Großes Goldenes Ehrenzeichen mit dem Stern für Verdienste um das Land
    Wien, 1975
Großes Verdienstkreuz mit Stern und Schulterband des Verdienstordens der
    Bundesrepublik Deutschland, 1976
Großkreuz des Verdienstordens des Großherzogtums Luxemburg, 1976
Großkreuz des Verdienstordens der Italienischen Republik, 1976
Bulgarischer Orden Kyrill und Method, I. Klasse, 1976
Ägyptischer Orden der Republik, I. Klasse, 1978
Großoffizierskreuz des Nationalordens des Löwen der Republik Senegal,
    1978
Großkreuz des Melitensischen Verdienstordens, 1979
Trägerin der Großen Victor-Adler-Plakette

14. 12. 1979 Verleihung der EhrenbürgerInnenschaft der Stadt Wien
    (als erste Frau!)

Quellen

Primärliteratur

Firnberg, Hertha: Das Anwendungsdefizit der Soziologie. In: Sozialwissenschaftliche Forschung in Österreich. Wien: Jugend & Volk 1981. S. V–XXII.

Firnberg, Hertha: Aspekte und Perspektiven. Wissenschaft und Forschung im neuen Jahrzehnt. Wien: Bundesministerium für Wissenschaft und Forschung 1981.

Firnberg, Hertha: Bewährungshilfe aus der Sicht des Gesetzgebers. In: Gefährdung und Resozialisierung Jugendlicher. Vorträge über Bewährungshilfe, gehalten auf einem Seminar des Soziologischen Instituts der Universität Wien. Hg.: Leopold Rosenmayr, Hans Strotzka, Hertha Firnberg. Wien: Europa Verlag 1968. S. 10–19.

Firnberg, Hertha: Forschung – Perspektiven für die 80er Jahre. Wien: Bundesministerium für Wissenschaft und Forschung 1982.

Firnberg, Hertha: Die Frau in der sozialistischen Arbeiterbewegung Österreichs 1900–1938. In: Arbeiterbewegung und Feminismus. Berichte aus vierzehn Ländern. Hg.: Ernst Bornemann. Frankfurt a. M.: Ullstein 1982. S. 81–87.

Firnberg, Hertha: Die Frau in der Zeit von heute. Referat gehalten auf der Bundesfrauenkonferenz in Villach am 16. 4. 1972. Wien: »Vorwärts« AG o.J.

Firnberg, Hertha: Frühformen der Werbung. In: Werbewissenschaftliche Schriftenreihe. Dr. Karl Skowronnek (Hg.). Bd. 3. Wien: 1947

Firnberg, Hertha: Gedanken zum Humanprogramm. In: Politik über den Tag hinaus. Ein Lesebuch zu den Programmdiskussionen der österreichischen Sozialdemokratie von 1966–1996. Hg.: Erich Fröschl. Wien: Löcker Verlag 1996. S. 57–59.

Firnberg, Hertha: Lohnarbeiter und freie Lohnarbeit im Mittelalter und zu Beginn der Neuzeit. Ein Beitrag zur Geschichte der agrarischen Lohnarbeit in Deutschland. Aalen: Scientia Verlag 1978.

Firnberg, Hertha u.a.: Österreich zuliebe. Der Staat, den alle wollten. Wien: Paul Zsolnay Verlag 1985.

Firnberg, Hertha: Die Rolle des Akademikers in der heutigen Gesellschaft. In: Der sozialdemokratische Intellektuelle. Analysen – Bewertungen – Perspektiven. Wien: Literas-Verlag 1983. S. 3–14.

Firnberg, Hertha: Die soziale Herkunft der niederösterreichischen Studierenden an Wiener Hochschulen. Wien: Kammer für Arbeiter und Angestellte in Niederösterreich 1951.

Firnberg, Hertha: Die soziologischen Strukturveränderungen in Wien. Wien: Jugend & Volk 1968.

Firnberg, Hertha (Hg.): Studieren in Österreich. Ein Leitfaden für den Universitäts- und Hochschulbesuch. Wien: Molden-Schulbuchverlag 1981.

Firnberg, Hertha: Untersuchungen über Berufsprobleme der niederösterreichischen Arbeiterschaft in Gegenwart und Vergangenheit. Wien: Kammer für Arbeiter und Angestellte in Niederösterreich 1954.

Firnberg, Hertha: Werbung und Verbraucher. In: Werbewissenschaftliche Schriftenreihe. Dr. Karl Skowronnek (Hg.). Bd. 3. Wien: 1947

Firnberg, Hertha/Bundesminister für Wissenschaft und Forschung: Wissenschaftspolitik als zentrales gesellschaftliches Anliegen. Das 1970 neuerrichtete Ministerium stellt die Weichen für die Zukunft unseres Landes. Zentralsekretariat der Sozialistischen Partei Österreichs. Wien: »Vorwärts« AG o.J.

Firnberg, Hertha: Die Zeitschriften im kulturellen Leben Österreichs. Ein Vortrag. Sonderheft der Zeitschrift »Presse und Vertrieb in Österreich«. Wien: 1970

Die Zahl der Woche. Mädchen in der Berufsausbildung. In: Die Frau, Nr. 42/16. Jg., 15. 10. 1960, S. 24.

Erinnerung. TV-Interview mit Hertha Firnberg, Regie: Andreas Vana, ORF, 1988.

Firnberg, Hertha: Bewerbungsschreiben an die AKNÖ. 26./27. Mai 1948.

Gemeinsam mit L. S. Rutschka:

Firnberg, Hertha; Gustav Otruba; Ludwig S. Rutschka: Ausgewählte Dokumente und statistische Materialien zur historischen Entwicklung und gegenwärtigen Struktur. Wien: Kammer für Arbeiter und Angestellte in Niederösterreich 1957.

Firnberg, Hertha; Ludwig S. Rutschka: Betreuung alter Menschen. Wien: Österreichischer Städtebund 1964.

Firnberg, Hertha; Ludwig S. Rutschka: Die Frau in Österreich. Wien: Verlag des österreichischen Gewerkschaftsbundes 1967.

Firnberg, Hertha u.a.: Die wirtschaftliche und soziale Entwicklung Niederösterreichs von der industriellen Revolution bis zur Gegenwart. Wien: Kammer für Arbeiter und Angestellte 1957.

Inventur im Kleiderkasten. Erhebung über Bestand und Bedarf an Bekleidung und Wäsche in Wiener Arbeitnehmerhaushalten. Hg.: Frauenreferat des ÖGB. O.J.

Interviews

Hannes Androsch: 20. 3. 2006, Wien (* 1938)

Dkfm. Mag. Marianne Bargil: 28. 11. 2005, Wien (* 1934)

Helmut Braun: 9. 3. 2006, Wien (* 1934, Abgeordneter zum Nationalrat, Geschäftsführer-Stellvertreter und Zentralsekretär der Gewerkschaft der Privatangestellten, Vizepräsident der Kammer für Arbeiter und Angestellte Wien)

Dr. Josef Bucek: 23. 8. 2006, Telefoninterview, Wien (Statistik Austria)

Dr. Erhard Busek: per e-Mail, Juni–Juli 2006 (* 1941)

Josef Deutsch: 2. 3. 2006, Wien (* 1925; gelernter Bäcker, Betriebsratsobmann der Ankerbrot-Werke)

Johanna Dohnal: 27. 1. 2006, Wien (* 1939)

Prof. Dr. Hermann Fillitz: Brief vom 22. 6. 2006, Wien (* 1924)

Ing. Paul Firnberg: 6. 6. 2006 sowie 7. 9. 2006, Wien (* 1945)

Dr. Heinz Fischer: 22. 2. 2006, Wien (* 1938)

Dr. Wolf Frühauf (* 1943):
    1. Interview am 8. 2. 2006, Wien
    2. Interview am 16. 2. 2006, Wien
    sowie mehrere e-Mails März 2006 bis März 2008

Eva Geber: 6. 4. 2009, Wien (* 1941; Mitherausgeberin der AUF – Eine Frauenzeitschrift)

Daniela Graf: per e-Mail, Juni–Juli 2006 (* 1959; Obfrau der Grünen Bildungswerkstatt); mit Unterstützung durch inhaltliche Recherchen von Dr. Karl Schall (politischer Referent der Grünen Bildungswerkstatt)

Anna Elisabeth Haselbach: 13. 6. 2006, Wien (* 1942)

Dr. Sigurd Höllinger: 12. 6. 2006, Wien (* 1940)

Dr. Peter Kostelka: 6. 4. 2006, Wien (* 1946)

Dr. Edith Krebs-Hüttl: 16. 6. 2006, Telefoninterview (* 1924)

Erika Krenn: 29. 5. 2006, Telefoninterview (* 1925)

Mag. Viktoria Kriehebauer: 30. 4. 2009, Wien (* 1943; von 1982 bis 2008 Direktorin der Hertha-Firnberg-Schule für Wirtschaft und Tourismus)

Dr. Heinrich Neisser: 29. 6. 2006, Wien (* 1936)

Mag. Dr. Herbert Ostleitner: 15. 2. 2006, Wien (*1946)

Anton Pfeifer: 16. 6. 2006, Gemeindeamt Niederrußbach (* 1948; Bürgermeister in Niederrußbach)

Dr. Elisabeth Pittermann: 19. 6. 2006, Wien, Hanusch-Krankenhaus (* 1946)

Dr. Margarethe Pompl: 13. 6. 2006, Wien, Parlament (* 1939, Ministerialrätin a.D.)

Dr. Hilde Schmölzer: 6. 4. 2009, Wien (* 1937; Sachbuchautorin mit Schwerpunkt Frauengeschichte, Mitinitiatorin des österreichischen Frauenvolksbegehrens)

Herta Slabina: 30. 3. 2006, Wien (* 1931; stellvertretende Bezirksrätin in Favoriten, Mitarbeiterin im Ministerium für Wissenschaft und Forschung)

Dr. Otto Scrinzi: 11. 7. 2006, Brief (* 1918)

Dr. Fred Sinowatz: 10. 11. 2006, Brief (1929–2008)

Dr. Robert Trappl: 30. 3. 2009 (* 1939; emer. o. Univ.-Prof. für Medizinische Kybernetik und Artificial Intelligence und Leiter des Österreichischen Forschungsinstituts für Artificial Intelligence)

Dr. Erika Weinzierl: 5. 5. 2006, Wien (* 1925)

Ausschnitte aus Reden

Rede von Dr. Friedrich Hausmann anlässlich der Verleihung des Titels Ehren-»senator« an Hertha Firnberg 1979, Karl-Franzens-Universität in Graz

Laudatio von Wilfried Schneider anlässlich der Verleihung des Ehrendoktorats der Wirtschaftsuniversität Wien, 22. 6. 1983

Rede von Dr. Erhard Busek anlässlich der Verleihung des Hertha-Firnberg-Preises, 15. 9. 1989

Begräbnisrede von Johanna Dohnal für Hertha Firnberg, 24. 2. 1994

Sekundärliteratur

Bernold, Monika; Blimlinger, Eva; Ellmeier, Andrea: Hertha Firnberg: »Meine Leidenschaft. Die Anliegen der Frauen und die Wissenschaft.« In: 100 Jahre Frauenstudium. Situation der Frauen an Österreichs Hochschulen. Hg.: Eva Knollmayer u.a. Wien: Bundesministerium für Wissenschaft und Verkehr 1997. S. 17–51.

Bundesfrauenkomitee der SPÖ (Hg.): Hertha Firnberg. Porträt eines politischen Menschen. O.J.

Fischer, Heinz: Reflexionen. Wien: Kremayr & Scheriau 1998.

Frühauf, Wolf: Wissenschaft und Weltbild. Festschrift für Hertha Firnberg. Wien: Europaverlag o.J.

Geiger, Brigitte; Hacker, Hanna: Donauwalzer Damenwahl. Frauenbewegte Zusammenhänge in Österreich. Wien: »Edition Spuren« – Promedia 1989.

Haslinger, Franz H. (u.a.): Forschungsökonomie. Wien: Springer-Verlag 1973. S. 5.

Hawla, Franz: Wien wäre anders, wenn … Bekanntes und noch mehr Unbekanntes aus Wien. Wien: Edition Volkshochschule 1999.

Karlsson, Irmtraut (Hg.): Frauen in Bewegung – Frauen in der SPÖ. Wien: Löcker Verlag 1998.

Leser, Norbert: Der Sturz des Adlers. 120 Jahre österreichische Sozialdemokratie. Ein Lesebuch für Leser-Leser. Wien: Kremayr & Scheriau 2008.

Loewy, Hanno: Zitate österreichischer Politiker von 1945 bis heute. (Aus der Didaktikmappe zur Ausstellung: Antijüdischer Nippes, populäre Judenbilder und aktuelle Verschwörungstheorien, JMH – 2005.) Vgl.: http://www.jm-hohenems.at/mat/504_zitate_politiker.pdf

Nitsch, Sigrid: Die Entwicklung des allgemeinpolitischen Vertretungsanspruches innerhalb des Verbandes Sozialistischer StudentInnen Österreichs (VSStÖ) in Wien im Zeitraum von 1965 bis 1973. Diplomarbeit. Wien: 2004.

Obid, Vida; Messner, Mirko; Leben, Andrej: Haiders Exerzierfeld. Kärntens SlowenInnen in der deutschen Volksgemeinschaft. Wien: Promedia 2002.

Pauli, Ruth: Emanzipation in Österreich. Der lange Marsch in die Sackgasse. Wien, Köln, Graz: Böhlau 1986.

Pechar, Hans; Arnold, Markus; Unger, Martin: Hochschule und Wirtschaft: Reformimpulse zur Stärkung des Außenbezugs im österreichischen Hochschulsystem. Vgl.: http://www.iff.ac.at/hofo/WP/IFF_hofo.99.001_Pechar _Hochschule_Wirtschaft.pdf

Pribila, Gabriele: Museumspolitik in Österreich. Die Bundesmuseen: Konzepte, Reorganisation und Planung unter den Ministern Firnberg, Fischer, Tuppy und Busek zwischen 1978 und 1991. Diplomarbeit. Wien: 1992.

Rösslhumer, Maria; Appelt, Birgit: Hauptsache Frauen. Politikerinnen in der Zweiten Republik. Graz, Wien, Köln: Verlag Styria 2001.

Rossmann, Eva: Unter Männern. Frauen im österreichischen Parlament. Bozen: Folio Verlag 1995.

60 Jahre ÖH. Progress: Magazin der Österreichischen HochschülerInnenschaft, Sondernummer 2/2006. Wien: ÖH.

Sommeregger, Borut (Hg.): Ein Dorf an der Grenze? Klagenfurt/Celovec: Naš Tednik 1983.

Strigl, Daniela: »Wahrscheinlich bin ich verrückt …« Marlen Haushofer – die Biographie. München: List 2007. S. 10.

Weinzierl, Erika: Emanzipation? München: Jugend & Volk 1975.

Vorwörter bzw. Einführungen von Hertha Firnberg

Auer, Sepp; Hueber, Peter; Kronberger, Hans: Arbeiter machen Fernsehen. Graz: Video Initiative 1980.

Broda, E.; Häfele, W.; Lötsch, B. u.a.: Kernenergie in Österreich pro und contra. Wien: Springer-Verlag 1976.

Demographische Forschung in Österreich. Veröffentlichung des Bundesministeriums für Wissenschaft und Forschung. Wien: Springer-Verlag 1974.

Faninger, Gerhard; Bruck, Manfred: Thermische Nutzung der Sonnenenergie in Österreich. Mit einem Vorwort von Bundesminister Dr. Hertha Firnberg. Wien: Bundesministerium für Wissenschaft und Forschung 1978.

Haslinger, Franz H.; Hietler, Karlheinz; Orosel, Gerhard O.: Forschungsökonomie. Stand und Entwicklung. Wien: Springer-Verlag 1973.

Konecny, Albrecht K.: Die verzögerte Revolution. 50 Jahre Frauenwahlrecht: 50 Jahre Kampf um die Gleichberechtigung. Vorwort von Dr. Hertha Firnberg. Wien: Bundesfrauenkomitee der SPÖ 1969.

Kotlan-Werner, Henriette: Otto Felix Kanitz und der Schönbrunner Kreis. Die Arbeitsgemeinschaft sozialistischer Erzieher. 1923–1934. Wien: Europaverlag 1982.

Loitlsberger, Erich; Rückle, Dieter; Knolmayer, Gerhard: Hochschulplanungsrechnung. Aktivitätenplanung und Kostenrechnung an Hochschulen. Wien: Springer-Verlag 1973.

Maimann, Helene; Böhm, Roswitha: Arbeitergeschichte und Arbeiterbewegung. Dissertationen und Diplomarbeiten in Österreich 1918–1978. Mit einem Vorwort von Bundesminister Dr. Hertha Firnberg. Wien: Österreichischer Bundesverlag 1978.

Minder, G.; Burger, R; Grünwald, H.: Planungsforschung Forschungsplanung im öffentlichen und privaten Bereich. Wien: Springer-Verlag 1972.

Pietschmann, H.; Bartl, W.; Kummer, W.: Hochenergiephysik. Quelle wissenschaftlicher Erkenntnis. Quelle technischen Fortschritts. Wien: Springer-Verlag 1972.

Prager, Theodor: Tendenzen und Schwerpunkte der britischen Wirtschaftsforschung. Wien: Springer-Verlag 1974.

Rigler, Edith: Frauenleitbild und Frauenarbeit in Österreich vom ausgehenden 19. Jahrhundert bis zum Zweiten Weltkrieg. Wien: Verlag für Geschichte und Politik 1976.

Scheu, Friedrich: Humor als Waffe. Politisches Kabarett in der Ersten Republik. Wien: Europaverlag 1977.

Schroth, Hans: Max Adler (1873–1937). Eine Bibliographie. Wien: Europaverlag 1973.

Sporrer, Maria; Steiner, Herbert: Käthe Leichter. Leben und Werk. Wien: Europaverlag 1973.

Sporrer, Maria; Herbert Steiner (Hg.): Rosa Jochmann. Zeitzeugin. Europaverlag. Wien 1983.

Zeitschriften- und Zeitungsartikel (Auswahl)

AZ. 16. 4. 1972. S. 3.
AZ. 15. 9. 1974. S. 3.
AZ. 2. 3. 1975. S. 3.
AZ. 13. 12. 1980. S. 3.
AZ. 14. 4. 1981. S. 2.
AZ. 8. 10. 1981. S. 2.
AZ. 3. 4. 1982. S. 14.
AZ. 19. 5. 1983. S. 4.
AZ. 20. 5. 1983. S. 2.
Chic Parisien/Wiener Modekunst. Ausgaben 1938–1942. Verlag Wiener Weltmode.
Die Frau. Nr. 42/16. Jg. 15. 10. 1960. S. 24.
Favoriten aktuell. Nr. 2/78. (Aussendung der SPÖ – Favoriten)
Favoriten aktuell. Nr. 2/79. (Aussendung der SPÖ – Favoriten)
Die Ganze Woche. Nr. 45. 8. 11. 1990. S. 58–59.
Kurier. 23. 11. 1975. S. 3.
Kurier. 28. 7. 1974. S. 2.
Kurier. 21. 10. 1979. S. 17.
Neue Freie Presse. 16. 10. 1935. S. 1–2.
Die Presse. 8. 8. 1974. S. 3.
Die Presse. 20. 4. 1978. S. 3.
Die Presse. 6. 12. 1979. S. 4.
Die Presse. 24. 9. 1980. S. 4.
Die Presse. 19. 1. 1981. S. 2.
Die Presse. 3. 3. 1983. S. 4.
profil. Nr. 7. 1971. S. 32.
profil. Nr. 13. 1972. S. 24.
profil. Nr. 19. 14. 9. 1973. S. 23.
profil. Nr. 15. 1975. S. 30–38.
profil. Nr. 21. 1978. S. 18–19.
profil. 2. 1. 1989. S. 30–31.
Samstag. Nr. 9. 1. 3. 1975. S. 5.
Der Sozialistische Akademiker. Mai 1974. 27. Jg. Heft 5. S. 3-8.
Der Standard. 20. 10. 1993. S. 7.
Der Standard. 15. 2. 1994. S. 5.
Die Weste. Nr. 9/10. 6. Jg. Sept./Okt. 1979. S. 10–11.
Wochenpresse. 8. 7. 1970. S. 5.

Online-Ausgaben:
AZ. 17. 1. 1971. S. 1. Vgl.: http://www.arbeiter-zeitung.at/cgi-bin/archiv/flash.pl?seite=19710117_A01;html=1
http://diepresse.com/home/politik/zeitgeschichte/475546/index.do?from=suche.intern.portal
http://diepresse.com/home/politik/innenpolitik/weltbisgestern/408389/index.do?from=suche.intern.portal
http://diepresse.com/home/politik/innenpolitik/nrwahl/87995/index.do?from=suche.intern.portal
Wiener Zeitung. 12. 4. 2005: http://www.wienerzeitung.at/bilder/pdf/verwaltung/vi16.pdf

Die Zeit. 5. 3. 1982: http://www.zeit.de/1982/10/Herren-beugen-das-Haupt

Websites (Auswahl)

http://www.parlinkom.gv.at
http://www.fwf.ac.at/de/aktuelles_detail.asp?N_ID=208
http://www.frauen.spoe.at/hertha_firnberg/
http://www.univie.ac.at/biografiA/daten/text/bio/firnberg.htm
    (von Barbara Steininger)
http://www.kfunigraz.ac.at/sozwww/agsoe/nletter/nl10.htm
    (Erinnerungen von Leopold Rosenmayr an Hertha Firnberg)
http://www.sj-wien.at
http://www.renner-institut.at
http://www.dasrotewien.at
http://www.aeiou.at
http://diestandard.at/?url=/?id=1569060 (15. Februar 2004)
http://www.frauen.spoe.at/hertha_firnberg/biografie.htm
    (von Dagmar Buchta)
http://www.parlament.gv.at
http://www.cycamp.at/hostels/hostels-detail.php3?hostid=10000055
    (Herbergsinfo)
http://www.wienbibliothek.at/dokumente/restitutionsbericht2003.pdf
http://www.boku.ac.at/wpr/wpr_dp/dp-52.pdf
    (Welan, Manfried; Wulz, Heribert: Grundzüge des österreichischen
    Universitätsrechts. 1. Teil)
http://www.tphys.jku.at/group/folk/BUKOINFO/pdf/Info1990_Nr2.pdf
http://www.uni-klu.ac.at/home/unisono/03-01_ohneU.pdf
http://www.gdgfsg.at/redak_old/20031220111120.htm
    (Pressespiegel, PolitikerInnen-Aussagen)
http://www.oezp.at/pdfs/2004-1-05.pdf
    (Gstettner, Peter: »… wo alle Macht vom Volk ausgeht«. Eine nachhaltige
    Verhinderung. Zur Mikropolitik rund um den »Ortstafelstreit« in Kärnten)
http://www.wienbibliothek.at/dokumente/embed-wo.pl?lang=-de&l=2&doc
    =http://www.stadtbibliothek.wien.at/bibliothek/1938/bachwitz-de.htm
http://www.coe.int
http://univis.univienna.org
http://www.startblatt.net/blogs/geschichte-geschichten/wohin-mit-dem-
    atommuell-aus-zwentendorf
http:/www.androsch.com
http://www.statistik.at/neuerscheinungen/download/2006/hochschul0405_
    www.pdf
http://www.statistik.at/web_de/statistiken/bildung_und_kultur/index.html
http://www.falter.at/web/heureka/archiv/98_1/08.php
    (Christian Fleck über außerordentliche Universitätsprofessoren)
http://www.frauenring.at
http://www.bda.at/organisation/126/0/5780/texte/
http://www.wienerzeitung.at/Desktopdefault.aspx?tabID=3946&alias=WZO
    &lexikon=Architektur&letter=A&cob=7452
http://www.wienbibliothek.at/dokumente/schwarz-ursula.pdf
http://www.arbeiterkammer.at/bilder/d30/Chronik_zur_AK-Geschichte.pdf

Dank

Bei allen InterviewpartnerInnen möchte ich mich für die freundliche Unterstützung, für ihre Zeit und Geduld bedanken. Insbesondere danke ich Dr. Hannes Androsch, Dr. Erhard Busek, Dr. Wolf Frühauf und Mag. Dr. Herbert Ostleitner für ihr Engagement und ihre Hilfe. Ing. Paul Firnberg sei für seine Unterstützung sowie für die gewährte Einsicht in alle relevanten Unterlagen und Dokumente seiner Familie sowie für die Bereitstellung privater Photos gedankt. Dr. Heinz Fischer danke ich für seine Bereitschaft, ein Vorwort zu verfassen.

Außerdem danke ich Mag.ᵃ Maria Steiner (Kreisky-Dohnal-Archiv), die mir mit Rat, Tat, Wissen und Humor die Arbeit erleichterte; Marianne Plisic (Pressestelle SPÖ) sowie Barbara Rausch-Thosold für die Vermittlung von Kontaktadressen; und Mag.ᵃ Tatiana Regalado Montané für ihre Unterstützung.

Mein Dank gilt auch dem Bundesministerium für Frauen, Medien und Regionalpolitik sowie dem Theodor Körner Fonds, die diese Arbeit mit Förderpreisen unterstützt haben.

Anmerkungen

1   Vgl.: Strigl: »Wahrscheinlich bin ich verrückt …« Marlen Haushofer – die Biographie. S. 10.
2   Ebd.
3   Die Ganze Woche. 8. 11. 1990. S. 58.
4   Ebd.
5   Ebd.
6   Ebd.
7   Ebd.
8   A.a.O. S. 59.
9   Ebd.
10   Feldmann, Maurice: Menschliche Sendung. In: Frühauf: Wissenschaft und Weltbild. S. 15.
11   Bundesfrauenkomitee der SPÖ (Hg.): Hertha Firnberg. S. 14.
12   AZ. 15. 9. 1974. S. 3.
13   Die Ganze Woche. 8. 11. 1990. S. 59.
14   Bundesfrauenkomitee der SPÖ (Hg.): Hertha Firnberg. S. 14.
15   Kurier. 23. 11. 1975. S. 3.
16   Beilage zum Bewerbungsschreiben Hertha Firnbergs an die AKNÖ. 26. Mai 1948. Otto Glöckel (1874–1935), damals Unterstaatssekretär für Unterricht.
17   Die Ganze Woche. 8. 11. 1990. S. 59.
18   Ebd.
19   Feldmann: Menschliche Sendung. In: Frühauf: Wissenschaft und Weltbild. S. 15.
20   Vgl.: ebd.
21   Kurier. 23. 11. 1975. S. 3.
22   Bundesfrauenkomitee der SPÖ (Hg.): Hertha Firnberg. S. 15.
23   Die Zeit. 5. 3. 1982. Vgl.: http://www.zeit.de/1982/10/Herren-beugen-das-Haupt
24   Aus Hertha Firnbergs Bewerbungsschreiben an die AKNÖ. 27. Mai 1948. S. 1.
25   Feldmann: Menschliche Sendung. In: Frühauf: Wissenschaft und Weltbild. S. 16.
26   Vgl.: http://www.dasrotewien.at/online/page.php?P=11767&PHPSESSID=2a3b322a13f2e32ef25e7cc96a72111c
27   Aus Hertha Firnbergs Bewerbungsschreiben an die AKNÖ. 27. Mai 1948. S. 1.
28   Ebd.
29   Ebd.
30   Loewy: Zitate österreichischer Politiker von 1945 bis heute. http://www.jm-hohenems.at/mat/504_zitate_politiker.pdf
31   http://www.gdgfsg.at/redak_old/20031220111120.htm
32   Vgl. auch: Sommeregger: (Hg.) (1983). Ein Dorf an der Grenze? S. 133; vgl. auch Obid/Messner/Leben: Haiders Exerzierfeld. Kärntens SlowenInnen in der deutschen Volksgemeinschaft. S. 137–138.
33   http://www.oezp.at/pdfs/2004-1-05.pdf

34 Rösslhumer/Appelt: Hauptsache Frauen. S. 86.

35 Die Zeit. 5. 3. 1982. Vgl.: http://www.zeit.de/1982/10/Herren-beugen-das-Haupt

36 Bundesfrauenkomitee der SPÖ (Hg.): Hertha Firnberg. S. 16.

37 Beilage zum Bewerbungsschreiben Hertha Firnbergs an die AKNÖ. 26. Mai 1948.

38 Aus Hertha Firnbergs Bewerbungsschreiben an die AKNÖ. 27. Mai 1948. S. 2.

39 Ebd.

40 Ebd.

41 Eine detaillierte Darstellung der Verlagsgeschichte während der Kriegsjahre findet sich in der Diplomarbeit von Ursula Schwarz, siehe: http://www.wienbibliothek.at/dokumente/schwarz-ursula.pdf.

42 Vgl.: http://www.wienbibliothek.at/dokumente/restitutionsbericht2003.pdf

43 Vgl.: ebd.

44 Ebd.

45 Wiener Weltmode. Nr. 512. o.S.

46 Wiener Weltmode. Nr. 529. o.S.

47 Wiener Weltmode. Nr. 531. o.S.

48 Frühauf: Wissenschaft und Weltbild. Festschrift für Hertha Firnberg. S. 9.

49 Firnberg u.a.: Österreich zuliebe. S. 84.

50 A.a.O. S. 86.

51 http://www.uni-klu.ac.at/home/unisono/03-01_ohneU.pdf

52 60 Jahre ÖH. Sondernummer 2/2006. S. 11.

53 Firnberg u.a.: Österreich zuliebe. S. 94.

54 Wochenpresse. 8. 7. 1970. S. 5.

55 Aus Hertha Firnbergs Bewerbungsschreiben an die AKNÖ. 27. Mai 1948. S. 2.

56 A.a.O. S. 3.

57 Ebd.

58 profil. Nr. 15. 1975. S. 33.

59 Kurier. 23.11.1975. S. 3.

60 Wochenpresse. 8. 7. 1970. S. 5.

61 Firnberg u.a.: Österreich zuliebe. S. 103.

62 A.a.O. S. 111.

63 A.a.O. S. 116.

64 Pleyl, Josef: Dr. Firnberg: Die Statistikerin. In: Frühauf: Wissenschaft und Weltbild. S. 36.

65 profil. Nr. 15. 1975. S. 34.

66 Die Frau. Nr. 42/16. Jg. 15. 10. 1960. S. 24.

67 Bundesfrauenkomitee der SPÖ (Hg.): Hertha Firnberg. S. 21.

68 A.a.O. S. 7.

69 Kurier. 28. 7. 1974. S. 2.

70 Wochenpresse. 8. 7. 1970. S. 5.

71 Samstag. 1. 3. 1975. S. 5.

72 Bundesfrauenkomitee der SPÖ (Hg.): Hertha Firnberg. S. 22.

73 Samstag. 1. 3. 1975. S. 5.

74 Wochenpresse. 8. 7. 1970. S. 5.

75 Ebd.
76 Kurier. 23. 11. 1975. S. 3.
77 profil. Nr. 15. 1975. S. 36.
78 Favoriten aktuell. Nr. 2/78. S. 5.
79 Vgl.: profil. Nr. 15. 1975. S. 36.
80 Die Weste. Nr. 9/10. 6. Jg. Sept./Okt. 1979. S. 11.
81 Firnberg: Vorwort. In: Sporrer/Steiner: Käthe Leichter. Leben und Werk.
    S. 7.
82 Ebd.
83 A.a.O. S. 8.
84 Bundesfrauenkomitee der SPÖ (Hg.): Hertha Firnberg. S. 6.
85 profil. Nr. 15. 1975. S. 36.
86 Weinzierl: Emanzipation? S. 54.
87 Vgl.: http://www.coe.int
88 Weitere Amtssitze befinden sich in New York, Genf und Nairobi. Vgl.:
    http://www.unis.unvienna.org
89 Firnberg u.a.: Österreich zuliebe. S. 114.
90 Kahn-Ackermann, Georg: Spuren in Straßburg. In: Frühauf: Wissen-
    schaft und Weltbild. S. 39.
91 Firnberg u.a.: Österreich zuliebe. S. 115.
92 http://www.kfunigraz.ac.at/sozwww/agsoe/nletter/nl10.htm
93 Kahn-Ackermann: Spuren in Straßburg. In: Frühauf: Wissenschaft und
    Weltbild. S. 42.
94 Vgl.: http://www.univie.ac.at/biografiA/daten/text/bio/firnberg.htm
95 Wochenpresse. 8. 7. 1970. S. 5.
96 Firnberg u.a.: Österreich zuliebe. S. 124.
97 A.a.O. S. 121.
98 A.a.O. S. 126.
99 Vgl.: Wochenpresse. 8. 7. 1970; bzw.: profil. 9. 4. 1975
100 profil. Nr. 15. 1975. S. 36.
101 Firnberg u.a.: Österreich zuliebe. S. 128.
102 A.a.O. S. 132.
103 A.a.O. S. 131.
104 profil. 14. 9. 1973. S. 23.
105 Bundesfrauenkomitee der SPÖ (Hg.): Hertha Firnberg. S. 58.
106 AZ. 16. 4. 1972. S. 3.
107 Die Zeit. 5. 3. 1982: http://www.zeit.de/1982/10/Herren-beugen-das-
    Haupt
108 Firnberg u.a.: Österreich zuliebe. S. 132.
109 Weinzierl: Emanzipation? S. 48.
110 Firnberg u.a.: Österreich zuliebe. S. 138.
111 A.a.O. S. 144.
112 Vgl.: http://www.startblatt.net/blogs/geschichte-geschichten/wohin-
    mit-dem-atommuell-aus-zwentendorf
113 Firnberg u.a.: Österreich zuliebe. S. 144.
114 Firnberg: Vorwort. In: Faninger/Bruck: Thermische Nutzung der Sonnen-
    energie in Österreich. S. 5.
115 Firnberg u.a.: Österreich zuliebe. S. 146.
116 A.a.O. S. 147.

117 A.a.O. S. 150.
118 A.a.O. S. 149.
119 A.a.O. S. 151.
120 AZ. 3. 4. 1982. S. 14.
121 Firnberg u.a.: Österreich zuliebe. S. 151.
122 Ebd.
123 Erinnerung. TV-Interview mit Hertha Firnberg. Regie: Andreas Vana.
124 Firnberg u.a.: Österreich zuliebe. S. 152.
125 Erinnerung. TV-Interview mit Hertha Firnberg. Regie: Andreas Vana.
126 Firnberg: Vorwort. In: Konecny: Die verzögerte Revolution. S. 4.
127 Rösslhumer/Appelt: Hauptsache Frauen. S. 83.
128 Sporrer/Steiner: Rosa Jochmann. S. 116.
129 Firnberg: Die Frau in der Zeit von heute. Bundesfrauenkonferenz, Villach. 16. 4. 1972. S. 4.
130 A.a.O. S. 6.
131 Berczeller, Richard: Sozialistischer Minister. In: Frühauf: Wissenschaft und Weltbild. S. 25.
132 Firnberg: Die Frau in der Zeit von heute. Bundesfrauenkonferenz, Villach. 16. 4. 1972. S. 6.
133 A.a.O. S. 10.
134 A.a.O. S. 9.
135 Ebd.
136 Rossmann: Unter Männern. Umschlaginnenseite.
137 Firnberg: Die Frau in der Zeit von heute. Bundesfrauenkonferenz, Villach. 16. 4. 1972. S. 11.
138 A.a.O. S. 12.
139 Ebd.
140 http://www.frauen.spoe.at/hertha_firnberg/engagement.htm
141 Ebd.
142 AZ. 2. 3. 1975. S. 3.
143 Firnberg: Die Frau in der Zeit von heute. Bundesfrauenkonferenz, Villach. 16. 4. 1972. S. 13.
144 AZ. 2. 3. 1975. S. 3.
145 Der Standard. 20. 10. 1993. S. 7.
146 Firnberg: Vorwort. In: Konecny: Die verzögerte Revolution. S. 3.
147 Ebd.
148 Firnberg u.a.: Österreich zuliebe. S. 140.
149 AZ. 2. 3. 1975. S. 3.
150 AZ. 16. 4. 1972. S. 3.
151 profil. Nr. 7. Juli 1971. S. 32.
152 AZ. 16. 4. 1972. S. 3.
153 Fischer: Reflexionen. S. 185.
154 Ebd.
155 Rossmann: Unter Männern. S. 96.
156 Firnberg: Die Frau in der Zeit von heute. Bundesfrauenkonferenz, Villach. 16. 4. 1972. S. 4.
157 A.a.O. S. 6.
158 Rösslhumer/Appelt: Hauptsache Frauen. S. 89.
159 profil. Nr. 15. 1975. S. 32.

160 Ebd.
161 A.a.O. S. 33.
162 Ebd.
163 A.a.O. S. 32.
164 Rossmann: Unter Männern. S. 192.
165 Der Standard. 20. 10. 1993. S. 7.
166 Rossmann: Unter Männern. S. 179.
167 A.a.O. S. 199.
168 Vgl.: a.a.O. S. 183.
169 Vgl.: ebd.
170 A.a.O. S. 199.
171 A.a.O. S. 213.
172 A.a.O. S. 59.
173 Karlsson (Hg.): Frauen in Bewegung – Frauen in der SPÖ. S. 153.
174 Wochenpresse. 8. 7. 1970. S. 5.
175 profil. Nr. 15. 1975. S. 34.
176 Ebd.
177 Rösslhumer/Appelt: Hauptsache Frauen. S. 63.
178 Kreisky, Bruno: Statt eines Vorworts. In: Frühauf: Wissenschaft und Welt-bild. S. 5.
179 »Diese Frage hat einen Wutanfall ausgelöst« In: profil. 2. 1. 1989. S. 30-31. Vgl.: http://www.androsch.com/media/geschriebenes/1034_profil_19890102_diesefragehateinenwutanfallausgelöst.pdf
180 Erinnerung. TV-Interview mit Hertha Firnberg. Regie: Andreas Vana.
181 Firnberg u.a.: Österreich zuliebe. S. 135.
182 profil. Nr. 15. 1975. S. 31.
183 Firnberg: Gedanken zum Humanprogramm. In: Politik über den Tag hinaus. (Hg.): Erich Fröschl. Wien: Löcker Verlag 1995. S. 58.
184 Alfred Weber, 1868–1958, deutscher Nationalökonom, Soziologe und Kulturphilosoph.
185 Firnberg: Gedanken zum Humanprogramm. In: Politik über den Tag hinaus. S. 58.
186 A.a.O. S. 59.
187 Firnberg u.a.: Österreich zuliebe. S. 133.
188 Ebd.
189 Wochenpresse. 8. 7. 1970. S. 5.
190 Frühauf: Wissenschaft und Weltbild. Festschrift für Hertha Firnberg. S. 12.
191 Wochenpresse. 8. 7. 1970. S. 5.
192 Ebd.
193 Vgl. Steininger, Barbara: Firnberg Hertha. In: http://www.univie.ac.at/biografiA/daten/text/bio/firnberg.htm
194 Wochenpresse. 8. 7. 1970. S. 5.
195 Fischer: Reflexionen. S. 259.
196 60 Jahre ÖH. Sondernummer 2/2006. S. 26.
197 A.a.O. S. 29.
198 AZ. 17. 1. 1971. S. 1. Vgl.: http://www.arbeiter-zeitung.at/cgi-bin/archiv/flash.pl?seite=19710117_A01;html=1
199 Ebd.

200 Vgl.: profil. Nr. 15. 1975. S. 32.

201 Der Sozialistische Akademiker. Mai 1974, 27. Jg. Heft 5, S. 7.

202 Vgl.: Nitsch: Die Entwicklung des allgemeinpolitischen Vertretungsan-
     spruches innerhalb des Verbandes Sozialistischer StudentInnen Öster-
     reichs (VSStÖ) in Wien im Zeitraum von 1965 bis 1973. S. 80.

203 Vgl.: a.a.O. S. 251.

204 profil. Nr. 13. 1972. S. 24.

205 http://www.iff.ac.at/hofo/WP/IFF_hofo.99.001_Pechar_Hochschule_
     Wirtschaft.pdf

206 Vgl.: ebd.

207 Vgl.: ebd.

208 Ebd.

209 Vgl.: ebd.

210 Vgl.: Der Sozialistische Akademiker. Mai 1974, 27. Jg. Heft 5, S. 6.

211 Firnberg: Aspekte und Perspektiven. S. 16.

212 Firnberg: Die Rolle des Akademikers in der heutigen Gesellschaft. In:
     Der sozialdemokratische Intellektuelle. S. 13.

213 profil. Nr. 21. 1978. S. 18.

214 Der Sozialistische Akademiker. Mai 1974, 27. Jg. Heft 5, S. 8.

215 60 Jahre ÖH. Sondernummer 2/2006. S. 32.

216 Vgl.: ebd.

217 A.a.O. S. 35.

218 http://diepresse.com/home/politik/innenpolitik/nrwahl/87995/index.
     do?from=suche.intern.portal

219 Vgl.: Rösslhumer/Appelt: Hauptsache Frauen. S. 89.

220 Vgl.: http://www.statistik.at/neuerscheinungen/download/2006/
     hochschul0405_www.pdf

221 AZ. 13. 12. 1980. S. 3.

222 Pauli: Emanzipation in Österreich. S. 54.

223 Hertha Firnberg an Bruno Kreisky. 23. September 1974.

224 profil. Nr. 15. 1975. S. 32.

225 A.a.O. S. 33.

226 A.a.O. S. 32.

227 http://www.iff.ac.at/hofo/WP/IFF_hofo.99.001_Pechar_Hochschule_
     Wirtschaft.pdf

228 Der Sozialistische Akademiker. Mai 1974, 27. Jg. Heft 5, S. 6.

229 profil. Nr. 15. 1975. S. 34.

230 http://www.falter.at/web/heureka/archiv/98_1/08.php

231 Dr. Günther Jürgens: Dozent – Quo vadis? Buko Info 2/90, S. 5. Vgl.:
     http://www.tphys.jku.at/folk/BUKOINFO/pdf/Info1990_Nr2.pdf

232 http://www.uni-klu.ac.at/home/unisono/03-01_ohneU.pdf

233 Berczeller: Sozialistischer Minister. In: Frühauf: Wissenschaft und Welt-
     bild. S. 26.

234 Der Sozialistische Akademiker. Mai 1974, 27. Jg. Heft 5, S. 6.

235 Vgl.: profil. Nr. 15. 1975. S. 34.

236 Ebd.

237 Ebd.

238 http://www.iff.ac.at/hofo/WP/IFF_hofo.99.001_Pechar_Hochschule_
     Wirtschaft.pdf

239 http://www.wienerzeitung.at/bilder/pdf/verwaltung/vi16.pdf
240 Ebd.
241 Favoriten aktuell. Nr. 2/79. S. 4.
242 AZ. 13. 12. 1980. S. 3.
243 Vgl.: Neue Freie Presse. 16. 10. 1935. S. 1-2.
244 profil. Nr. 21. 1978. S. 18; bzw.: AZ. 27. 2. 1982.
245 AZ. 8. 10. 1981. S. 2.
246 profil. Nr. 15. 1975. S. 37.
247 Der Sozialistische Akademiker. Mai 1974, 27. Jg. Heft 5, S. 6.
248 profil. Nr. 15. 1975. S. 36.
249 Vgl.: Nitsch: Die Entwicklung des allgemeinpolitischen Vertretungsan-
     spruches innerhalb des Verbandes Sozialistischer StudentInnen Öster-
     reichs (VSStÖ) in Wien im Zeitraum von 1965 bis 1973. S. 253.
250 Vgl.: ebd. S. 270.
251 profil. Nr. 15. 1975. S. 37.
252 Ebd.
253 A.a.O. S. 38.
254 A.a.O. S. 32.
255 profil. Nr. 21. 1978. S. 19.
256 http://www.iff.ac.at/hofo/WP/IFF_hofo.99.001_Pechar_Hochschule_
     Wirtschaft.pdf
257 profil. Nr. 15. 1975. S. 36.
258 Die Zeit. 5. 3. 1982: http://www.zeit.de/1982/10/Herren-beugen-das-
     Haupt
259 Firnberg u.a.: Österreich zuliebe. S. 140.
260 http://www.iff.ac.at/hofo/WP/IFF_hofo.99.001_Pechar_Hochschule_
     Wirtschaft.pdf
261 Firnberg u.a.: Österreich zuliebe. S. 137.
262 Kahn-Ackermann: Spuren in Straßburg. In: Frühauf: Wissenschaft und
     Weltbild. S. 41.
263 http://diepresse.com/home/kultur/literatur/387331/index.do?from=
     suche.intern.portal
264 Leser: Der Sturz des Adlers. S. 9.
265 A.a.O. S. 144.
266 Ebd.
267 http://diepresse.com/home/politik/innenpolitik/weltbisgestern/408389/
     index.do?from=suche.intern.portal
268 Leser: Der Sturz des Adlers. S. 145.
269 Ebd.
270 A.a.O. S. 146.
271 Firnberg: Aspekte und Perspektiven. S. 8.
272 Haslinger u.a.: Forschungsökonomie. S. 5.
273 Firnberg: Aspekte und Perspektiven. S. 10.
274 Der Sozialistische Akademiker. Mai 1974, 27. Jg. Heft 5, S. 4.
275 Ebd.
276 Firnberg: Forschung – Perspektiven für die 80er Jahre. S. 11.
277 Firnberg: Aspekte und Perspektiven. S. 12.
278 Firnberg: Forschung – Perspektiven für die 80er Jahre. S. 17.
279 A.a.O. S. 12.

280 Vgl.: Der Sozialistische Akademiker. Mai 1974, 27. Jg. Heft 5, S. 6.
281 A.a.O. S. 4.
282 profil. Nr. 21. 1978. S. 19.
283 Firnberg: Forschung – Perspektiven für die 80er Jahre. S. 15.
284 Vgl. Samstag. Nr. 9. 1. 3. 1975. S. 5.
285 Pribila: Museumspolitik in Österreich. S. 29.
286 A.a.O. S. 30.
287 A.a.O. S. 29.
288 A.a.O. S. 31.
289 Die Zeit. 5. 3. 1982: http://www.zeit.de/1982/10/Herren-beugen-das-Haupt
290 Pribila: Museumspolitik in Österreich. S. 33.
291 A.a.O. S. 20.
292 Vgl.: a.a.O. S. 21–22.
293 Firnberg: Wissenschaftspolitik als zentrales gesellschaftliches Anliegen. S. 46.
294 Die Presse. 8. 8. 1974. S. 3.
295 http://www.bda.at/organisation/126/0/5780/texte/
296 Ebd.
297 Vgl.: http://www.wienerzeitung.at/Desktopdefault.aspx?tabID=3946& alias=WZO&lexikon=Architektur&letter=A&cob=7452
298 Ebd.
299 Die Presse. 20. 4. 1978. S. 3.
300 Die Presse. 19. 1. 1981. S. 2.
301 Vgl.: Die Presse, 24. 9. 1980. S. 4.
302 Die Presse. 20. 4. 1978. S. 3.
303 Ebd.
304 Ebd.
305 Die Presse. 3. 3. 1983. S. 4.
306 AZ. 3. 4. 1982. S. 14.
307 Bernold u.a.: Hertha Firnberg: »Meine Leidenschaft. Die Anliegen der Frauen und die Wissenschaft.« In: 100 Jahre Frauenstudium. S. 44.
308 http://diepresse.com/home/politik/zeitgeschichte/475546/index.do?from=suche.intern.portal
309 Die Presse. 6. 12. 1979. S. 4.
310 AZ. 14. 4. 1981. S. 2.
311 Begräbnisrede von Johanna Dohnal. 24. 2. 1994.
312 Die Zeit. 5. 3. 1982: http://www.zeit.de/1982/10/Herren-beugen-das-Haupt
313 AZ. 19. 5. 1983. S. 4.
314 Berczeller: Sozialistischer Minister. In: Frühauf: Wissenschaft und Weltbild. S. 27.
315 AZ. 20. 5. 1983. S. 2.
316 Erinnerung. TV-Interview mit Hertha Firnberg. Regie: Andreas Vana.
317 Ebd.
318 Ebd.
319 Begräbnisrede von Johanna Dohnal. 24. 2. 1994.
320 Kurier. 21. 10. 1979. S. 17.

Personenindex

Adler, Max 26
Adler, Victor 26
Albrecht, Anneliese 82
Androsch, Hannes 43, 83, 117, 120, 130, 131, 191, 198, 199, 204, 210
Arnold, Markus 135, 141, 154, 158
Artmann, H. C. 88
Bachwitz, Arnold 39
Bachwitz, Rosine 39
Barbusse, Henri 26
Bargil, Dkfm. Mag. Marianne 33, 34, 42, 43, 54, 55, 63, 64, 67, 68, 73, 106, 108, 122, 129, 175, 184, 204
Bartos, Anna 59
Bauer, Otto 26
Baumgarten, Dr. Arnold 16
Bayer, Dr. Johanna 74
Berczeller, Richard 92, 144, 197
Bernhard, Thomas 88
Bisegger, Theresia 24
Bondi, Wilhelm 14
Brand, Marianne 37, 38
Braun, Helmut 71, 204
Brautferger, Josef 14
Broda, Dr. Christian 52, 104
Bronner, Gerhard 88
Bucek, Dr. Josef 54, 204
Buchmayer, Dr. Friedrich 40
Burgstaller, Paul 112, 113
Busek, Dr. Erhard 140, 176, 177, 186, 204, 210
Byk, Egon 39
Czettel, Hans 79
Daxner, Dr. Michael 127
Demus, Otto 174
Deutsch, Josef 54, 57, 109, 204
Dohnal, Johanna 13, 32, 45, 67, 70, 73, 82, 96, 98, 100, 104, 106, 107, 109, 110, 111, 113, 114, 116, 124, 134, 179, 190, 193, 194, 199, 204
Dopsch, Hofrat Prof. Alfons 28, 30
Dostojewski, Fjodor 26

Ederer, Mag. Brigitte 83
Elmecker, Robert 112
Engels, Friedrich 26, 91
Eypeltauer, Dr. Beatrix 82
Fassmann, Johann 14
Fast, Franziska 82
Feldmann, Maurice 20, 30
Fillitz, Prof. Dr. Hermann 167, 168, 169, 172, 204
Firnberg, Anna (geb. Schamanek) 16, 20, 24
Firnberg, Gertrud Hilda (Trude) 17, 20, 21, 22, 24, 28, 33, 35, 61, 62, 63, 67, 68, 69, 70, 185
Firnberg, Gisela (geb. Malinsky) 22
Firnberg, Harald 17, 22, 24, 67
Firnberg, Johanna 14
Firnberg, Dr. Josef (geb. Salomon) 14, 16, 17, 18, 20, 24, 33
Firnberg, Paul 17, 22, 33
Firnberg, Ing. Paul 13, 18, 22, 24, 32, 33, 38, 39, 42, 54, 55, 62, 63, 67, 68, 185, 204, 210
Fischer, Dr. Heinz 47, 61, 106, 113, 122, 124, 127, 129, 137, 139, 172, 180, 198, 199, 204, 210
Fischer-Kowalski, Dr. Marina 122
Flossmann, Ferdinanda 59, 90
Frank, Leonhard 26
Frey, Rudolf 40
Frodl, Walter 174
Fröhlich-Sandner, Gertrude 83
Frühauf, Dr. Wolf 20, 36, 43, 46, 55, 70, 74, 106, 118, 127, 132, 169, 174, 175, 177, 183, 184, 186, 198, 204, 210
Geber, Eva 31, 44, 77, 88, 89, 92, 95, 100, 108, 204
Gehrer, Elisabeth 140
Glaser, Dr. Ernst 37
Glöckel, Otto 25, 211
Graf, Daniela 188, 191, 205
Hahn, Wolfgang 169, 170
Haider, Johann 36
Haider, Jörg 86

Haselbach, Anna Elisabeth 31, 56, 60, 61, 96, 100, 102, 104, 179, 180, 181, 190, 205
Haug, Frigga 91
Häuser, Ing. Rudolf 116, 117
Haushofer, Marlen 13
Hausmann, Dr. Friedrich 145
Hawlicek, Dr. Hilde 24, 83
Heimpel, Prof. Hermann 28
Hesoun, Josef 111
Höllinger, Dr. Sigurd 43, 139, 159, 175, 182, 183, 190, 205
Hon, Walter Karl Maria 33, 34
Humboldt, Friedrich Wilhelm Heinrich Alexander von 136
Hundertwasser, Friedensreich 161, 162
Jachym, Weihbischof Franz 175
Jasper, Friedrich 40
Jochmann, Rosa 8, 37, 61, 73, 74, 81, 91, 199
Jonas, Franz 124
Jonas, Maria 104
Kahn-Ackermann, Georg 76, 77
Karl, Elfriede 82
Karlsson, Dr. Irmtraut 104
Kautsky, Karl 26
Klauner, Friederike 170
Klaus, Josef 79, 121
Kment, Christa 59
König, Kardinal Franz 175
Koppers, Prof. P. Wilhelm 30
Korninger, Siegfried 153
Kostelka, Dr. Peter 55, 118, 131, 132, 156, 205
Kovler, Viktoria 59
Kowalski, Dr. Peter 122
Kraner, Cissy 64
Krasa, Maria 59
Krebs-Hüttl, Dr. Edith 205
Kreisky, Dr. Bruno 34, 36, 37, 46, 73, 74, 75, 76, 77, 79, 80, 81, 83, 86, 87, 104, 106, 109, 116, 117, 118, 120, 121, 124, 133, 139, 160, 162, 163, 164, 176, 184, 194, 197, 199
Kreisky, Dr. Eva 122
Krenn, Erika 61, 205

Kriehebauer, Mag. Viktoria 44, 91, 99, 133, 193, 194, 205
Krist, Josef Hugo Maria 53
Krones, Hilde 90
Kropek, Dr. Hans 59
Kuna, Dr. Franz 48, 143
Lebach, Willy 39
Lehmann, Silvio 122
Leichter, Dr. Käthe 72, 73
Leithe-Jasper, Alfred 40
Leithe-Jasper, Erich 40
Lennkh, Fritz 176
Leodolter, Dr. Ingrid 83
Leser, Dr. Norbert 162, 163
Lewis, Sinclair 26
Ludwig, Irene 169
Ludwig, Peter 169, 170
Luser, Adolf 40
Malinsky, Gisela. *Siehe* Firnberg, Gisela)
Marx, Karl 26, 91
März, Leopold 146, 177
Mock, Dr. Alois 126, 146, 166
Moik, Wilhelmine 72, 90
Muhr, Rudolfine 90
Neisser, Dr. Heinrich 120, 140, 160, 161, 162, 177, 185, 186, 191, 205
Nödl, Frieda 90
Oberhuber, Oswald 172
Offenbeck, Dr. Jolanda 107, 114
Olah, Franz 79
Ostleitner, Mag. Dr. Herbert 45, 120, 121, 126, 139, 157, 158, 205, 210
Otruba, Gustav 54
Otruba, Dr. Ludwig 127
Pahlavi, Mohammad Reza (Schah) 84
Papirnik, Milena 38
Patzelt, Dr. Erna 48, 49, 52, 148
Patzelt, Franz 40
Pechar, Hans 135, 141, 154, 158
Peschka, Emilie 63
Peter, Friedrich 80
Pfeifer, Anton 17, 205
Pittermann, DDr. Bruno 26, 55, 79, 185

Pittermann, Dr. Elisabeth 26, 42, 62, 64, 70, 98, 100, 102, 107, 110, 113, 184, 185, 198, 205
Piwonka, Dr. Hubert 49
Pleyl, Josef 59
Pollak, Marianne 72
Pompl, Dr. Margarethe 61, 167, 179, 180, 181, 190, 205
Popp, Adelheid 59, 64, 100
Potetz, Helene 59
Prammer, Mag. Barbara 111
Probst, Otto 37, 64, 71, 72
Proft, Gabriele 90
Qualtinger, Helmut 88
Rainer, Roland 172
Rehor, Grete 79, 80
Reinisch, Dipl.-Ing. Rainer 174
Reiter, Alfred 172
Renner, Karl 26
Rohrer, Anneliese 176
Rolland, Romain 26
Ronte, Dieter 169, 170, 172
Rosenmayr, Dr. Leopold 77
Rossmann, Eva 113
Rozsenich, Dr. Norbert 122, 127, 132
Rutschka, Ludwig Siegfried 54, 55
Sadat, Muhammad Anwar as- 84
Sailer, Dr. Gerhard 174
Sailer, John 172
Salcher, Dr. Herbert 83
Schamanek, Anna. *Siehe* Firnberg, Anna
Schamanek, Johann 16
Schamanek, Maria Josefa 16
Scheibengraf, Alois 34
Schlag, Dr. Wilhelm 172
Schlesinger, Therese 94
Schmölzer, Dr. Hilde 31, 44, 88, 91, 98, 100, 205
Schobesberger, Dr. Karl 24
Schulmeister, Otto 73, 199
Schütz, Mag. Waltraud 111, 112
Scrinzi, Dr. Otto 205
Sinclair, Upton 26
Sinowatz, Dr. Fred 86, 124, 205
Skotton, Franz 127
Skowronnek, Dr. Karl 50, 52

Slabina, Herta 43, 47, 162, 178, 179, 185, 205
Solar, Lola 98
Steger, Dr. Norbert 86
Steinem, Gloria 109
Steiner, Herbert 72
Steiner, Norbert 86
Sterk, Harald 172
Stoisits, Mag. Terezija 112, 113
Stowasser, Friedrich. *Siehe* Hundertwasser, Friedensreich
Streeruwitz, Ernst 137
Streicher, Rudolf 198
Strel, Adolf 39
Strel, Alice 39
Strigl, Mag. Dr. Daniela 13
Suppan, Walter 36
Thalhammer, Dr. Erwin 174
Toller, Ernst 26
Tolstoi, Leo 26
Tomschik, Otto 37, 38
Trappl, Dr. Robert 46, 126, 127, 128, 140, 149, 156, 158, 205
Tschadek, Dr. Otto 28, 30, 37, 52, 54
Tucholsky, Kurt 26
Tuppy, Hans 147
Unger, Martin 135, 141, 154, 158
Vranitzky, Franz 86, 111
Weber, Alfred 121, 215
Weinzierl, Dr. Erika 49, 61, 74, 83, 167, 205
Welzig, Dr. Werner 128
Windischbauer, Dr. Gerhard 152
Winkler, Günther 153, 154
Wondrack, Gertrude 74

Mag.ᵃ Marlen Schachinger

Geb. 1970 in Oberösterreich. Studium Komparatistik, Germanistik, Französisch & Ästhetik. Lebt und arbeitet als freiberufliche Autorin und Literaturwissenschaftlerin in Wien. Zahlreiche Publikationen – zuletzt der Roman *Nur du.Allein.*

Literaturpreise und -stipendien – zuletzt Lise Meitner Literaturpreis (2007), Stipendium des Bundesministeriums für Frauen (2009), Preis des Theodor Körner Fonds für Geisteswissenschaft (2009) (www.marlen-schachinger.com). Mitglied der GAV, der Mörderischen Schwestern, des Literaturkreises Podium sowie des Österreichischen Schriftstellerverbands. Dissertation über Lehr- und Lernbarkeit Literarischen Schreibens, Seminare zu Literarischem Schreiben (http://literarisch-schreiben.blogspot.com/).

Bildnachweis

Sammlung Ing. Paul Firnberg: S. 15 (alle), 19 (beide), 21 (beide), 23 (beide), 27 (beide), 29 (beide), 35, 69, 85 (unten)

Dr. Heinz Fischer: S. 9, 195 (unten)

Mag.ª Marlen Schachinger: S. 222

Österreichische Nationalbibliothek: S. 65, 75, 85 (oben), 101 (beide), 115 (beide), 119, 171, 195 (oben)

SPÖ Bundesfrauen: S. 105, 151, 155, 201 (beide)